SU MEJOR POESÍA

Pablo Neruda

Su mejor poesía

Selección y prólogo
Juan Luis Panero

CÍRCULO DE LECTORES

SU MEJOR POESIA, por PABLO NERUDA

Bookspan, 501 Franklin Avenue, Garden City,
NY 11530. USA
www.bookspan.com

La licencia editorial para Bookspan por cortesía
de la Fundación Pablo Neruda.

La presente edición especial de club es cortesía
de la Editorial Printer Latinoamericana, Ltda.

©   Pablo Neruda y Fundación Pablo Neruda
       Poemas y Juventud (1923-1933)
       Residencias (1935-1947)
       Canto General (1950)
       Política y Amor (1953-1954)
       Odas (1954-1959)
       Años de madurez (1958-1972)
       Poesía Póstuma (1983-1974)

ISBN 958-28-0145-X
Impreso en los Estados Unidos de América

PRÓLOGO

Durante la vida de Pablo Neruda –sobre todo en los años que van desde su adhesión al partido comunista hasta sus días finales– pocas poesías habrán despertado más crispadas y encarnizadas polémicas, más panegíricos entusiastas y más severas y crueles críticas, mayor caudal de elogios y mayor torrente de improperios, que la suya.

Sin embargo, ahora, once años después de la muerte y treinta o cuarenta de muchos de los hechos que motivaron aquellos agrios enfrentamientos, lo único que nos importa es saber qué sigue representando o, mejor dicho, qué permanece de esa poesía, fuera ya de las ocasionales polvaredas que en su momento, para bien o para mal, levantó.

Porque, aunque en ocasiones el conocimiento de la vida privada y pública de un poeta nos puede ayudar a entenderlo mejor o a encontrar más variados matices en su creación, lo que de verdad, a última hora, tiene que defenderse por sí misma es la propia poesía, la calidad literaria y la intensidad humana que dan piel y esqueleto a cada poema. En una palabra, la vigencia, por encima de anécdotas circunstanciales, de unas palabras y de un mundo poético.

Ése ha sido mi trabajo, tratar de encontrar, con metáfora grata a Neruda, las raíces de su mundo poético y seguir después su crecimiento a lo largo de los años hasta llegar al árbol frondoso de su obra poética completa.

He recorrido su itinerario poético desde las dudas y vacilaciones de sus primeros intentos juveniles hasta su tiempo de amor y melancolía de los Veinte poemas, la angustia y la pesadumbre

V

de Residencia en la tierra, *las afirmaciones y creencias del* Canto General *y de tantos libros posteriores, las dudas humorísticas, y tan humanas, de* Estravagario, *el recuento de su aventura humana en* Memorial de Isla Negra, *para llegar por fin a las páginas, con nostalgia de despedida, de su libro póstumo* Jardín de invierno.

Versos y poemas de impresionante intensidad, palabras deslumbrantes de magia, junto con inevitables caídas, con sílabas borrosas, de todo hay, como es lógico, en esta obra ingente y desmesurada. Pero, a un poeta con esa ambición creadora, que en algunos de sus libros, sobre todo en Canto General, *pretendió darnos una visión completa de la historia del hombre americano (y un poco la de todos los hombres) y al mismo tiempo narrarnos los avatares sociales y políticos de un continente, sin olvidar las fuerzas desencadenadas de la naturaleza, la sombra implacable de la muerte y manteniendo, pese a todo, siempre encendida la llama esperanzada del amor, sólo lo podremos valorar desde la perspectiva de esa extraordinaria ambición.*

Son numerosos, y algunos excelentes, los trabajos críticos escritos para intentar desentrañar o clasificar su original y personalísimo mundo poético. También lo son las páginas dedicadas a relatarnos las peripecias humanas del poeta. Entre éstas considero fundamentales sus propias memorias: Confieso que he vivido.

Sin embargo, la misión que me he asignado a la hora de escribir este prólogo, tan innecesario como casi todos, no es ni puede ser, entre otras cosas por razones de espacio, esbozar una introducción crítica a esta poesía, una de las más conocidas y leídas del siglo XX. Tampoco repetir las anécdotas biográficas que el propio Neruda nos ha contado ya en sus mencionadas memorias.

Estas palabras preliminares sólo quiero que sirvan para explicar un poco las dificultades de mi tarea como antólogo.

Más de cuarenta títulos y más de dos mil poemas constituyen la poesía completa de Neruda, tal vez el poeta más prolífico en la historia de la lengua castellana.

Seleccionar de entre todo ese ingente cúmulo de poemas los doscientos y pico que aquí figuran, sin olvidar sus distintas épocas, desde sus primeros poemas hasta sus libros póstumos, y tratar de que todos ellos tengan la máxima calidad, la fuerza y la belleza de los grandes momentos nerudianos, no ha sido tarea fácil para mí, y supongo que para nadie que haya intentado o intente esta aventura.

He dividido la obra de Neruda, una división tan caprichosa como cualquier otra, en siete partes. En la primera, titulada Poemas de juventud, *he seleccionado algunos de aquéllos escritos desde* Crepusculario, 1923, *hasta* El hondero entusiasta, 1933. *Dentro de esta parte aparecen completos los* Veinte poemas de amor, *la obra más popular, leída y editada de Neruda.*

En Residencias, *la segunda parte, he recogido los poemas a mi parecer fundamentales de las tres* Residencias, *que marcaron una época en la poesía contemporánea.*

La tercera, Del Canto General *es, o pretende ser, una muestra lo más abarcadora posible de este libro, tan extenso como inabarcable.*

En Política y amor, *su cuarta parte, reúno poemas de uno de los libros más políticos y polémicos de Neruda,* Las uvas y el viento, *junto con los de otro, escrito casi al mismo tiempo, en donde se siente, como pocas veces, la fuerza de su pasión amorosa,* Los versos del capitán. *Un espléndido homenaje a Matilde Urrutia, la que sería su mujer hasta la muerte.*

Veinte odas escogidas de entre sus libros de Odas *y del posterior* Navegaciones y regresos *componen la quinta parte del libro. Poesía sencilla y directa, poesía de temas cotidianos, pero en donde la palabra de Neruda alcanza una inolvidable desnudez poética.*

Bajo el título de Años de madurez, *se engloba otra época fundamental de su poesía. Aquella que comienza en 1958, cuando su autor contaba 54 años de edad, con uno de sus libros fundamentales,* Estravagario, *del que el propio Neruda dijo: «Por su irreverencia es mi libro más íntimo. Por su alcance logra trascendencia dentro de mi poesía», y que se continúa hasta su muerte.*

A lo largo de más de quince libros, entre los cuales hay algunos tan conocidos y valorados como Cien sonetos de amor, Cantos ceremoniales, Memorial de Isla Negra, La barcarola, *etc., he querido dar una imagen, lo más amplia posible, de sus trabajos de madurez poética.*

La séptima y última sección del libro lleva un título necesaria-

mente triste Poesía póstuma, y en ella figuran algunos de los poemas que dejó escritos y que su viuda publicó después de su muerte.

Con estos poemas finales, en todos los sentidos, se cierra este libro, que más que una antología crítica y universitaria –ya existen algunas en el mercado– o una mera selección de divulgación de sus poemas más populares –también existen varias– ha pretendido, no sé con qué fortuna, reflejar la andadura poética y humana de su autor y, en un intento en la medida de lo posible totalizador, mostrar las vidas del poeta a través de sus más hondas y vigentes palabras.

No el pálido reflejo de cuarenta libros, sino la luz brillante de una única poesía perdurable.

Juan Luis Panero

POEMAS DE JUVENTUD

(1923-1933)

EL NUEVO SONETO A HELENA

Cuando estés vieja, niña (Ronsard ya te lo dijo)
te acordarás de aquellos versos que yo decía.
Tendrás los senos tristes de amamantar tus hijos,
los últimos retoños de tu vida vacía.

Yo estaré tan lejano que tus manos de cera
ararán el recuerdo de mis ruinas desnudas,
comprenderás que puede nevar en Primavera
y que en la Primavera las nieves son más crudas.

Yo estaré tan lejano que el amor y la pena
que antes vacié en tu vida como un ánfora plena
estarán condenados a morir en mis manos.

Y será tarde porque se fue mi adolescencia,
tarde porque las flores una vez dan esencia
y porque aunque me llames yo estaré tan lejano.

FAREWELL

1

Desde el fondo de ti, y arrodillado,
un niño triste, como yo, nos mira.

Por esa vida que arderá en sus venas
tendrían que amarrarse nuestras vidas.

Por esas manos, hijas de tus manos,
tendrían que matar las manos mías.

Por sus ojos abiertos en la tierra
veré en los tuyos lágrimas un día.

2

Yo no lo quiero, Amada.

Para que nada nos amarre
que no nos una nada.

Ni la palabra que aromó tu boca,
ni lo que no dijeron las palabras.

Ni la fiesta de amor que no tuvimos,
ni tus sollozos junto a la ventana.

3

(Amo el amor de los marineros
que besan y se van.

Dejan una promesa.
No vuelven nunca más.

En cada puerto una mujer espera,
los marineros besan y se van.

Una noche se acuestan con la muerte
en el lecho del mar.)

4

Amo el amor que se reparte
en besos, lecho y pan.

Amor que puede ser eterno
y puede ser fugaz.

Amor que quiere libertarse
para volver a amar.

Amor divinizado que se acerca.
Amor divinizado que se va.

5

Ya no se encantarán mis ojos en tus ojos,
ya no se endulzará junto a ti mi dolor.

Pero hacia donde vaya llevaré tu mirada
y hacia donde camines llevarás mi dolor.

Fui tuyo, fuiste mía. ¿Qué más? Juntos hicimos
un recodo en la ruta donde el amor pasó.

Fui tuyo, fuiste mía. Tú serás del que te ame,
del que corte en tu huerto lo que he sembrado yo.

Yo me voy. Estoy triste: pero siempre estoy triste.
Vengo desde tus brazos. No sé hacia dónde voy.

...Desde tu corazón me dice adiós un niño.
Y yo le digo adiós.

EL PUEBLO

La sombra de este monte protector y propicio
como una manta indiana fresca y rural me cubre:

bebo el azul del cielo por mis ojos sin vicio
como un ternero mama la leche de las ubres.

Al pie de la colina se extiende el pueblo, y siento,
sin quererlo, el rodar de los tranways urbanos:
una iglesia se eleva para clavar el viento,
pero el muy vagabundo se le va de las manos.

Pueblo, eres triste y gris. Tienes las calles largas,
y un olor de almacén por tus calles pasea.
El agua de tus pozos la encuentro más amarga.
Las almas de tus hombres me parecen más feas.

No saben la belleza de un surtidor que canta,
ni del que la trasvasa floreciendo un concepto.
Sin detenerse, como el agua en la garganta
desde sus corazones se va el verso perfecto.

El pueblo es gris y triste. Si estoy ausente pienso
que la ausencia parece que lo acercara a mí.
Regreso, y hasta el cielo tiene un bostezo inmenso.
Y crece en mi alma un odio, como el de antes, intenso.

Pero ella vive aquí.

CUERPO DE MUJER...

Cuerpo de mujer, blancas colinas, muslos blancos,
te pareces al mundo en tu actitud de entrega.
Mi cuerpo de labriego salvaje te socava
y hace saltar el hijo del fondo de la tierra.

Fui solo como un túnel. De mí huían los pájaros,
y en mí la noche entraba su invasión poderosa.
Para sobrevivirme te forjé como un arma,
como una flecha en mi arco, como una piedra en mi
        honda.

Pero cae la hora de la venganza, y te amo.
Cuerpo de piel, de musgo, de leche ávida y firme.
Ah los vasos del pecho! Ah los ojos de ausencia!
Ah las rosas del pubis! Ah tu voz lenta y triste!

Cuerpo de mujer mía, persistiré en tu gracia.
Mi sed, mi ansia sin límite, mi camino indeciso!
Oscuros cauces donde la sed eterna sigue,
y la fatiga sigue, y el dolor infinito.

EN SU LLAMA MORTAL...

En su llama mortal la luz te envuelve.
Absorta, pálida doliente, así situada
contra las viejas hélices del crepúsculo
que en torno a ti da vueltas.

Muda, mi amiga,
sola en lo solitario de esta hora de muertes
y llena de las vidas del fuego,
pura heredera del día destruido.

Del sol cae un racimo en tu vestido oscuro.
De la noche las grandes raíces
crecen de súbito desde tu alma,
y a lo exterior regresan las cosas en ti ocultas,
de modo que un pueblo pálido y azul
de ti recién nacido se alimenta.

Oh grandiosa y fecunda y magnética esclava
del círculo que en negro y dorado sucede:
erguida, trata y logra una creación tan viva
que sucumben sus flores, y llena es de tristeza.

11

AH VASTEDAD DE PINOS...

Ah vastedad de pinos, rumor de olas quebrándose,
lento juego de luces, campana solitaria,
crepúsculo, cayendo en tus ojos, muñeca,
caracola terrestre, en ti la tierra canta!

En ti los ríos cantan y mi alma en ellos huye
como tú lo desees y hacia donde tú quieras.
Márcame mi camino en tu arco de esperanza
y soltaré en delirio mi bandada de flechas.

En torno a mí estoy viendo tu cintura de niebla
y tu silencio acosa mis horas perseguidas,
y eres tú con tus brazos de piedra transparente
donde mis besos anclan y mi húmeda ansia anida.

Ah tu voz misteriosa que el amor tiñe y dobla
en el atardecer resonante y muriendo!
Así en horas profundas sobre los campos he visto
doblarse las espigas en la boca del viento.

ES LA MAÑANA LLENA...

Es la mañana llena de tempestad
en el corazón del verano.

Como pañuelos blancos de adiós viajan las nubes,
el viento las sacude con sus viajeras manos.

Innumerable corazón del viento
latiendo sobre nuestro silencio enamorado.

Zumbando entre los árboles, orquestal y divino,
como una lengua llena de guerra y de cantos.

Viento que lleva en rápido robo la hojarasca
y desvía las flechas latientes de los pájaros.

Viento que la derriba en ola sin espuma
y sustancia sin peso, y fuegos inclinados.

Se rompe y se sumerge su volumen de besos
combatido en la puerta del viento del verano.

PARA QUE TÚ ME OIGAS...

Para que tú me oigas
mis palabras
se adelgazan a veces
como las huellas de las gaviotas en las playas.

Collar, cascabel ebrio
para tus manos suaves como las uvas.

Y las miro lejanas mis palabras.
Más que mías son tuyas.
Van trepando en mi viejo dolor como las yedras.

Ellas trepan así por las paredes húmedas.
Eres tú la culpable de este juego sangriento.

Ellas están huyendo de mi guarida oscura.
Todo lo llenas tú, todo lo llenas.

Antes que tú poblaron la soledad que ocupas,
y están acostumbradas más que tú a mi tristeza.

Ahora quiero que digan lo que quiero decirte
para que tú las oigas como quiero que me oigas.

El viento de la angustia aún las suele arrastrar.
Huracanes de sueños aún a veces las tumban.
Escuchas otras veces en mi voz dolorida.

Llanto de viejas bocas, sangre de viejas súplicas.
Ámame, compañera. No me abandones. Sígueme.
Sígueme, compañera, en esa ola de angustia.

Pero se van tiñendo con tu amor mis palabras.
Todo lo ocupas tú, todo lo ocupas.

Voy haciendo de todas un collar infinito
para tus blancas manos, suaves como las uvas.

TE RECUERDO COMO ERAS...

Te recuerdo como eras en el último otoño.
Eras la boina gris y el corazón en calma.
En tus ojos peleaban las llamas del crepúsculo
y las hojas caían en el agua de tu alma.

Apegada a mis brazos como una enredadera,
las horas recogían tu voz lenta y en calma.
Hoguera de estupor en que mi sed ardía.
Dulce jacinto azul torcido sobre mi alma.

Siento viajar tus ojos y es distante el otoño:
boina gris, voz de pájaro y corazón de casa
hacia donde emigraban mis profundos anhelos
y caían mis besos alegres como brasas.

Cielo desde un navío. Campo desde los cerros:
Tu recuerdo es de luz, de humo, de estanque en calma!
Más allá de tus ojos ardían los crepúsculos.
Hojas secas de otoño giraban en tu alma.

INCLINADO EN LAS TARDES...

Inclinado en las tardes tiro mis tristes redes
a tus ojos oceánicos.

14

Allí se estira y arde en la más alta hoguera
mi soledad que da vueltas los brazos como un náufrago.

Hago rojas señales sobre tus ojos ausentes
que olean como el mar a la orilla de un faro.

Sólo guardas tinieblas, hembra distante y mía,
de tu mirada emerge a veces la costa del espanto.

Inclinado en las tardes echo mis tristes redes
a ese mar que sacude tus ojos oceánicos.

Los pájaros nocturnos picotean las primeras estrellas
que centellean como mi alma cuando te amo.

Galopa la noche en su yegua sombría
desparramando espigas azules sobre el campo.

ABEJA BLANCA ZUMBAS...

Abeja blanca zumbas, ebria de miel, en mi alma
y te tuerces en lentas espirales de humo.

Soy el desesperado, la palabra sin ecos,
el que lo perdió todo, y el que todo lo tuvo.

Última amarra, cruje en ti mi ansiedad última.
En mi tierra desierta eres la última rosa.

Ah silenciosa!

Cierra tus ojos profundos. Allí aletea la noche.
Ah desnuda tu cuerpo de estatua temerosa.

Tienes ojos profundos donde la noche alea.
Frescos brazos de flor y regazo de rosa.

15

Se parecen tus senos a los caracoles blancos.
Ha venido a dormirse en tu vientre una mariposa de
    sombra.

Ah silenciosa!

He aquí la soledad de donde estás ausente.
Llueve. El viento del mar caza errantes gaviotas.

El agua anda descalza por las calles mojadas.
De aquel árbol se quejan, como enfermos, las hojas.

Abeja blanca, ausente, aún zumbas en mi alma.
Revives en el tiempo, delgada y silenciosa.

Ah silenciosa!

EBRIO DE TREMENTINA...

Ebrio de trementina y largos besos,
estival, el velero de las rosas dirijo,
torcido hacia la muerte del delgado día,
cimentado en el sólido frenesí marino.

Pálido y amarrado a mi agua devorante
cruzo en el agrio olor del clima descubierto,
aún vestido de gris y sonidos amargos,
y una cimera triste de abandonada espuma.

Voy, duro de pasiones, montado en mi ola única,
lunar, solar, ardiente y frío, repentino,
dormido en la garganta de las afortunadas
islas blancas y dulces como caderas frescas.

Tiembla en la noche húmeda mi vestido de besos
locamente cargado de eléctricas gestiones,

de modo heroico dividido en sueños
y embriagadoras rosas practicándose en mí.

Aguas arriba, en medio de las olas externas,
tu paralelo cuerpo se sujeta en mis brazos
como un pez infinitamente pegado a mi alma
rápido y lento en la energía subceleste.

HEMOS PERDIDO AUN...

Hemos perdido aun este crepúsculo.
Nadie nos vio esta tarde con las manos unidas
mientras la noche azul caía sobre el mundo.

He visto desde mi ventana
la fiesta del poniente en los cerros lejanos.

A veces como una moneda
se encendía un pedazo de sol entre mis manos.

Yo te recordaba con el alma apretada
de esa tristeza que tú me conoces.

Entonces dónde estabas?
Entre qué gentes?
Diciendo qué palabras?
Por qué se me vendrá todo el amor de golpe
cuando me siento triste, y te siento lejana?

Cayó el libro que siempre se toma en el crepúsculo,
y como un perro herido rodó a mis pies mi capa.

Siempre, siempre te alejas en las tardes
hacia donde el crepúsculo corre borrando estatuas.

CASI FUERA DEL CIELO...

Casi fuera del cielo ancla entre dos montañas
la mitad de la luna.
Girante, errante noche, la cavadora de ojos.
A ver cuántas estrellas trizadas en la charca.

Hace una cruz de luto entre mis cejas, huye.
Fragua de metales azules, noche de las calladas luchas,
mi corazón da vueltas como un volante loco.

Niña venida de tan lejos, traída de tan lejos,
a veces fulgurece su mirada debajo del cielo.
Quejumbre, tempestad, remolino de furia,
cruza encima de mi corazón, sin detenerte.
Viento de los sepulcros acarrea, destroza, dispersa tu raíz
    soñolienta.

Desarraiga los grandes árboles al otro lado de ella.
Pero tú, clara niña, pregunta de humo, espiga.
Era la que iba formando el viento con hojas iluminadas.
Detrás de las montañas nocturnas, blanco lirio de
    incendio,
ah nada puedo decir! Era hecha de todas las cosas.

Ansiedad que partiste mi pecho a cuchillazos,
es hora de seguir otro camino, donde ella no sonría.
Tempestad que enterró las campanas, turbio revuelo de
    tormentas
para qué tocarla ahora, para qué entristecerla.

Ay seguir el camino que se aleja de todo,
donde no esté atajando la angustia, la muerte, el invierno,
con sus ojos abiertos entre el rocío.

PARA MI CORAZÓN...

Para mi corazón basta tu pecho,
para tu libertad bastan mis alas.
Desde mi boca llegará hasta el cielo
lo que estaba dormido sobre tu alma.

Es en ti la ilusión de cada día.
Llegas como el rocío a las corolas.
Socavas el horizonte con tu ausencia.
Eternamente en fuga como la ola.

He dicho que cantabas en el viento
como los pinos y como los mástiles.
Como ellos eres alta y taciturna.
Y entristeces de pronto, como un viaje.

Acogedora como un viejo camino.
Te pueblan ecos y voces nostálgicas.
Yo desperté y a veces emigran y huyen
pájaros que dormían en tu alma.

HE IDO MARCANDO...

He ido marcando con cruces de fuego
el atlas blanco de tu cuerpo.
Mi boca era una araña que cruzaba escondiéndose.
En ti, detrás de ti, temerosa, sedienta.

Historias que contarte a la orilla del crepúsculo,
muñeca triste y dulce, para que no estuvieras triste.
Un cisne, un árbol, algo lejano y alegre.
El tiempo de las uvas, el tiempo maduro y frutal.
Yo que viví en un puerto desde donde te amaba.
La soledad cruzada de sueño y de silencio.
Acorralado entre el mar y la tristeza.
Callado, delirante, entre dos gondoleros inmóviles.

Entre los labios y la voz, algo se va muriendo.
Algo con alas de pájaro, algo de angustia y de olvido.
Así como las redes no retienen el agua.
Muñeca mía, apenas quedan gotas temblando.
Sin embargo, algo canta entre palabras fugaces.
Algo canta, algo sube hasta mi ávida boca.
Oh poder celebrarte con todas las palabras de alegría.

Cantar, arder, huir, como un campanario en las manos de
    un loco.
Triste ternura mía, qué te haces de repente?
Cuando he llegado al vértice más atrevido y frío
mi corazón se cierra como una flor nocturna.

JUEGAS TODOS LOS DÍAS...

Juegas todos los días con la luz del universo.
Sutil visitadora, llegas en la flor y en el agua.
Eres más que esta blanca cabecita que aprieto
como un racimo entre mis manos cada día.

A nadie te pareces desde que yo te amo.
Déjame tenderte entre guirnaldas amarillas.
Quién escribe tu nombre con letras de humo entre las
    estrellas del sur?
Ah déjame recordarte como eras entonces, cuando aún no
    existías.

De pronto el viento aúlla y golpea mi ventana cerrada.
El cielo es una red cuajada de peces sombríos.
Aquí vienen a dar todos los vientos, todos.
Se desviste la lluvia.

Pasan huyendo los pájaros.
El viento. El viento.
Yo sólo puedo luchar contra la fuerza de los hombres.

El temporal arremolina hojas oscuras
y suelta todas las barcas que anoche amarraron al cielo.

Tú estás aquí. Ah tú no huyes.
Tú me responderás hasta el último grito.
Ovíllate a mi lado como si tuvieras miedo.
Sin embargo alguna vez corrió una sombra extraña por
    tus ojos.

Ahora, ahora también, pequeña, me traes madreselvas,
y tienes hasta los senos perfumados.
Mientras el viento triste galopa matando mariposas.
yo te amo, y mi alegría muerde tu boca de ciruela.

Cuánto te habrá dolido acostumbrarte a mí,
a mi alma sola y salvaje, a mi nombre que todos
    ahuyentan.
Hemos visto arder tantas veces el lucero besándonos los
    ojos
y sobre nuestras cabezas destorcerse los crepúsculos en
    abanicos girantes.

Mis palabras llovieron sobre ti acariciándote.
Amé desde hace tiempo tu cuerpo de nácar soleado.
Hasta te creo dueña del universo.
Te traeré de las montañas flores alegres, copihues,
avellanas oscuras, y cestas silvestres de besos.

Quiero hacer contigo
lo que la primavera hace con los cerezos.

ME GUSTAS CUANDO CALLAS...

Me gustas cuando callas porque estás como ausente,
y me oyes desde lejos, y mi voz no te toca.
Parece que los ojos se te hubieran volado
y parece que un beso te cerrara la boca.

21

Como todas las cosas están llenas de mi alma
emerges de las cosas, llena del alma mía.
Mariposa de sueño, te pareces a mi alma,
y te pareces a la palabra melancolía.

Me gustas cuando callas y estás como distante.
Y estás como quejándote, mariposa en arrullo.
Y me oyes desde lejos, y mi voz no te alcanza:
déjame que me calle con el silencio tuyo.

Déjame que te hable también con tu silencio
claro como una lámpara, simple como un anillo.
Eres como la noche, callada y constelada.
Tu silencio es de estrella, tan lejano y sencillo.

Me gustas cuando callas porque estás como ausente.
Distante y dolorosa como si hubieras muerto.
Una palabra entonces, una sonrisa bastan.
Y estoy alegre, alegre de que no sea cierto.

EN MI CIELO AL CREPÚSCULO...

Paráfrasis a R. Tagore

En mi cielo al crepúsculo eres como una nube
y tu color y forma son como yo los quiero.
Eres mía, eres mía, mujer de labios dulces,
y viven en tu vida mis infinitos sueños.

La lámpara de mi alma te sonrosa los pies,
el agrio vino mío es más dulce en tus labios,
oh segadora de mi canción de atardecer,
cómo te sienten mía mis sueños solitarios!

Eres mía, eres mía, voy gritando en la brisa
de la tarde, y el viento arrastra mi voz viuda.

Cazadora del fondo de mis ojos, tu robo
estanca como el agua tu mirada nocturna.

En la red de mi música estás presa, amor mío,
y mis redes de música son anchas como el cielo.
Mi alma nace a la orilla de tus ojos de luto.
En tus ojos de luto comienza el país del sueño.

PENSANDO, ENREDANDO SOMBRAS...

Pensando, enredando sombras en la profunda soledad.
Tú también estás lejos, ah más lejos que nadie.
Pensando, soltando pájaros, desvaneciendo imágenes,
enterrando lámparas.

Campanario de brumas, qué lejos, allá arriba!
Ahogando lamentos, moliendo esperanzas sombrías,
molinero taciturno,
se te viene de bruces la noche, lejos de la ciudad.

Tu presencia es ajena, extraña a mí como una cosa.
Pienso, camino largamente, mi vida antes de ti.
Mi vida antes de nadie, mi áspera vida.
El grito frente al mar, entre las piedras,
corriendo libre, loco, en el vaho del mar.
La furia triste, el grito, la soledad del mar.
Desbocado, violento, estirado hacia el cielo.

Tú, mujer, qué eras allí, qué raya, qué varilla
de ese abanico inmenso? Estabas lejos como ahora.
Incendio en el bosque! Arde en cruces azules.
Arde, arde, llamea, chispea en árboles de luz.

Se derrumba, crepita. Incendio. Incendio.
Y mi alma baila herida de virutas de fuego.
Quién llama? Qué silencio poblado de ecos?
Hora de la nostalgia, hora de la alegría, hora de la
    soledad,
hora mía entre todas!

23

Bocina en que el viento pasa cantando.
Tanta pasión de llanto anudada a mi cuerpo.
Sacudida de todas las raíces,
asalto de todas las olas!

Rodaba, alegre, triste, interminable, mi alma.
Pensando, enterrando lámparas en la profunda soledad.

Quién eres tú, quién eres?

AQUÍ TE AMO...

Aquí te amo.
En los oscuros pinos se desenreda el viento.
Fosforece la luna sobre las aguas errantes.
Andan días iguales persiguiéndose.

Se desciñe la niebla en danzantes figuras.
Una gaviota de plata se descuelga del ocaso.
A veces una vela. Altas, altas estrellas.
O la cruz negra de un barco.
Solo.
A veces amanezco, y hasta mi alma está húmeda.
Suena, resuena el mar lejano.
Este es un puerto.
Aquí te amo.

Aquí te amo y en vano te oculta el horizonte.
Te estoy amando aún entre estas frías cosas.
A veces van mis besos en esos barcos graves
que corren por el mar hacia donde no llegan.
Ya me veo olvidado como estas viejas anclas.
Son más tristes los muelles cuando atraca la tarde.
Se fatiga mi vida inútilmente hambrienta.
Amo lo que no tengo. Estás tú tan distante.

Mi hastío forcejea con los lentos crepúsculos.
Pero la noche llega y comienza a cantarme.

La luna hace girar su rodaja de sueño.
Me miran con tus ojos las estrellas más grandes.
Y como yo te amo, los pinos, en el viento,
quieren cantar tu nombre con tus hojas de alambre.

NIÑA MORENA Y ÁGIL...

Niña morena y ágil, el sol que hace las frutas,
el que cuaja los trigos, el que tuerce las algas,
hizo tu cuerpo alegre, tus luminosos ojos
y tu boca que tiene la sonrisa del agua.

Un sol negro y ansioso se te arrolla en las hebras
de la negra melena, cuando estiras los brazos.
Tú juegas con el sol como con un estero
y él te deja en los ojos dos oscuros remansos.

Niña morena y ágil, nada hacia ti me acerca.
Todo de ti me aleja, como del mediodía.
Eres la delirante juventud de la abeja,
la embriaguez de la ola, la fuerza de la espiga.

Mi corazón sombrío te busca, sin embargo,
y amo tu cuerpo alegre, tu voz suelta y delgada.
Mariposa morena dulce y definitiva
como el trigal y el sol, la amapola y el agua.

PUEDO ESCRIBIR LOS VERSOS...

Puedo escribir los versos más tristes esta noche.

Escribir, por ejemplo: «La noche está estrellada,
y tiritan, azules, los astros, a lo lejos».

El viento de la noche gira en el cielo y canta.

Puedo escribir los versos más tristes esta noche.
Yo la quise, y a veces ella también me quiso.

En las noches como ésta la tuve entre mis brazos.
La besé tantas veces bajo el cielo infinito.

Ella me quiso, a veces yo también la quería.
Cómo no haber amado sus grandes ojos fijos.

Puedo escribir los versos más tristes esta noche.
Pensar que no la tengo. Sentir que la he perdido.

Oír la noche inmensa, más inmensa sin ella.
Y el verso cae al alma como al pasto el rocío.

Qué importa que mi amor no pudiera guardarla.
La noche está estrellada y ella no está conmigo.

Eso es todo. A lo lejos alguien canta. A lo lejos.
Mi alma no se contenta con haberla perdido.

Como para acercarla mi mirada la busca.
Mi corazón la busca, y ella no está conmigo.

La misma noche que hace blanquear los mismos árboles.
Nosotros, los de entonces, ya no somos los mismos.

Ya no la quiero, es cierto, pero cuánto la quise.
Mi voz buscaba el viento para tocar su oído.

De otro. Será de otro. Como antes de mis besos.
Su voz, su cuerpo claro. Sus ojos infinitos.

Ya no la quiero, es cierto, pero tal vez la quiero.
Es tan corto el amor, y es tan largo el olvido.

Porque en noches como ésta la tuve entre mis brazos,
mi alma no se contenta con haberla perdido.

Aunque éste sea el último dolor que ella me causa,
y éstos los últimos versos que yo le escribo.

LA CANCIÓN DESESPERADA

Emerge tu recuerdo de la noche en que estoy.
El río anuda al mar su lamento obstinado.

Abandonado como los muelles en el alba.
Es la hora de partir, oh abandonado!

Sobre mi corazón llueven frías corolas.
Oh sentina de escombros, feroz cueva de náufragos!

En ti se acumularon las guerras y los vuelos.
De ti alzaron las alas los pájaros del canto.

Todo te lo tragaste, como la lejanía.
Como el mar, como el tiempo. Todo en ti fue naufragio!

Era la alegre hora del asalto y el beso.
La hora del estupor que ardía como un faro.

Ansiedad de piloto, furia de buzo ciego,
turbia embriaguez de amor, todo en ti fue naufragio!

En la infancia de niebla mi alma alada y herida.
Descubridor perdido, todo en ti fue naufragio!

Te ceñiste al dolor, te agarraste al deseo,
te tumbó la tristeza, todo en ti fue naufragio!

Hice retroceder la muralla de sombra,
anduve más allá del deseo y del acto.

Oh carne, carne mía, mujer que amé y perdí,
a ti en esta hora húmeda, evoco y hago canto.

Como un vaso albergaste la infinita ternura,
y el infinito olvido te trizó como a un vaso.

Era la negra, negra soledad de las islas,
y allí, mujer de amor, me acogieron tus brazos.

Era la sed y el hambre, y tú fuiste la fruta,
Era el duelo y las ruinas, y tú fuiste el milagro.

Ah mujer, no sé cómo pudiste contenerme
en la tierra de tu alma, y en la cruz de tus brazos!

Mi deseo de ti fue el más terrible y corto,
el más revuelto y ebrio, el más tirante y ávido.

Cementerio de besos, aún hay fuego en tus tumbas,
aún los racimos arden picoteados de pájaros.

Oh la boca mordida, oh los besados miembros,
oh los hambrientos dientes, oh los cuerpos trenzados.

Oh la cópula loca de esperanza y esfuerzo
en que nos anudamos y nos desesperamos.

Y la ternura, leve como el agua y la harina.
Y la palabra apenas comenzada en los labios.

Ése fue mi destino y en él viajó mi anhelo,
y en él cayó mi anhelo, todo en ti fue naufragio!

Oh sentina de escombros, en ti todo caía,
qué dolor no exprimiste, qué olas no te ahogaron.

De tumbo en tumbo aún llameaste y cantaste.
De pie como un marino en la proa de un barco.

Aún floreciste en cantos, aún rompiste en corrientes.
Oh sentina de escombros, pozo abierto y amargo.

Pálido buzo ciego, desventurado hondero,
descubridor perdido, todo en ti fue naufragio!

Es la hora de partir, la dura y fría hora
que la noche sujeta a todo horario.

El cinturón ruidoso del mar ciñe la costa.
Surgen frías estrellas, emigran negros pájaros.

Abandonado como los muelles en el alba.
Sólo la sombra trémula se retuerce en mis manos.

Ah más allá de todo. Ah más allá de todo.

Es la hora de partir. Oh abandonado!

AL LADO DE MÍ MISMO...

Al lado de mí mismo señorita enamorada
quién sino tú como el alambre ebrio es una canción sin
     título
ah triste mía la sonrisa se extiende como una mariposa en
     tu rostro
y por ti mi hermana no viste de negro
yo soy el que deshoja nombres y altas constelaciones de
     rocío
en la noche de paredes azules alta sobre tu frente
para alabarte a ti palabra de alas puras
el que rompió su suerte siempre donde no estuvo
por ejemplo es la noche rodando entre cruces de plata
que fue tu primer beso para qué recordarlo
yo te puse extendida delante del silencio
tierra mía los pájaros de mi sed te protegen
y te beso la boca mojada con crepúsculo

es más allá más alto
para significarte criaría una espiga
corazón distraído torcido hacia una llaga
atajas el color de la noche y libertas a los prisioneros

ah para qué alargaron la tierra
del lado en que te miro y no estás niña mía
entre sombra y sombra destino de naufragio
nada tengo oh soledad

sin embargo eres la luz distante que ilumina las frutas
y moriremos juntos
pensar que estás ahí navío blanco listo para partir
y que tenemos juntas las manos en la proa navío siempre
    en viaje.

A QUIÉN COMPRÉ...

A quién compré en esta noche la soledad que poseo
quién dice la orden que apresure la marcha
del viento flor de frío entre las hojas inconclusas
si tú me llamas tormenta resuenas tan lejos como un tren
ola triste caída a mis pies quién te dice
sonámbulo de sangre partía cada vez en busca del alba
a ti te reconozco pero lejos apartada
inclinado en tus ojos busco el ancla perdida
ahí la tienes florida adentro de los brazos de nácar
es para terminar para no seguir nunca
y por eso te alabo seguidora de mi alma mirándote hacia
    atrás
te busco cada vez entre los signos del regreso
estás llena de pájaros durmiendo como el silencio de los
    bosques
pesado y triste lirio miras hacia otra parte
cuando te hablo me dueles tan distante mujer mía
apresura el paso apresura el paso y enciende las
    luciérnagas.

EL HONDERO ENTUSIASTA

Hago girar mis brazos como dos aspas locas...
en la noche toda ella de metales azules.

Hacia donde las piedras no alcanzan y retornan.
Hacia donde los fuegos oscuros se confunden.
Al pie de las murallas que el viento inmenso abraza.
Corriendo hacia la muerte como un grito hacia el eco.

El lejano, hacia donde ya no hay más que la noche
y la ola del designio, y la cruz del anhelo.
Dan ganas de gemir el más largo sollozo.
De bruces frente al muro que azota el viento inmenso.

Pero quiero pisar más allá de esa huella:
pero quiero voltear esos astros de fuego:
lo que es mi vida y es más allá de mi vida,
eso de sombras duras, eso de nada, eso de lejos:
quiero alzarme en las últimas cadenas que me aten,
sobre este espanto erguido, en esta ola de vértigo,
y echo mis piedras trémulas hacia este país negro,
solo, en la cima de los montes,
solo, como el primer muerto,
rodando enloquecido, presa del cielo oscuro
que mira inmensamente, como el mar en los puertos.

Aquí, la zona de mi corazón,
llena de llanto helado, mojada en sangres tibias.
Desde él, siento saltar las piedras que me anuncian.
En él baila el presagio del humo y la neblina.
Todo de sueños vastos caídos gota a gota.

Todo de furias y olas y mareas vencidas.
Ah, mi dolor, amigos, ya no es dolor de humano.
Ah, mi dolor, amigos, ya no cabe en mi vida.
Y en él cimbro las hondas que van volteando estrellas!
Y en él suben mis piedras en la noche enemiga!

Quiero abrir en los muros una puerta. Eso quiero.
Eso deseo. Clamo. Grito. Lloro. Deseo.
Soy el más doloroso y el más débil. Lo quiero.
El lejano, hacia donde ya no hay más que la noche.

Pero mis hondas giran. Estoy. Grito. Deseo.
Astro por astro, todos fugarán en astillas.
Mi fuerza es mi dolor, en la noche. Lo quiero.
He de abrir esa puerta. He de cruzarla. He de vencerla.
Han de llegar mis piedras. Grito. Lloro. Deseo.

Sufro, sufro y deseo. Deseo, sufro y canto.
Río de viejas vidas, mi voz salta y se pierde.
Tuerce y destuerce largos collares aterrados.
Se hincha como una vela en el viento celeste.
Rosario de la angustia, yo no soy quien lo reza.
Hilo desesperado, yo no soy quien lo tuerce.
El salto de la espada a pesar de los brazos.
El anuncio en estrellas de la noche que viene.
Soy yo: pero es mi voz la existencia que escondo.
El temporal de aullidos y lamentos y fiebres.
La dolorosa sed que hace próxima el agua.
La resaca invencible que me arrastra a la muerte.

Gira mi brazo entonces, y centellea mi alma.
Se trepan los temblores a la cruz de mis cejas.
He aquí mis brazos fieles! He aquí mis manos ávidas!
He aquí la noche absorta! Mi alma grita y desea!
He aquí los astros pálidos todos llenos de enigma!
He aquí mi sed que aúlla sobre mi voz ya muerta!
He aquí los cauces locos que hacen girar mis hondas!
Las voces infinitas que preparan mi fuerza!
Y doblado en un nudo de anhelos infinitos,
en la infinita noche, suelto y suben mis piedras.

Más allá de esos muros, de esos límites, lejos.
Debo pasar las rayas de la lumbre y la sombra.
Por qué no he de ser yo? Grito. Lloro. Deseo.

Sufro, sufro y deseo. Cimbro y zumban mis hondas.
El viajero que alargue su viaje sin regreso.
El hondero que trice la frente de la sombra.
Las piedras entusiastas que hagan parir la noche.
La flecha, la centella, la cuchilla, la proa.
Grito. Sufro. Deseo. Se alza mi brazo, entonces,
hacia la noche llena de estrellas en derrota.

He aquí mi voz extinta. He aquí mi alma caída.
Los esfuerzos baldíos. La sed herida y rota.
He aquí mis piedras ágiles que vuelven y me hieren.
Las altas luces blancas que bailan y se extinguen.
Las húmedas estrellas absolutas y absortas.
He aquí las mismas piedras que alzó mi alma en combate.
He aquí la misma noche desde donde retornan.

Soy el más doloroso y el más débil. Deseo.
Deseo, sufro, caigo. El viento inmenso azota.
Ah, mi dolor, amigos, ya no es dolor de humano!
Ah, mi dolor, amigos, ya no cabe en la sombra!
En la noche toda ella de astros fríos y errantes,
hago girar mis brazos como dos aspas locas.

ES COMO UNA MAREA...

Es como una marea, cuando ella clava en mí
sus ojos enlutados,
cuando siento su cuerpo de greda blanda y móvil
estirarse y latir junto al mío,
es como una marea, cuando ella está a mi lado.

He visto tendido frente a los mares del Sur,
arrollarse las aguas y extenderse
inconteniblemente
fatalmente
en las mañanas y al atardecer.

Agua de las resacas sobre las viejas huellas,
sobre los viejos rastros, sobre las viejas cosas,
agua de las resacas que desde las estrellas
se abre como una inmensa rosa,
agua que va avanzando sobre las playas como
una mano atrevida debajo de una ropa,
agua internándose en los acantilados,
aguas estrellándose en las rocas,
agua implacable como los vengadores
y como los asesinos silenciosa,
agua de las noches siniestras
debajo de los muelles como una vena rota,
o como el corazón del mar
en una irradiación temblorosa y monstruosa.

Es algo que me lleva desde adentro y me crece
inmensamente próximo, cuando ella está a mi lado,
es como una marea rompiéndose en sus ojos
y besando su boca, sus senos y sus manos.
Ternura de dolor, y dolor de imposible,
ala de los terribles deseos
que se mueve en la noche de mi carne y la suya
con una aguda fuerza de flechas en el cielo.
Algo de inmensa huida,
que no se va, que araña adentro,
algo que en las palabras cava tremendos pozos,
algo que, contra todo se estrella, contra todo,
como los prisioneros contra los calabozos!

Ella, tallada en el corazón de la noche,
por la inquietud de mis ojos alucinados:
ella, grabada en los maderos del bosque
por los cuchillos de mis manos,
ella, su goce junto al mío,
ella, sus ojos enlutados,
ella, su corazón, mariposa sangrienta
que con sus dos antenas de instinto me ha tocado!

No cabe en esta estrecha meseta de mi vida!
Es como un viento desatado!

Si mis palabras clavan apenas como agujas
debieran desgarrar como espadas o arados!

Es como una marea que me arrastra y me dobla,
es como una marea, cuando ella está a mi lado!

SIENTO TU TERNURA...

Siento tu ternura allegarse a mi tierra,
acechar la mirada de mis ojos, huir,
la veo interrumpirse, para seguirme hasta la hora
de mi silencio absorto y de mi afán de ti.

Hela aquí tu ternura de ojos dulces que esperan.
Hela aquí, boca tuya, palabra nunca dicha.
Siento que se me suben los musgos de tu pena
y me crecen a tientas en el alma infinita.

Era esto el abandono, y lo sabías,
era la guerra oscura del corazón y todos,
era la queja rota de angustias conmovidas,
y la ebriedad, y el deseo, y el dejarse ir,
y era eso mi vida
era eso que el agua de tus ojos llevaba,
era eso que en el hueco de tus manos cabía.

Ah, mariposa mía y arrullo de paloma,
ah vaso, ah estero, ah compañera mía!

Te llegó mi reclamo, dímelo, te llegaba,
en las abiertas noches de estrellas frías
ahora, en el otoño, en el baile amarillo
de los vientos hambrientos y las hojas caídas!

Dímelo, te llegaba,
aullando o cómo, o sollozando,
en la hora de la sangre fermentada
cuando la tierra crece y se cimbra latiendo
bajo el sol que la raya con sus colas de ámbar?

Dímelo, me sentiste
trepar hasta tu forma por todos los silencios,
y todas las palabras?

Yo me sentí crecer. Nunca supe hacia dónde.
Es más allá de ti. Lo comprendes, hermana?
Es que se aleja el fruto cuando llegan mis manos
y ruedan las estrellas antes de mi mirada.

Siento que soy la aguja de una infinita flecha,
y va a clavarse lejos, no va a clavarse nunca,
tren de dolores húmedos en fuga hacia lo eterno,
goteando en cada tierra sollozos y preguntas.

Pero hela aquí, tu forma familiar, lo que es mío,
lo tuyo, lo que es mío, lo que es tuyo y me inunda,
hela aquí que me llena los miembros de abandono,
hela aquí, tu ternura,
amarrándose a las mismas raíces,
madurando en la misma caravana de frutas,
y saliendo de tu alma rota bajo mis dedos
como el licor del vino del centro de la uva.

AMIGA, NO TE MUERAS

Amiga, no te mueras.

Óyeme estas palabras que me salen ardiendo
y que nadie diría si yo no las dijera.

Amiga, no te mueras.

36

Yo soy el que te espera en la estrellada noche.
El que bajo el sangriento sol poniente te espera.

Miro caer los frutos en la tierra sombría.
Miro bailar las gotas del rocío en las hierbas.

En la noche al espeso perfume de las rosas,
cuando danza la ronda de las sombras inmensas.

Bajo el cielo del Sur, el que te espera cuando
el aire de la tarde como una boca besa.

Amiga, no te mueras.

Yo soy el que cortó las guirnaldas rebeldes
para el lecho selvático fragante a sol y a selva.

El que trajo en los brazos jacintos amarillos.
Y rosas desgarradas. Y amapolas sangrientas.

El que cruzó los brazos por esperarte, ahora.
El que quebró sus arcos. El que dobló sus flechas.

Yo soy el que en los labios guarda sabor de uvas.
Racimos refregados. Mordeduras bermejas.

El que te llama desde las llanuras brotadas.
Yo soy el que en la hora del amor te desea.

El aire de la tarde cimbra las ramas altas.
Ebrio, mi corazón, bajo Dios, tambalea.

El río desatado rompe a llorar y a veces
se adelgaza su voz y se hace pura y trémula.

Retumba, atardecida, la queja azul del agua.
Amiga, no te mueras!

Yo soy el que te espera en la estrellada noche,
sobre las playas aúreas, sobre las rubias eras.

El que cortó jacintos para tu lecho, y rosas.
Tendido entre las hierbas yo soy el que te espera!

LLÉNATE DE MÍ

Llénate de mí.
Ansíame, agótame, viérteme, sacrifícame.
Pídeme. Recógeme, contiéneme, ocúltame.
Quiero ser de alguien, quiero ser tuyo, es tu hora.
Soy el que pasó saltando sobre las cosas,
el fugante, el doliente.

Pero siento tu hora,
la hora de que mi vida gotee sobre tu alma,
la hora de las ternuras que no derramé nunca,
la hora de los silencios que no tienen palabras,
tu hora, alba de sangre que me nutrió de angustias,
tu hora, medianoche que me fue solitaria.

Libértame de mí. Quiero salir de mi alma.
Yo soy esto que gime, esto que arde, esto que sufre.
Yo soy esto que ataca, esto que aúlla, esto que canta.
No, no quiero ser esto.
Ayúdame a romper estas puertas inmensas.
Con tus hombros de seda desentierra estas anclas.
Así crucificaron mi dolor una tarde.
Libértame de mí. Quiero salir de mi alma.

Quiero no tener límites y alzarme hacia aquel astro.
Mi corazón no debe callar hoy o mañana.
Debe participar de lo que toca,
debe ser de metales, de raíces, de alas.
No puedo ser la piedra que se alza y que no vuelve,
no puedo ser la sombra que se deshace y pasa.

No, no puede ser, no puede ser, no puede ser.
Entonces gritaría, lloraría, gemiría.
No puede ser, no puede ser.
Quién iba a romper esta vibración de mis alas?
Quién iba a exterminarme? Qué designio, qué palabra?
No puede ser, no puede ser, no puede ser.
Libértame de mí. Quiero salir de mi alma.

Porque tú eres mi ruta. Te forjé en lucha viva.
De mi pelea oscura contra mí mismo, fuiste.
Tienes de mí ese sello de avidez no saciada.
Desde que yo los miro tus ojos son más tristes.
Vamos juntos. Rompamos este camino juntos.
Será la ruta tuya. Pasa. Déjame irme.
Ansíame, agótame, viérteme, sacrifícame.
Haz tambalear los cercos de mis últimos límites.

Y que yo pueda, al fin, correr en fuga loca,
inundando las tierras como un río terrible,
desatando estos nudos, ah Dios mío, estos nudos,
destrozando,
quemando,
arrasando
como una lava loca lo que existe,
correr fuera de mí mismo, perdidamente,
libre de mí, furiosamente libre.
Irme,
Dios mío,
irme!

RESIDENCIAS

(1935-1947)

GALOPE MUERTO

Como cenizas, como mares poblándose,
en la sumergida lentitud, en lo informe,
o como se oyen desde el alto de los caminos
cruzar las campanadas en cruz,
teniendo ese sonido ya parte del metal,
confuso, pesando, haciéndose polvo
en el mismo molino de las formas demasiado lejos,
o recordadas o no vistas,
y el perfume de las ciruelas que rodando a tierra
se pudren en el tiempo, infinitamente verdes.

Aquello todo tan rápido, tan viviente,
inmóvil sin embargo, como la polea loca en sí misma,
esas ruedas de los motores, en fin.
Existiendo como las puntadas secas en las costuras del
    árbol,
callado, por alrededor, de tal modo,
mezclando todos los limbos sus colas.

Es que de dónde, por dónde, en qué orilla?
El rodeo constante, incierto, tan mudo,
como las lilas alrededor del convento,
o la llegada de la muerte a la lengua del buey
que cae a tumbos, guardabajo, y cuyos cuernos quieren
    sonar.

Por eso, en lo inmóvil, deteniéndose; percibir,
entonces, como aleteo inmenso, encima,

como abejas muertas o números,
ay, lo que mi corazón pálido no puede abarcar,
en multitudes, en lágrimas saliendo apenas,
y esfuerzos humanos, tormentas,
acciones negras descubiertas de repente
como hielos, desorden vasto,
oceánico, para mí que entro cantando,
como con una espada entre indefensos.

Ahora bien, de qué está hecho ese surgir de palomas
que hay entre la noche y el tiempo, como una barranca
      húmeda?
Ese sonido ya tan largo
que cae listando de piedras los caminos,
más bien, cuando sólo una hora
crece de improviso, extendiéndose sin tregua.

Adentro del anillo del verano
una vez los grandes zapallos escuchan,
estirando sus plantas conmovedoras,
de eso, de lo que solicitándose mucho,
de lo lleno, oscuros de pesadas gotas.

ALIANZA
(SONATA)

De miradas polvorientas caídas al suelo
o de hojas sin sonido y sepultándose.
De metales sin luz, con el vacío,
con la ausencia del día muerto de golpe.
En lo alto de las manos el deslumbrar de mariposas,
el arrancar de mariposas cuya luz no tiene término.

Tú guardabas la estela de luz, de seres rotos
que el sol abandonando, atardeciendo, arroja a las iglesias.
Teñida con miradas, con objeto de abejas,

tu material de inesperada llama huyendo
precede y sigue al día y a su familia de oro.

Los días acechando cruzan en sigilo
pero caen adentro de tu voz de luz.
Oh dueña del amor, en tu descanso
fundé mi sueño, mi actitud callada.

Con tu cuerpo de número tímido, extendido de pronto
hasta las cantidades que definen la tierra,
detrás de la pelea de los días blancos de espacio
y fríos de muertes lentas y estímulos marchitos,
siento arder tu regazo y transitar tus besos
haciendo golondrinas frescas en mi sueño.

A veces el destino de tus lágrimas asciende
como la edad hasta mi frente, allí
están golpeando las olas, destruyéndose de muerte:
su movimiento es húmedo, decaído, final.

AUSENCIA DE JOAQUÍN

Desde ahora, como una partida verificada lejos,
en funerales estaciones de humo o solitarios malecones,
desde ahora lo veo precipitándose en su muerte,
y detrás de él siento cerrarse los días del tiempo.

Desde ahora, bruscamente, siento que parte,
precipitándose en las aguas, en ciertas aguas, en cierto
    océano,
y fuego, al golpe suyo, gotas se levantan, y un ruido,
un determinado, sordo ruido siento producirse,
un golpe de agua azotada por su peso,
y de alguna parte, de alguna parte siento que saltan y
    salpican estas aguas,
sobre mí salpican estas aguas, y viven como ácidos.

Su costumbre de sueños y desmedidas noches,
su alma desobediente, su preparada palidez
duermen con él por último, y él duerme,
porque al mar de los muertos su pasión desplómase,
violentamente hundiéndose, fríamente asociándose.

COLECCIÓN NOCTURNA

He vencido al ángel del sueño, el funesto alegórico:
su gestión insistía, su denso paso llega
envuelto en caracoles y cigarras,
marino, perfumado de frutos agudos.

Es el viento que agita los meses, el silbidio de un tren,
el paso de la temperatura sobre el lecho,
un opaco sonido de sombra
que cae como trapo en lo interminable,
una repetición de distancias, un vino de color confundido,
un paso polvoriento de vacas bramando.

A veces su canasto negro cae en mi pecho,
sus sacos de dominio hieren mi hombro,
su multitud de sal, su ejército entreabierto
recorren y revuelven las cosas del cielo:
él galopa en la respiración y su paso es de beso:
su salitre seguro planta en los párpados
con vigor esencial y solemne propósito:
entra en lo preparado como un dueño:
su substancia sin ruido equipa de pronto,
su alimento profético propaga tenazmente.

Reconozco a menudo sus guerreros,
sus piezas corroídas por el aire, sus dimensiones,
y su necesidad de espacio es tan violenta
que baja hasta mi corazón a buscarlo:
él es el propietario de las mesetas inaccesibles,
él baila con personajes trágicos y cotidianos:

de noche rompe mi piel su ácido aéreo
y escucho en mi interior temblar su instrumento.

Yo oigo el sueño de viejos compañeros y mujeres amadas,
sueños cuyos latidos me quebrantan:
su material de alfombra piso en silencio,
su luz de amapola muerdo con delirio.

Cadáveres dormidos que a menudo
danzan asidos al peso de mi corazón,
qué ciudades opacas recorremos!
Mi pardo corcel de sombra se agiganta,
y sobre envejecidos tahúres, sobre lenocinios de escaleras
        gastadas,
sobre lechos de niñas desnudas, entre jugadores de
        foot-ball,
del viento ceñidos pasamos:
y entonces caen a nuestra boca esos frutos blandos del
        cielo,
los pájaros, las campanas conventuales, los cometas:
aquel que se nutrió de geografía pura y estremecimiento,
ése tal vez nos vio pasar centelleando.

Camaradas cuyas cabezas reposan sobre barriles,
en un desmantelado buque prófugo, lejos,
amigos míos sin lágrimas, mujeres de rostro cruel:
la medianoche ha llegado y un gong de muerte
golpea en torno mío como el mar.
Hay en la boca el sabor, la sal del dormido.
Fiel como una condena, a cada cuerpo
la palidez del distrito letárgico acude:
una sonrisa fría, sumergida,
unos ojos cubiertos como fatigados boxeadores,
una respiración que sordamente devora fantasmas.

En esa humedad de nacimiento, con esa proporción
        tenebrosa,
cerrada como una bodega, el aire es criminal:
las paredes tienen un triste color de cocodrilo,

una contextura de araña siniestra:
se pisa en lo blando como sobre un monstruo muerto:
las uvas negras inmensas, repletas,
cuelgan de entre las ruinas como odres:
oh Capitán, en nuestra hora de reparto
abre los mudos cerrojos y espérame:
allí debemos cenar vestidos de luto:
el enfermo de malaria guardará las puertas.

Mi corazón, es tarde y sin orillas,
el día, como un pobre mantel puesto a secar,
oscila rodeado de seres y extensión:
de cada ser viviente hay algo en la atmósfera:
mirando mucho el aire aparecerían mendigos,
abogados, bandidos, carteros, costureras,
y un poco de cada oficio, un resto humillado
quiere trabajar su parte en nuestro interior.
Yo busco desde antaño, yo examino sin arrogancia,
conquistado, sin duda, por lo vespertino.

JUNTOS NOSOTROS

Qué pura eres de sol o de noche caída,
qué triunfal desmedida tu órbita de blanco,
y tu pecho de pan, alto de clima,
tu corona de árboles negros, bienamada,
y tu nariz de animal solitario, de oveja salvaje
que huele a sombra y a precipitada fuga tiránica.
Ahora, qué armas espléndidas mis manos,
digna su pala de hueso y su lirio de uñas,
y el puesto de mi rostro, y el arriendo de mi alma
están situados en lo justo de la fuerza terrestre.

Qué pura mi mirada de nocturna influencia,
caída de ojos oscuros y feroz acicate,
mi simétrica estatua de piernas gemelas
sube hacia estrellas húmedas cada mañana,

y mi boca de exilio muerde la carne y la uva,
mis brazos de varón, mi pecho tatuado
en que penetra el vello como ala de estaño,
mi cara blanca hecha para la profundidad del sol,
mi pelo hecho de ritos, de minerales negros,
mi frente, penetrante como golpe o camino,
mi piel de hijo maduro, destinado al arado,
mis ojos de sal ávida, de matrimonio rápido,
mi lengua amiga blanda del dique y del buque,
mis dientes de horario blanco, de equidad sistemática,
la piel que hace a mi frente un vacío de hielos
y en mi espalda se torna, y vuela en mis párpados,
y se repliega sobre mi más profundo estímulo,
y crece hacia las rosas en mis dedos,
en mi mentón de hueso y en mis pies de riqueza.

Y tú como un mes de estrella, como un beso fijo,
como estructura de ala, o comienzos de otoño,
niña, mi partidaria, mi amorosa,
la luz hace su lecho bajo tus grandes párpados,
dorados como bueyes, y la paloma redonda
hace sus nidos blancos frecuentemente en ti.
Hecha de ola en lingotes y tenazas blancas,
tu salud de manzana furiosa se estira sin límite,
el tonel temblador en que escucha tu estómago,
tus manos hijas de la harina y del cielo.

Qué parecida eres al más largo beso,
su sacudida fija parece nutrirte,
y su empuje de brasa, de bandera revuelta,
va latiendo en tus dominios y subiendo temblando,
y entonces tu cabeza se adelgaza en cabellos,
y su forma guerrera, su círculo seco,
se desploma de súbito en hilos lineales
como filos de espadas o herencias del humo.

DIURNO DOLIENTE

De pasión sobrante y sueños de ceniza
un pálido palio llevo, un cortejo evidente,
un viento de metal que vive solo,
un sirviente mortal vestido de hambre,
y en lo fresco que baja del árbol, en la esencia del sol
que su salud de astro implanta en las flores,
cuando a mi piel parecida al oro llega el placer,
tú, fantasma coral con pies de tigre,
tú, ocasión funeral, reunión ígnea,
acechando la patria en que sobrevivo
con tus lanzas lunares que tiemblan un poco.

Porque la ventana que el mediodía vacío atraviesa
tiene un día cualquiera mayor aire en sus alas,
el frenesí hincha el traje y el sueño al sombrero,
una abeja extremada arde sin tregua.
Ahora, qué imprevisto paso hace crujir los caminos?
Qué vapor de estación lúgubre, qué rostro de cristal,
y aún más, qué sonido de carro viejo con espigas?
Ay, una a una, la ola que llora y la sal que se triza,
y el tiempo del amor celestial que pasa volando,
han tenido voz de huéspedes y espacio en la espera.

De distancias llevadas a cabo, de resentimientos infieles,
de hereditarias esperanzas mezcladas con sombra,
de asistencias desgarradoramente dulces
y días de transparente veta y estatua floral,
qué subsiste en mi término escaso, en mi débil producto?
De mi lecho amarillo y de mi substancia estrellada,
quién no es vecino y ausente a la vez?
Un esfuerzo que salta, una flecha de trigo
tengo, y un arco en mi pecho manifiestamente espera,
y un latido delgado, de agua y tenacidad,
como algo que se quiebra perpetuamente,
atraviesa hasta el fondo mis separaciones,
apaga mi poder y propaga mi duelo.

ARTE POÉTICA

Entre sombra y espacio, entre guarniciones y doncellas
dotado de corazón singular y sueños funestos,
precipitadamente pálido, marchito en la frente
y con luto viudo furioso por cada día de vida,
ay, para cada agua invisible que bebo soñolientamente
y de todo sonido que acojo temblando,
tengo la misma sed ausente y la misma fiebre fría,
un oído que nace, una angustia indirecta,
como si llegaran ladrones o fantasmas,
y en una cáscara de extensión fija y profunda,
como un camarero humillado, como una campana un
        poco ronca,
como un espejo viejo, como un olor de casa sola
en la que los huéspedes entran de noche perdidamente
        ebrios,
y hay un olor de ropa tirada al suelo, y una ausencia de
        flores,
–posiblemente de otro modo aún menos melancólico–,
pero, la verdad, de pronto, el viento que azota mi pecho,
las noches de substancia infinita caídas en mi dormitorio,
el ruido de un día que arde con sacrificio
me piden lo profético que hay en mí, con melancolía,
y un golpe de objetos que llaman sin ser respondidos
hay, y un movimiento sin tregua, y un nombre confuso.

ÁNGELA ADÓNICA

Hoy me he tendido junto a una joven pura
como a la orilla de un océano blanco,
como en el centro de una ardiente estrella
    de lento espacio.

De su mirada largamente verde
la luz caía como un agua seca,

51

en transparentes y profundos círculos
de fresca fuerza.

Su pecho como un fuego de dos llamas
ardía en dos regiones levantado,
y en doble río llegaba a sus pies,
grandes y claros.

Un clima de oro maduraba apenas
las diurnas longitudes de su cuerpo
llenándolo de frutas extendidas
y oculto fuego.

SONATA Y DESTRUCCIONES

Después de mucho, después de vagas leguas,
confuso de dominios, incierto de territorios,
acompañado de pobres esperanzas
y compañías infieles y desconfiados sueños,
amo lo tenaz que aún sobrevive en mis ojos,
oigo en mi corazón mis pasos de jinete,
muerdo el fuego dormido y la sal arruinada,
y de noche, de atmósfera oscura y luto prófugo,
aquel que vela a la orilla de los campamentos,
el viajero armado de estériles resistencias,
detenido entre sombras que crecen y alas que tiemblan,
me siento ser, y mi brazo de piedra me defiende.

Hay entre ciencias de llanto un altar confuso,
y en mi sesión de atardeceres sin perfume,
en mis abandonados dormitorios donde habita la luna,
y arañas de mi propiedad, y destrucciones que me son
          queridas
adoro mi propio ser perdido, mi substancia imperfecta,
mi golpe de plata y mi pérdida eterna.
Ardió la uva húmeda, y su agua funeral
aún vacila, aún reside,
y el patrimonio estéril, y el domicilio traidor.

52

Quién hizo ceremonia de cenizas?
Quién amó lo perdido, quién protegió lo último?
El hueso del padre, la madera del buque muerto,
y su propio final, su misma huida,
su fuerza triste, su dios miserable?

Acecho, pues, lo inanimado y lo doliente,
y el testimonio extraño que sostengo,
con eficiencia cruel y escrito en cenizas,
es la forma de olvido que prefiero,
el nombre que doy a la tierra, el valor de mis sueños,
la cantidad interminable que divido
con mis ojos de invierno, durante cada día de este mundo.

RITUAL DE MIS PIERNAS

Largamente he permanecido mirando mis largas piernas,
con ternura infinita y curiosa, con mi acostumbrada
        pasión,
como si hubieran sido las piernas de una mujer divina
profundamente sumida en el abismo de mi tórax:
y es que, la verdad, cuando el tiempo, el tiempo pasa,
sobre la tierra, sobre el techo, sobre mi impura cabeza,
y pasa, el tiempo pasa, y en mi lecho no siento de noche
        que una mujer está respirando, durmiendo desnuda y
        a mi lado,
entonces, extrañas, oscuras cosas toman el lugar de la
        ausente,
viciosos, melancólicos pensamientos
siembran pesadas posibilidades en mi dormitorio,
y así, pues, miro mis piernas como si pertenecieran a otro
        cuerpo,
y fuerte y dulcemente estuvieran pegadas a mis entrañas.

Como tallos o femeninas, adorables cosas,
desde las rodillas suben, cilíndricas y espesas,
con turbado y compacto material de existencia:

como brutales, gruesos brazos de diosa,
como árboles monstruosamente vestidos de seres
      humanos,
como fatales, inmensos labios sedientos y tranquilos,
son allí la mejor parte de mi cuerpo:
lo enteramente substancial, sin complicado contenido
de sentidos o tráqueas o intestinos o ganglios:
nada, sino lo puro, lo dulce y espeso de mi propia vida,
nada, sino la forma y el volumen existiendo,
guardando la vida, sin embargo, de una manera completa.

Las gentes cruzan el mundo en la actualidad
sin apenas recordar que poseen un cuerpo y en él la vida,
y hay miedo, hay miedo en el mundo de las palabras que
      designan el cuerpo,
y se habla favorablemente de la ropa,
de pantalones es posible hablar, de trajes,
y de ropa interior de mujer (de medias y ligas de
      «señora»),
como si por las calles fueran las prendas y los trajes
      vacíos por completo
y un oscuro y obsceno guardarropas ocupara el mundo.

Tienen existencia los trajes, color, forma, designio,
y profundo lugar en nuestros mitos, demasiado lugar,
demasiados muebles y demasiadas habitaciones hay en el
      mundo,
y mi cuerpo vive entre y bajo tantas cosas abatido,
con un pensamiento fijo de esclavitud y de cadenas.

Bueno, mis rodillas, como nudos,
particulares, funcionarios, evidentes,
separan las mitades de mis piernas en forma seca:
y en realidad dos mundos diferentes, dos sexos diferentes
no son tan diferentes como las dos mitades de mis
      piernas.

Desde la rodilla hasta el pie una forma dura,
mineral, fríamente útil, aparece,

una criatura de hueso y persistencia,
y los tobillos no son ya sino el propósito desnudo,
la exactitud y lo necesario dispuestos en definitiva.

Sin sensualidad, cortas y duras, y masculinas,
son allí mis piernas, y dotadas
de grupos musculares como animales complementarios,
y allí también una vida, una sólida, sutil, aguda vida
sin temblar permanece, aguardando y actuando.

En mis pies cosquillosos,
y duros como el sol, y abiertos como flores,
y perpetuos, magníficos soldados
en la guerra gris del espacio,
todo termina, la vida termina definitivamente en mis pies,
lo extranjero y lo hostil allí comienza:
los nombres del mundo, lo fronterizo y lo remoto,
lo sustantivo y lo adjetivo que no caben en mi corazón
con densa y fría constancia allí se originan.

Siempre,
productos manufacturados, medias, zapatos,
o simplemente aire infinito,
habrá entre mis pies y la tierra
extremando lo aislado y lo solitario de mi ser,
algo tenazmente supuesto entre mi vida y la tierra,
algo abiertamente invencible y enemigo.

EL FANTASMA DEL BUQUE DE CARGA

Distancia refugiada sobre tubos de espuma,
sal en rituales olas y órdenes definidos,
y un olor y rumor de buque viejo,
de podridas maderas y hierros averiados,
y fatigadas máquinas que aúllan y lloran
empujando la proa, pateando los costados,

mascando lamentos, tragando y tragando distancias,
haciendo un ruido de agrias aguas sobre las agrias aguas,
moviendo el viejo buque sobre las viejas aguas.

Bodegas interiores, túneles crepusculares,
que el día intermitente de los puertos visita:
sacos, sacos que un dios sombrío ha acumulado
como animales grises, redondos y sin ojos,
con dulces orejas grises,
y vientres estimables llenos de trigo o copra,
sensitivas barrigas de mujeres encinta,
pobremente vestidas de gris, pacientemente
esperando en la sombra de un doloroso cine.

Las aguas exteriores de repente
se oyen pasar, corriendo como un caballo opaco,
con un ruido de pies de caballo en el agua,
rápidas, sumergiéndose otra vez en las aguas.
Nada más hay entonces que el tiempo en las cabinas:
el tiempo en el desventurado comedor solitario,
inmóvil y visible como una gran desgracia.

Olor de cuero y tela densamente gastados,
y cebollas, y aceite, y aún más,
olor de alguien flotando en los rincones del buque,
olor de alguien sin nombre
que baja como una ola de aire las escalas,
y cruza corredores con su cuerpo ausente,
y observa con sus ojos que la muerte preserva.

Observa con sus ojos sin color, sin mirada,
lento, y pasa temblando, sin presencia ni sombra:
los sonidos lo arrugan, las cosas lo traspasan,
su transparencia hace brillar las sillas sucias.
Quién es ese fantasma sin cuerpo de fantasma,
con sus pasos livianos como harina nocturna
y su voz que sólo las cosas patrocinan?

56

Los muebles viajan llenos de su ser silencioso
como pequeños barcos dentro del viejo barco,
cargados de su ser desvanecido y vago:
los roperos, las verdes carpetas de las mesas,
el color de las cortinas y del suelo,
todo ha sufrido el lento vacío de sus manos,
y su respiración ha gastado las cosas.

Se desliza y resbala, desciende, transparente,
aire en el aire frío que corre sobre el buque,
con sus manos ocultas se apoya en las barandas
y mira el mar amargo que huye detrás del buque.

Solamente las aguas rechazan su influencia,
su color y su olor de olvidado fantasma,
y frescas y profundas desarrollan su baile
como vidas de fuego, como sangre o perfume,
nuevas y fuertes surgen, unidas y reunidas.

Sin gastarse las aguas; sin costumbre ni tiempo,
verdes de cantidad, eficaces y frías,
tocan el negro estómago del buque y su materia
lavan, sus costras rotas, sus arrugas de hierro:
roen las aguas vivas la cáscara del buque,
traficando sus largas banderas de espuma
y sus dientes de sal volando en gotas.

Mira el mar el fantasma con su rostro sin ojos:
el círculo del día, la tos del buque, un pájaro
en la ecuación redonda y sola del espacio
y desciende de nuevo a la vida del buque
cayendo sobre el tiempo muerto y la madera,
resbalando en las negras cocinas y cabinas,
lento de aire y atmósfera y desolado espacio.

TANGO DEL VIUDO

Oh maligna, ya habrás hallado la carta, ya habrás llorado
    de furia,
y habrás insultado el recuerdo de mi madre
llamándola perra podrida y madre de perros,
ya habrás bebido sola, solitaria, el té del atardecer
mirando mis viejos zapatos vacíos para siempre,
y ya no podrás recordar mis enfermedades, mis sueños
    nocturnos, mis comidas,
sin maldecirme en voz alta como si estuviera allí aún
quejándome del trópico, de los *coolíes corringhis*,
de las venenosas fiebres que me hicieron tanto daño
y de los espantosos ingleses que odio todavía.

Maligna, la verdad, qué noche tan grande, qué tierra tan
    sola!
He llegado otra vez a los dormitorios solitarios,
a almorzar en los restaurantes comida fría, y otra vez
tiro al suelo los pantalones y las camisas,
no hay perchas en mi habitación, ni retratos de nadie en
    las paredes.
Cuánta sombra de la que hay en mi alma daría por
    recobrarte,
y qué amenazadores me parecen los nombres de los
    meses,
y la palabra invierno qué sonido de tambor lúgubre
    tiene.

Enterrado junto al cocotero hallarás más tarde
el cuchillo que escondí allí por temor de que me mataras,
y ahora repentinamente quisiera oler su acero de cocina
acostumbrado al peso de tu mano y al brillo de tu pie:
bajo la humedad de la tierra, entre las sordas raíces,
de los lenguajes humanos el pobre sólo sabría tu nombre,
y la espesa tierra no comprende tu nombre
hecho de impenetrables substancias divinas.

Así como me aflige pensar en el claro día de tus piernas
recostadas como detenidas y duras aguas solares,
y la golondrina que durmiendo y volando vive en tus
     ojos,
y el perro de furia que asilas en el corazón,
así también veo las muertes que están entre nosotros
     desde ahora,
y respiro en el aire la ceniza y lo destruido,
el largo, solitario espacio que me rodea para siempre.

Daría este viento de mar gigante por tu brusca respiración
oída en largas noches sin mezcla de olvido,
uniéndose a la atmósfera como el látigo a la piel del
     caballo.
Y por oírte orinar, en la oscuridad, en el fondo de la casa,
como vertiendo una miel delgada, trémula, argentina,
     obstinada,
cuántas veces entregaría este coro de sombras que poseo,
y el ruido de espadas inútiles que se oye en mi alma,
y la paloma de sangre que está solitaria en mi frente
llamando cosas desaparecidas, seres desaparecidos,
substancias extrañamente inseparables y perdidas.

UN DÍA SOBRESALE

De lo sonoro salen números,
números moribundos y cifras con estiércol,
rayos humedecidos y relámpagos sucios.
De lo sonoro, creciendo, cuando
la noche sale sola, como reciente viuda,
como paloma o amapola o beso,
y sus maravillosas estrellas se dilatan.

En lo sonoro la luz se verifica:
las vocales se inundan, el llanto cae en pétalos,
un viento de sonido como una ola retumba,
brilla y peces de frío y elástico la habitan.

59

Peces en el sonido, lentos, agudos, húmedos,
arqueadas masas de oro con gotas en la cola,
tiburones de escama y espuma temblorosa,
salmones azulados de congelados ojos.

Herramientas que caen, carretas de legumbres,
rumores de racimos aplastados,
violines llenos de agua, detonaciones frescas,
motores sumergidos y polvorienta sombra,
fábricas, besos,
botellas palpitantes,
gargantas,
en torno a mí la noche suena,
el día, el mes, el tiempo,
sonando como sacos de campanas mojadas
o pavorosas bocas de sales quebradizas.

Olas del mar, derrumbes,
uñas, pasos del mar,
arrolladas corrientes de animales deshechos,
pitazos en la niebla ronca
deciden los sonidos de la dulce aurora
despertando en el mar abandonado.

A lo sonoro el alma rueda
cayendo desde sueños,
rodeada aún por sus palomas negras,
todavía forrada por sus trapos de ausencia.

A lo sonoro el alma acude
y sus bodas veloces celebra y precipita.

Cáscaras del silencio, de azul turbio,
como frascos de oscuras farmacias clausuradas,
silencio envuelto en pelo,
silencio galopando en caballos sin patas
y máquinas dormidas, y velas sin atmósfera,

y trenes de jazmín desalentado y cera,
y agobiados buques llenos de sombras y sombreros.

Desde el silencio sube el alma
con rosas instantáneas,
y en la mañana del día se desploma,
y se ahoga de bruces en la luz que suena.

Zapatos bruscos, bestias, utensilios,
olas de gallos duros derramándose,
relojes trabajando como estómagos secos,
ruedas desenrollándose en rieles abatidos,
y water-closets blancos despertando
con ojos de madera, como palomas tuertas,
y sus gargantas anegadas
suenan de pronto como cataratas.

Ved cómo se levantan los párpados del moho
y se desencadena la cerradura roja
y la guirnalda desarrolla sus asuntos,
cosas que crecen,
los puentes aplastados por los grandes tranvías
rechinan como camas con amores,
la noche ha abierto sus puertas de piano:
como un caballo el día corre en sus tribunales.

De lo sonoro sale el día
de aumento y grado,
y también de violetas cortadas y cortinas,
de extensiones, de sombra recién huyendo
y gotas que del corazón del cielo
caen como sangre celeste.

SÓLO LA MUERTE

Hay cementerios solos,
tumbas llenas de huesos sin sonido,
el corazón pasando un túnel

oscuro, oscuro, oscuro,
como un naufragio hacia adentro nos morimos,
como ahogarnos en el corazón,
como irnos cayendo desde la piel al alma.

Hay cadáveres,
hay pies de pegajosa losa fría,
hay la muerte en los huesos,
como un sonido puro,
como un ladrillo sin perro,
saliendo de ciertas campanas, de ciertas tumbas,
creciendo en la humedad como el llanto o la lluvia.

Yo veo, solo, a veces,
ataúdes a vela
zarpar con difuntos pálidos, con mujeres de trenzas
      muertas,
con panaderos blancos como ángeles,
con niñas pensativas casadas con notarios,
ataúdes subiendo el río vertical de los muertos,
el río morado,
hacia arriba, con las velas hinchadas por el sonido de la
      muerte,
hinchadas por el sonido silencioso de la muerte.

A lo sonoro llega la muerte
como un zapato sin pie, como un traje sin hombre,
llega a golpear con un anillo sin piedra y sin dedo,
llega a gritar sin boca, sin lengua, sin garganta.

Sin embargo sus pasos suenan
y su vestido suena, callado como un árbol.

Yo no sé, yo conozco poco, yo apenas veo,
pero creo que su canto tiene color de violetas húmedas,
de violetas acostumbradas a la tierra,
porque la cara de la muerte es verde,
y la mirada de la muerte es verde,

con la aguda humedad de una hoja de violeta
y su grave color de invierno exasperado.

Pero la muerte va también por el mundo vestida de
    escoba,
lame el suelo buscando difuntos;
la muerte está en la escoba,
es la lengua de la muerte buscando muertos,
es la aguja de la muerte buscando hilo.

La muerte está en los catres:
en los colchones lentos, en las frazadas negras
vive tendida, y de repente sopla:
sopla un sonido oscuro que hincha sábanas,
y hay camas navegando a un puerto
en donde está esperando, vestida de almirante.

BARCAROLA

Si solamente me tocaras el corazón,
si solamente pusieras tu boca en mi corazón,
tu fina boca, tus dientes,
si pusieras tu lengua como una flecha roja
allí donde mi corazón polvoriento golpea,
si soplaras en mi corazón, cerca del mar, llorando,
sonaría con un ruido oscuro, con sonido de ruedas de tren
    con sueño,
como aguas vacilantes,
como el otoño en hojas,
como sangre,
con un ruido de llamas húmedas quemando el cielo,
sonando como sueños o ramas o lluvias,
o bocinas de puerto triste,
si tú soplaras en mi corazón, cerca del mar,
como un fantasma blanco,
al borde de la espuma,
en mitad del viento,

como un fatasma desencadenado, a la orilla del mar,
    llorando.

Como ausencia extendida, como campana súbita,
el mar reparte el sonido del corazón,
lloviendo, atardeciendo, en una costa sola:
la noche cae sin duda,
y su lúgubre azul de estandarte en naufragio
se puebla de planetas de plata enronquecida.

Y suena el corazón como un caracol agrio,
llama, oh mar, oh lamento, oh derretido espanto
esparcido en desgracias y olas desvencijadas:
de lo sonoro el mar acusa
sus sombras recostadas, sus amapolas verdes.

Si existieras de pronto, en una costa lúgubre,
rodeada por el día muerto,
frente a una nueva noche,
llena de olas,
y soplaras en mi corazón de miedo frío,
soplaras en la sangre sola de mi corazón,
soplaras en su movimiento de paloma con llamas,
sonarían sus negras sílabas de sangre,
crecerían sus incesantes aguas rojas,
y sonaría, sonaría a sombras,
sonaría como la muerte,
llamaría como un tubo lleno de viento o llanto,
o una botella echando espanto a borbotones.

Así es, y los relámpagos cubrirían tus trenzas
y la lluvia entraría por tus ojos abiertos
a preparar el llanto que sordamente encierras,
y las alas negras del mar girarían en torno
de ti, con grandes garras, y graznidos, y vuelos.

Quieres ser el fantasma que sople, solitario,
cerca del mar su estéril, triste instrumento?

Si solamente llamaras,
su prolongado son, su maléfico pito,
su orden de olas heridas,
alguien vendría acaso,
alguien vendría,
desde las cimas de las islas, desde el fondo rojo del mar,
alguien vendría, alguien vendría.

Alguien vendría, sopla con furia,
que suene como sirena de barco roto,
como lamento,
como un relincho en medio de la espuma y la sangre
como un agua feroz mordiéndose y sonando.

En la estación marina
su caracol de sombra circula como un grito,
los pájaros del mar lo desestiman y huyen,
sus listas de sonido, sus lúgubres barrotes
se levantan a orillas del océano solo.

WALKING AROUND

Sucede que me canso de ser hombre.
Sucede que entro en las sastrerías y en los cines
marchito, impenetrable, como un cisne de fieltro
navegando en un agua de origen y ceniza.

El olor de las peluquerías me hace llorar a gritos.
Sólo quiero un descanso de piedras o de luna,
sólo quiero no ver establecimientos ni jardines,
ni mercaderías, ni anteojos, ni ascensores.

Sucede que me canso de mis pies y mis uñas
y mi pelo y mi sombra.
Sucede que me canso de ser hombre.

Sin embargo sería delicioso
asustar a un notario con un lirio cortado
o dar muerte a una monja con un golpe de oreja.
Sería bello
ir por las calles con un cuchillo verde
y dando gritos hasta morir de frío.

No quiero seguir siendo raíz en las tinieblas,
vacilante, extendido, tiritando de sueño,
hacia abajo, en las tripas mojadas de la tierra,
absorbiendo y pensando, comiendo cada día.

No quiero para mí tantas desgracias.
No quiero continuar de raíz y de tumba,
de subterráneo solo, de bodega con muertos,
aterido, muriéndome de pena.

Por eso el día lunes arde como el petróleo
cuando me ve llegar con mi cara de cárcel,
y aúlla en su transcurso como una rueda herida,
y da pasos de sangre caliente hacia la noche.

Y me empuja a ciertos rincones, a ciertas casas húmedas,
a hospitales donde los huesos salen por la ventana,
a ciertas zapaterías con olor a vinagre,
a calles espantosas como grietas.

Hay pájaros de color de azufre y horribles intestinos
colgando de las puertas de las casas que odio,
hay dentaduras olvidadas en una cafetera,
hay espejos
que debieron haber llorado de vergüenza y espanto,
hay paraguas en todas partes, y venenos, y ombligos.

Yo paseo con calma, con ojos, con zapatos,
con furia, con olvido,
paso, cruzo oficinas y tiendas de ortopedia,
y patios donde hay ropas colgadas de un alambre:

calzoncillos, toallas y camisas que lloran
lentas lágrimas sucias.

MELANCOLÍA EN LAS FAMILIAS

Conservo un frasco azul,
dentro de él una oreja y un retrato:
cuando la noche obliga
a las plumas del buho,
cuando el ronco cerezo
se destroza los labios y amenaza
con cáscaras que el viento del océano a menudo perfora,
yo sé que hay grandes extensiones hundidas,
cuarzo en lingotes,
cieno,
aguas azules para una batalla,
mucho silencio, muchas
vetas de retrocesos y alcanfores,
cosas caídas, medallas, ternuras,
paracaídas, besos.

No es sino el paso de un día hacia otro,
una sola botella andando por los mares,
y un comedor adonde llegan rosas,
un comedor abandonado
como una espina: me refiero
a una copa trizada, a una cortina, al fondo
de una sala desierta por donde pasa un río
arrastrando las piedras. Es una casa
situada en los cimientos de la lluvia,
una casa de dos pisos con ventanas obligatorias
y enredaderas estrictamente fieles.

Voy por las tardes, llego
lleno de lodo y muerte,
arrastrando la tierra y sus raíces,
y su vaga barriga en donde duermen

cadáveres con trigo,
metales, elefantes derrumbados.

Pero por sobre todo hay un terrible,
un terrible comedor abandonado,
con las alcuzas rotas
y el vinagre corriendo debajo de las sillas,
un rayo detenido de la luna,
algo oscuro, y me busco
una comparación dentro de mí:
tal vez es una tienda rodeada por el mar
y paños rotos goteando salmuera.
Es sólo un comedor abandonado,
y alrededor hay extensiones,
fábricas sumergidas, maderas
que sólo yo conozco,
porque estoy triste y viajo,
y conozco la tierra, y estoy triste.

ODA CON UN LAMENTO

Oh niña entre las rosas, oh presión de palomas,
oh presidio de peces y rosales,
tu alma es una botella llena de sal sedienta
y una campana llena de uvas es tu piel.

Por desgracia no tengo para darte sino uñas
o pestañas, o pianos derretidos,
o sueños que salen de mi corazón a borbotones,
polvorientos sueños que corren como jinetes negros,
sueños llenos de velocidades y desgracias.

Sólo puedo quererte con besos y amapolas,
con guirnaldas mojadas por la lluvia,
mirando cenicientos caballos y perros amarillos.
Sólo puedo quererte con olas a la espalda
entre vagos golpes de azufre y aguas ensimismadas,
nadando en contra de los cementerios que corren en
    ciertos ríos

con pasto mojado creciendo sobre las tristes tumbas de
    yeso,
nadando a través de corazones sumergidos
y pálidas planillas de niños insepultos.

Hay mucha muerte, muchos acontecimientos funerarios
en mis desamparadas pasiones y desolados besos,
hay el agua que cae en mi cabeza,
mientras crece mi pelo,
un agua como el tiempo, un agua negra desencadenada,
con una voz nocturna, con un grito
de pájaro en la lluvia, con una interminable
sombra de ala mojada que protege mis huesos:
mientras me visto, mientras
interminablemente me miro en los espejos y en los
    vidrios,
oigo que alguien me sigue llamándome a sollozos
con una triste voz podrida por el tiempo.

Tú estás de pie sobre la tierra, llena
de dientes y relámpagos.
Tú propagas los besos y matas las hormigas.
Tú lloras de salud, de cebolla, de abeja,
de abecedario ardiendo.
Tú eres como una espada azul y verde
y ondulas al tocarte, como un río.

Ven a mi alma vestida de blanco, con un ramo
de ensangrentadas rosas y copas de cenizas,
ven con una manzana y un caballo,
porque allí hay una sala oscura y un candelabro roto,
unas sillas torcidas que esperan el invierno,
y una paloma muerta, con un número.

MATERIA NUPCIAL

De pie como un cerezo sin cáscara ni flores,
especial, encendido, con venas y saliva,
y dedos y testículos,
miro una niña de papel y luna,
horizontal, temblando y respirando y blanca
y sus pezones como dos cifras separadas,
y la rosal reunión de sus piernas en donde
su sexo de pestañas nocturnas parpadea.

Pálido, desbordante,
siento hundirse palabras en mi boca,
palabras como niños ahogados,
y rumbo y rumbo y dientes crecen naves,
y aguas y latitud como quemadas.

La pondré como una espada o un espejo,
y abriré hasta la muerte sus piernas temerosas,
y morderé sus orejas y sus venas,
y haré que retroceda con los ojos cerrados
en un espeso río de semen verde.

La inundaré de amapolas y relámpagos,
la envolveré en rodillas, en labios, en agujas,
la entraré con pulgadas de epidermis llorando
y presiones de crimen y pelos empapados.

La haré huir escapándose por uñas y suspiros,
hacia nunca, hacia nada,
trepándose a la lenta médula y al oxígeno,
agarrándose a recuerdos y razones
como una sola mano, como un dedo partido
agitando una uña de sal desamparada.

Debe correr durmiendo por caminos de piel
en un país de goma cenicienta y ceniza,
luchando con cuchillos, y sábanas, y hormigas,

y con ojos que caen en ella como muertos,
y con gotas de negra materia resbalando
como pescados ciegos o balas de agua gruesa.

AGUA SEXUAL

Rodando a goterones solos,
a gotas como dientes,
a espesos goterones de mermelada y sangre,
rodando a goterones,
cae el agua,
como una espada en gotas,
como un desgarrador río de vidrio,
cae mordiendo,
golpeando el eje de la simetría, pegando en las costuras
    del alma,
rompiendo cosas abandonadas, empapando lo oscuro.

Solamente es un soplo, más húmedo que el llanto,
un líquido, un sudor, un aceite sin nombre,
un movimiento agudo,
haciéndose, espesándose,
cae el agua,
a goterones lentos,
hacia su mar, hacia su seco océano,
hacia su ola sin agua.

Veo el verano extenso, y un extertor saliendo de un
    granero,
bodegas, cigarras,
poblaciones, estímulos,
habitaciones, niñas
durmiendo con las manos en el corazón,
soñando con bandidos, con incendios,
veo barcos,
veo árboles de médula
erizados como gatos rabiosos,

veo sangre, puñales y medias de mujer,
y pelos de hombre,
veo camas, veo corredores donde grita una virgen,
veo frazadas y órganos y hoteles.

Veo los sueños sigilosos,
admito los postreros días,
y también los orígenes, y también los recuerdos,
como un párpado atrozmente levantado a la fuerza
estoy mirando.

Y entonces hay este sonido:
un ruido rojo de huesos,
un pegarse de carne,
y piernas amarillas como espigas juntándose.
Yo escucho entre el disparo de los besos,
escucho, sacudido entre respiraciones y sollozos.

Estoy mirando, oyendo,
con la mitad del alma en el mar y la mitad del alma en la
     tierra,
y con las dos mitades del alma miro al mundo.

Y aunque cierre los ojos y me cubra el corazón
     enteramente,
veo caer un agua sorda,
a goterones sordos.
Es como un huracán de gelatina,
como una catarata de espermas y medusas.
Veo correr un arco iris turbio.
Veo pasar sus aguas a través de los huesos.

ENTRADA A LA MADERA

Con mi razón apenas, con mis dedos,
con lentas aguas lentas inundadas,
caigo al imperio de los nomeolvides,

72

a una tenaz atmósfera de luto,
a una olvidada sala decaída,
a un racimo de tréboles amargos.

Caigo en la sombra, en medio
de destruidas cosas,
y miro arañas, y apaciento bosques
de secretas maderas inconclusas,
y ando entre húmedas fibras arrancadas
al vivo ser de substancia y silencio.

Dulce materia, oh rosa de alas secas,
en mi hundimiento tus pétalos subo
con pies pesados de roja fatiga,
y en tu catedral dura me arrodillo
golpeándome los labios con un ángel.

Es que soy yo ante tu color de mundo,
ante tus pálidas espadas muertas,
ante tus corazones reunidos,
ante tu silenciosa multitud.

Soy yo ante tu ola de olores muriendo,
envueltos en otoño y resistencia:
soy yo emprendiendo un viaje funerario
entre tus cicatrices amarillas:
soy yo con mis lamentos sin origen,
sin alimentos, desvelado, solo,
entrando oscurecidos corredores,
llegando a tu materia misteriosa.

Veo moverse tus corrientes secas,
veo crecer manos interrumpidas,
oigo tus vegetales oceánicos
crujir de noche y furia sacudidos,
y siento morir hojas hacia adentro,
incorporando materiales verdes
a tu inmovilidad desamparada.

Poros, vetas, círculos de dulzura,
peso, temperatura silenciosa,
flechas pegadas a tu alma caída,
seres dormidos en tu boca espesa,
polvo de dulce pulpa consumida,
ceniza llena de apagadas almas,
venid a mí, a mi sueño sin medida,
caed en mi alcoba en que la noche cae
y cae sin cesar como agua rota,
y a vuestra vida, a vuestra muerte asidme,
y a vuestros materiales sometidos,
a vuestras muertas palomas neutrales,
y hagamos fuego, y silencio, y sonido,
y ardamos, y callemos, y campanas.

APOGEO DEL APIO

Del centro puro que los ruidos nunca
atravesaron, de la intacta cera,
salen claros relámpagos lineales,
palomas con destino de volutas,
hacia tardías calles con olor
a sombra y a pescado.

Son las venas del apio! Son la espuma, la risa,
los sombreros del apio!
Son los signos del apio, su sabor
de luciérnaga, sus mapas
de color inundado,
y cae su cabeza de ángel verde,
y sus delgados rizos se acongojan,
y entran los pies del apio en los mercados
de la mañana herida, entre sollozos,
y se cierran las puertas a su paso,
y los dulces caballos se arrodillan.

Sus pies cortados van, sus ojos verdes
van derramados, para siempre hundidos
en ellos los secretos y las gotas:
los túneles del mar de donde emergen,
las escaleras que el apio aconseja,
las desdichadas sombras sumergidas,
las determinaciones en el centro del aire,
los besos en el fondo de las piedras.

A medianoche, con manos mojadas,
alguien golpea mi puerta en la niebla,
y oigo la voz del apio, voz profunda,
áspera voz de viento encarcelado,
se queja herido de aguas y raíces,
hunde en mi cama sus amargos rayos,
y sus desordenadas tijeras me pegan en el pecho
buscándome la boca del corazón ahogado.

Qué quieres, huésped de corsé quebradizo,
en mis habitaciones funerales?
Qué ambito destrozado te rodea?

Fibras de oscuridad y luz llorando,
ribetes ciegos, energías crespas,
río de vida y hebras esenciales,
verdes ramas de sol acariciado,
aquí estoy, en la noche, escuchando secretos,
desvelos, soledades,
y entráis, en medio de la niebla hundida,
hasta crecer en mí, hasta comunicarme
la luz oscura y la rosa de la tierra.

ESTATUTO DEL VINO

Cuando a regiones, cuando a sacrificios
manchas moradas como lluvias caen,
el vino abre las puertas con asombro,

75

y en el refugio de los meses vuela
su cuerpo de empapadas alas rojas.

Sus pies tocan los muros y las tejas
con humedad de lenguas anegadas,
y sobre el filo del día desnudo
sus abejas en gotas van cayendo.

Yo sé que el vino no huye dando gritos
a la llegada del invierno,
ni se esconde en iglesias tenebrosas,
a buscar fuego en trapos derrumbados,
sino que vuela sobre la estación,
sobre el invierno que ha llegado ahora
con un puñal entre las cejas duras.

Yo veo vagos sueños,
yo reconozco lejos,
y miro frente a mí, detrás de los cristales,
reuniones de ropas desdichadas.

A ellas la bala del vino no llega,
su amapola eficaz, su rayo rojo
mueren ahogados en tristes tejidos,
y se derrama por canales solos,
por calles húmedas, por ríos sin nombre,
el vino amargamente sumergido,
el vino ciego y subterráneo y solo.

Yo estoy de pie en su espuma y sus raíces,
yo lloro en su follaje y en sus muertos,
acompañado de sastres caídos
en medio del invierno deshonrado,
yo subo escalas de humedad y sangre
tanteando las paredes,
y en la congoja del tiempo que llega
sobre una piedra me arrodillo y lloro.

Y hacia túneles acres me encamino
vestido de metales transitorios,
hacia bodegas solas, hacia sueños,
hacia betunes verdes que palpitan,
hacia herrerías desinteresadas,
hacia sabores de lodo y garganta,
hacia imperecederas mariposas.

Entonces surgen los hombres del vino
vestidos de morados cinturones
y sombreros de abejas derrotadas,
y traen copas llenas de ojos muertos,
y terribles espadas de salmuera,
y con roncas bocinas se saludan
cantando cantos de intención nupcial.

Me gusta el canto ronco de los hombres del vino,
y el ruido de mojadas monedas en la mesa,
y el olor de zapatos y de uvas,
y de vómitos verdes:
me gusta el canto ciego de los hombres,
y ese sonido de sal que golpea
las paredes del alba moribunda.

Hablo de cosas que existen. Dios me libre
de inventar cosas cuando estoy cantando!
Hablo de la saliva derramada en los muros,
hablo de lentas medias de ramera,
hablo del coro de los hombres del vino
golpeando el ataúd con un hueso de pájaro.

Estoy en medio de ese canto, en medio
del invierno que rueda por las calles,
estoy en medio de los bebedores,
con los ojos abiertos hacia olvidados sitios,
o recordando en delirante luto,
o durmiendo en cenizas derribado.

Recordando noches, navíos, sementeras,
amigos fallecidos, circunstancias,
amargos hospitales y niñas entreabiertas:
recordando un golpe de ola en cierta roca
con un adorno de harina y espuma,
y la vida que hace uno en ciertos países,
en ciertas costas solas,
un sonido de estrellas en las palmeras,
un golpe del corazón en los vidrios,
un tren que cruza oscuro de ruedas malditas
y muchas cosas tristes de esta especie.

A la humedad del vino, en las mañanas,
en las paredes a menudo mordidas por los días de
      invierno
que caen en bodegas sin duda solitarias,
a esa virtud del vino llegan luchas,
y cansados metales y sordas dentaduras,
y hay un tumulto de objeciones rotas,
hay un furioso llanto de botellas,
y un crimen, como un látigo caído.

El vino clava sus espinas negras,
y sus erizos lúgubres pasea,
entre puñales, entre medianoches,
entre roncas gargantas arrastradas,
entre cigarros y torcidos pelos,
y como ola de mar su voz aumenta
aullando llanto y manos de cadáver.

Y entonces corre el vino perseguido
y sus tenaces odres se destrozan
contra las herraduras, y va el vino en silencio,
y sus toneles, en heridos buques en donde el aire muerde
rostros, tripulaciones de silencio,
y el vino huye por las carreteras,
por las iglesias, entre los carbones,
y se caen sus plumas de amaranto,
y se disfraza de azufre su boca,

y el vino ardiendo entre calles usadas
buscando pozos, túneles, hormigas,
bocas de tristes muertos,
por donde ir al azul de la tierra
en donde se confunden la lluvia y los ausentes.

ODA A FEDERICO GARCÍA LORCA

Si pudiera llorar de miedo en una casa sola,
si pudiera sacarme los ojos y comérmelos,
lo haría por tu voz de naranjo enlutado
y por tu poesía que sale dando gritos.

Porque por ti pintan de azul los hospitales
y crecen las escuelas y los barrios marítimos,
y se pueblan de plumas los ángeles heridos,
y se cubren de escamas los pescados nupciales,
y van volando al cielo los erizos:
por ti las sastrerías con sus negras membranas
se llenan de cucharas y de sangre,
y tragan cintas rojas, y se matan a besos,
y se visten de blanco.

Cuando vuelas vestido de durazno,
cuando ríes con risa de arroz huracanado,
cuando para cantar sacudes las arterias y los dientes,
la garganta y los dedos,
me moriría por lo dulce que eres,
me moriría por los lagos rojos
en donde en medio del otoño vives
con un corcel caído y un dios ensangrentado,
me moriría por los cementerios
que como cenicientos ríos pasan
con agua y tumbas,
de noche, entre campanas ahogadas:
ríos espesos como dormitorios
de soldados enfermos, que de súbito crecen

hacia la muerte en ríos con números de mármol
y coronas podridas, y aceites funerales:
me moriría por verte de noche
mirar pasar las cruces anegadas,
de pie y llorando,
porque ante el río de la muerte lloras
abandonadamente, heridamente,
lloras llorando, con los ojos llenos
de lágrimas, de lágrimas, de lágrimas.

Si pudiera de noche, perdidamente solo,
acumular olvido y sombra y humo
sobre ferrocarriles y vapores,
con un embudo negro,
mordiendo las cenizas,
lo haría por el árbol en que creces,
por los nidos de aguas doradas que reúnes,
y por la enredadera que te cubre los huesos
comunicándote el secreto de la noche.

Ciudades con olor a cebolla mojada
esperan que tú pases cantando roncamente,
y silenciosos barcos de esperma te persiguen,
y golondrinas verdes hacen ruido en tu pelo,
y además caracoles y semanas,
mástiles enrollados y cerezos
definitivamente circulan cuando asoman
tu pálida cabeza de quince ojos
y tu boca de sangre sumergida.

Si pudiera llenar de hollín las alcaldías
y, sollozando, derribar relojes,
sería para ver cuándo a tu casa
llega el verano con los labios rotos,
llegan muchas personas de traje agonizante,
llegan regiones de triste esplendor,
llegan arados muertos y amapolas,
llegan enterradores y jinetes,

llegan planetas y mapas con sangre,
llegan buzos cubiertos de ceniza,
llegan enmascarados arrastrando doncellas
atravesadas por grandes cuchillos,
llegan raíces, venas, hospitales,
manantiales, hormigas,
llega la noche con la cama en donde
muere entre las arañas un húsar solitario,
llega una rosa de odio y alfileres,
llega una embarcación amarillenta,
llega un día de viento con un niño,
llego yo con Oliverio, Norah,
Vicente Aleixandre, Delia,
Maruca, Malva Marina, María Luisa y Larco,
la Rubia, Rafael Ugarte,
Cotapos, Rafael Alberti,
Carlos, Bebé, Manolo Altolaguirre,
Molinari,
Rosales, Concha Méndez,
y otros que se me olvidan.

Ven a que te corone, joven de la salud
y de la mariposa, joven puro
como un negro relámpago perpetuamente libre,
y conversando entre nosotros,
ahora, cuando no queda nadie entre las rocas,
hablemos sencillamente como eres tú y soy yo:
para qué sirven los versos si no es para el rocío?

Para qué sirven los versos si no es para esa noche
en que un puñal amargo nos averigua, para ese día,
para ese crepúsculo, para ese rincón roto
donde el golpeado corazón del hombre se dispone a
      morir?

Sobre todo de noche,
de noche hay muchas estrellas,
todas dentro de un río

como una cinta junto a las ventanas
de las casas llenas de pobres gentes.

Alguien se les ha muerto, tal vez
han perdido sus colocaciones en las oficinas,
en los hospitales, en los ascensores,
en las minas,
sufren los seres tercamente heridos
y hay propósito y llanto en todas partes:
mientras las estrellas corren dentro de un río interminable
hay mucho llanto en las ventanas,
los umbrales están gastados por el llanto,
las alcobas están mojadas por el llanto
que llega en forma de ola a morder las alfombras.

Federico,
tú ves el mundo, las calles,
el vinagre,
las despedidas en las estaciones
cuando el humo levanta sus ruedas decisivas
hacia donde no hay nada sino algunas
separaciones, piedras, vías férreas.

Hay tantas gentes haciendo preguntas
por todas partes.
Hay el ciego sangriento, y el iracundo, y el
desanimado,
y el miserable, el árbol de las uñas,
el bandolero con la envidia a cuestas.

Así es la vida, Federico, aquí tienes
las cosas que te puede ofrecer mi amistad
de melancólico varón varonil.
Ya sabes por ti mismo muchas cosas,
y otras irás sabiendo lentamente.

ALBERTO ROJAS JIMÉNEZ VIENE VOLANDO

Entre plumas que asustan, entre noches,
entre magnolias, entre telegramas,
entre el viento del Sur y el Oeste marino,
    vienes volando.

Bajo las tumbas, bajo las cenizas,
bajo los caracoles congelados,
bajo las últimas aguas terrestres,
    vienes volando.

Más abajo, entre niñas sumergidas,
y plantas ciegas, y pescados rotos,
más abajo, entre nubes otra vez,
    vienes volando.

Más allá de la sangre y de los huesos,
más allá del pan, más allá del vino,
más allá del fuego,
    vienes volando.

Más allá del vinagre y de la muerte,
entre putrefacciones y violetas,
con tu celeste voz y tus zapatos húmedos,
    vienes volando.

Sobre diputaciones y farmacias,
y ruedas, y abogados, y navíos,
y dientes rojos recién arrancados,
    vienes volando.

Sobre ciudades de tejado hundido
en que grandes mujeres se destrenzan
con anchas manos y peines perdidos,
    vienes volando.

Junto a bodegas donde el vino crece
con tibias manos turbias, en silencio,
con lentas manos de madera roja,
    vienes volando.

Entre aviadores desaparecidos,
al lado de canales y de sombras,
al lado de azucenas enterradas,
    vienes volando.

Entre botellas de color amargo,
entre anillos de anís y desventura,
levantando las manos y llorando,
    vienes volando.

Sobre dentistas y congregaciones,
sobre cines, y túneles y orejas,
con traje nuevo y ojos extinguidos,
    vienes volando.

Sobre tu cementerio sin paredes
donde los marineros se extravían,
mientras la lluvia de tu muerte cae,
    vienes volando.

Mientras la lluvia de tus dedos cae,
mientras la lluvia de tus huesos cae,
mientras tu médula y tu risa caen,
    vienes volando.

Sobre las piedras en que te derrites,
corriendo, invierno abajo, tiempo abajo,
mientras tu corazón desciende en gotas,
    vienes volando.

No estás allí, rodeado de cemento,
y negros corazones de notarios,

y enfurecidos huesos de jinetes:
    vienes volando.

Oh amapola marina, oh deudo mío,
oh guitarrero vestido de abejas,
no es verdad tanta sombra en tus cabellos:
    vienes volando.

No es verdad tanta sombra persiguiéndote,
no es verdad tantas golondrinas muertas,
tanta región oscura con lamentos:
    vienes volando.

El viento negro de Valparaíso
abre sus alas de carbón y espuma
para barrer el cielo donde pasas:
    vienes volando.

Hay vapores, y un frío de mar muerto,
y silbatos, y meses, y un olor
de mañana lloviendo y peces sucios:
    vienes volando.

Hay ron, tú y yo, y mi alma donde lloro,
y nadie, y nada, sino una escalera
de peldaños quebrados, y un paraguas:
    vienes volando.

Allí está el mar. Bajo de noche y te oigo
venir volando bajo el mar sin nadie,
bajo el mar que me habita, oscurecido:
    vienes volando.

Oigo tus alas y tu lento vuelo,
y el agua de los muertos me golpea,
como palomas ciegas y mojadas:
    vienes volando.

Vienes volando, solo, solitario,
solo entre muertos, para siempre solo,
vienes volando sin sombra y sin nombre,
sin azúcar, sin boca, sin rosales,
vienes volando.

NO HAY OLVIDO
(SONATA)

Si me preguntáis en dónde he estado
debo decir «Sucede».
Debo de hablar del suelo que oscurecen las piedras,
del río que durando se destruye:
no sé sino las cosas que los pájaros pierden,
el mar dejado atrás, o mi hermana llorando.
Por qué tantas regiones, por qué un día
se junta con un día? Por qué una negra noche
se acumula en la boca? Por qué muertos?

Si me preguntáis de dónde vengo, tengo que conversar
        con cosas rotas,
con utensilios demasiado amargos,
con grandes bestias a menudo podridas
y con mi acongojado corazón.

No son recuerdos los que se han cruzado
ni es la paloma amarillenta que duerme en el olvido,
sino caras con lágrimas,
dedos en la garganta,
y lo que se desploma de las hojas:
la oscuridad de un día transcurrido,
de un día alimentado con nuestra triste sangre.

He aquí violetas, golondrinas,
todo cuanto nos gusta y aparece
en las dulces tarjetas de larga cola
por donde se pasean el tiempo y la dulzura.
Pero no penetremos más allá de esos dientes,

no mordamos las cáscaras que el silencio acumula,
porque no sé qué contestar:
hay tantos muertos,
y tantos malecones que el sol rojo partía,
y tantas cabezas que golpean los buques,
y tantas manos que han encerrado besos,
y tantas cosas que quiero olvidar.

VALS

Yo toco el odio como pecho diurno,
yo sin cesar, de ropa en ropa vengo
durmiendo lejos.

No soy, no sirvo, no conozco a nadie,
no tengo armas de mar ni de madera,
no vivo en esta casa.

De noche y agua está mi boca llena.
La duradera luna determina
lo que no tengo.

Lo que tengo está en medio de las olas.
Un rayo de agua, un día para mí:
un fondo férreo.

No hay contramar, no hay escudo, no hay traje,
no hay especial solución insondable,
ni párpado vicioso.

Vivo de pronto y otras veces sigo.
Toco de pronto un rostro y me asesina.
No tengo tiempo.

No me busquéis entonces descorriendo
el habitual hilo salvaje o la
sangrienta enredadera.

No me llaméis: mi ocupación es ésa.
No preguntéis mi nombre ni mi estado.
Dejadme en medio de mi propia luna,
en mi terreno herido.

LAS FURIAS Y LAS PENAS

...Hay en mi corazón furias y penas...
QUEVEDO

En el fondo del pecho estamos juntos,
en el cañaveral del pecho recorremos
un verano de tigres,
al acecho de un metro de piel fría,
al acecho de un ramo de inaccesible cutis,
con la boca olfateando sudor y venas verdes
nos encontramos en la húmeda sombra que deja caer
    besos.

Tú mi enemiga de tanto sueño roto de la misma manera
que erizadas plantas de vidrio, lo mismo que campanas
deshechas de manera amenazante, tanto como disparos
de hiedra negra en medio del perfume,
enemiga de grandes caderas que mi pelo han tocado
con un ronco rocío, con una lengua de agua,
no obstante el mudo frío de los dientes y el odio de los
    ojos,
y la batalla de agonizantes bestias que cuidan el olvido,
en algún sitio del verano estamos juntos
acechando con labios que la sed ha invadido.
Si hay alguien que traspasa
una pared con círculos de fósforo
y hiere el centro de unos dulces miembros
y muerde cada hoja de un bosque dando gritos,
tengo también tus ojos de sangrienta luciérnaga
capaces de impregnar y atravesar rodillas
y gargantas rodeadas de seda general.

Cuando en las reuniones
el azar, la ceniza, las bebidas,
el aire interrumpido,
pero ahí están tus ojos oliendo a cacería,
a rayo verde que agujerea pechos,
tus dientes que abren manzanas de las que cae sangre,
tus piernas que se adhieren al sol dando gemidos,
y tus tetas de nácar y tus pies de amapola,
como embudos llenos de dientes que buscan sombra,
como rosas de látigo y perfume, y aun,
aun más, aun más,
aun detrás de los párpados, aun detrás del cielo,
aun detrás de los trajes y los viajes, en las calles donde la
      gente orina,
adivinas los cuerpos,
en las agrias iglesias a medio destruir, en las cabinas que
      el mar lleva en las manos,
acechas con tus labios sin embargo floridos,
rompes a cuchilladas la madera y la plata,
crecen tus grandes venas que asustan:
no hay cáscara, no hay distancia ni hierro,
tocan manos tus manos,
y caes haciendo crepitar las flores negras.

Adivinas los cuerpos!
Como un insecto herido de mandatos,
adivinas el centro de la sangre y vigilas
los músculos que postergan la aurora, asaltas sacudidas,
relámpagos, cabezas,
y tocas largamente las piernas que te guían.

Oh conducida herida de flechas especiales!

Hueles lo húmedo en medio de la noche?

O un brusco vaso de rosales quemados?

Oyes caer la ropa, las llaves, las monedas
en las espesas casas donde llegas desnuda?

Mi odio es una sola mano que te indica
el callado camino, las sábanas en que alguien ha dormido
con sobresalto: llegas
y ruedas por el suelo manejada y mordida,
y el viejo olor del semen como una enredadera
de cenicienta harina se desliza a tu boca.

Ay leves locas copas y pestañas,
aire que inunda un entreabierto río
como una sola paloma de colérico cauce,
como atributo de agua sublevada,
ay substancias, sabores, párpados de ala viva
con un temblor, con una ciega flor temible,
ay graves, serios pechos como rostros,
ay grandes muslos llenos de miel verde,
y talones y sombra de pies, y transcurridas
respiraciones y superficies de pálida piedra,
y duras olas que suben la piel hacia la muerte
llenas de celestiales harinas empapadas.
Entonces, este río
va entre nosotros, y por una ribera
vas tú mordiendo bocas?

Entonces es que estoy verdaderamente, verdaderamente
     lejos
y un río de agua ardiendo pasa en lo oscuro?
Ay cuántas veces eres la que el odio no nombra,
y de qué modo hundido en las tinieblas,
y bajo qué lluvias de estiércol machacado
tu estatua en mi corazón devora el trébol.

El odio es un martillo que golpea tu traje
y tu frente escarlata,
y los días del corazón caen en tus orejas
como vagos búhos de sangre eliminada,

y los collares que gota a gota se formaron con lágrimas
rodean tu garganta quemándote la voz como con hielo.

Es para que nunca, nunca
hables, es para que nunca, nunca
salga una golondrina del nido de la lengua
y para que las ortigas destruyan tu garganta
y un viento de buque áspero te habite.

En dónde te desvistes?
En un ferrocarril, junto a un peruano rojo
o con un segador, entre terrones, a la violenta
luz del trigo?
O corres con ciertos abogados de mirada terrible
largamente desnuda, a la orilla del agua de la noche?

Miras: no ves la luna ni el jacinto
ni la oscuridad goteada de humedades,
ni el tren de cieno, ni el marfil partido:
ves cinturas delgadas como oxígeno,
pechos que aguardan acumulando peso
e idéntica al zafiro de lunar avaricia
palpitas desde el dulce ombligo hasta las rosas.

Por qué sí? Por qué no? Los días descubiertos
aportan roja arena sin cesar destrozada
a las hélices puras que inauguran el día,
y pasa un mes con corteza de tortuga,
pasa un estéril día,
pasa un buey, un difunto,
una mujer llamada Rosalía,
y no queda en la boca sino un sabor de pelo
y de dorada lengua que con sed se alimenta.
Nada sino esa pulpa de los seres,
nada sino esa copa de raíces.

Yo persigo como en un túnel roto, en otro extremo
carne y besos que debo olvidar injustamente,

y en las aguas de espaldas cuando ya los espejos
avivan el abismo, cuando la fatiga, los sórdidos relojes
golpean a la puerta de hoteles suburbanos, y cae
la flor de papel pintado, y el terciopelo cagado por las
      ratas y la cama
cien veces ocupada por miserables parejas, cuando
todo me dice que un día ha terminado, tú y yo
hemos estado juntos derribando cuerpos,
construyendo una casa que no dura ni muere,
tú y yo hemos corrido juntos un mismo río
con encadenadas bocas llenas de sal y sangre,
tú y yo hemos hecho temblar otra vez las luces verdes
y hemos solicitado de nuevo las grandes cenizas.

Recuerdo sólo un día
que tal vez nunca me fue destinado,
era un día incesante,
sin orígenes. Jueves.
Yo era un hombre transportado al acaso
con una mujer hallada vagamente,
nos desnudamos
como para morir o nadar o envejecer
y nos metimos uno dentro del otro,
ella rodeándome como un agujero,
yo quebrantándola como quien
golpea una campana,
pues ella era el sonido que me hería
y la cúpula dura decidida a temblar.

Era una sorda ciencia con cabello y cavernas
y machacando puntas de médula y dulzura
he rodado a las grandes coronas genitales
entre piedras y asuntos sometidos.

Éste es un cuento de puertos adonde
llega uno, al azar, y sube a las colinas,
suceden tantas cosas.

Enemiga, enemiga,
es posible que el amor haya caído al polvo
y no haya sino carne y huesos velozmente adorados
mientras el fuego se consume
y los caballos vestidos de rojo galopan al infierno?

Yo quiero para mí la avena y el relámpago
a fondo de epidermis,
y el devorante pétalo desarrollado en furia,
y el corazón labial del cerezo de junio,
y el reposo de lentas barrigas que arden sin dirección,
pero me falta un suelo de cal con lágrimas
y una ventana donde esperar espumas.

Así es la vida,
corre tú entre las hojas, un otoño
negro ha llegado,
corre vestida con una falda de hojas y un cinturón de
        metal amarillo,
mientras la neblina de la estación roe las piedras.

Corre con tus zapatos, con tus medias,
con el gris repartido, con el hueco del pie, y con esas
        manos que el tabaco salvaje adoraría,
golpea escaleras, derriba
el papel negro que protege las puertas,
y entra en medio del sol y la ira de un día de puñales
a echarte como paloma de luto y nieve sobre un cuerpo.

Es una sola hora larga como una vena,
y entre el ácido y la paciencia del tiempo arrugado
transcurrimos,
apartando las sílabas del miedo y la ternura,
interminablemente exterminados.

EL GENERAL FRANCO EN
LOS INFIERNOS

Desventurado, ni el fuego ni el vinagre caliente
en un nido de brujas volcánicas ni el hielo devorante,
ni la tortuga pútrida que ladrando y llorando con voz de
     mujer muerta te escarbe la barriga
buscando una sortija nupcial y un juguete de niño
     degollado,
serán para ti nada sino una puerta oscura,
arrasada.
         En efecto.
De infierno a infierno, qué hay? En el aullido
de tus legiones, en la santa leche
de las madres de España, en la leche y los senos
     pisoteados
por los caminos, hay una aldea más, un silencio más, una
     puerta rota.

         Aquí estás. Triste párpado, estiércol
de siniestras gallinas de sepulcro, pesado esputo, cifra
de traición que la sangre no borra. Quién, quién eres,
oh miserable hoja de sal, oh perro de la tierra,
oh mal nacida palidez de sombra.

         Retrocede la llama sin ceniza,
la sed salina del infierno, los círculos
del dolor palidecen.

         Maldito, que sólo lo humano
te persiga, que dentro del absoluto fuego de las cosas,
no te consumas, que no te pierdas
en la escala del tiempo, y que no te taladre el vidrio
     ardiendo
ni la feroz espuma.
               Solo, solo, para las lágrimas
todas reunidas, para una eternidad de manos muertas
y ojos podridos, solo en una cueva

de tu infierno, comiendo silenciosa pus y sangre
por una eternidad maldita y sola.
                                    No mereces dormir
aunque sea clavados de alfileres los ojos: debes estar
despierto, general, despierto eternamente
entre la podredumbre de las recién paridas,
ametralladas en otoño. Todas, todos los tristes niños
          descuartizados,
tiesos, están colgados, esperando en tu infierno
ese día de fiesta fría: tu llegada.
                              Niños negros por la
          explosión,
trozos rojos de seso, corredores
de dulces intestinos, te esperan todos, todos, en la misma
          actitud
de atravesar la calle, de patear la pelota,
de tragar una fruta, de sonreír o nacer.

Sonreír. Hay sonrisas
ya demolidas por la sangre
que esperan con dispersos dientes exterminados,
y máscaras de confusa materia, rostros huecos
de pólvora perpetua, y los fantasmas
sin nombre, los oscuros
escondidos, los que nunca salieron
de su cama de escombros. Todos te esperan para pasar la
          noche.

          Llenan los corredores
como algas corrompidas.
                              Son nuestros, fueron nuestra
carne, nuestra salud, nuestra
paz de herrerías, nuestro océano
de aire y pulmones. A través de ellos
las secas tierras florecían. Ahora, más allá de la tierra,
hechos substancia
destruida, materia asesinada, harina muerta,
te esperan en tu infierno.

95

Como el agudo espanto o el dolor se consumen,
ni espanto ni dolor te aguardan. Solo y maldito seas,
solo y despierto seas entre todos los muertos,
y que la sangre caiga en ti como la lluvia,
y que un agonizante río de ojos cortados
te resbale y recorra mirándote sin término.

PAISAJE DESPUÉS DE UNA BATALLA

Mordido espacio, tropa restregada
contra los cereales, herraduras
rotas, heladas entre escarcha y piedras,
　　　áspera luna.

Luna de yegua herida, calcinada,
envuelta en agotadas espinas, amenazante, hundido
metal o hueso, ausencia, paño amargo,
　　　humo de enterradores.

Detrás del agrio nimbo de nitratos,
de substancia en substancia, de agua en agua,
rápidos como trigo desgranado,
　　　quemados y comidos.

Casual corteza suavemente suave,
negra ceniza ausente y esparcida,
ahora sólo frío sonoro, abominables
　　　materiales de lluvia.

Guárdenlo mis rodillas enterrado
más que este fugitivo territorio,
agárrenlo mis párpados hasta nombrar y herir,
guarde mi sangre este sabor de sombra
　　　para que no haya olvido.

96

NUEVO CANTO DE AMOR A STALINGRADO

Yo escribí sobre el tiempo y sobre el agua,
describí el luto y su metal morado,
yo escribí sobre el cielo y la manzana,
    ahora escribo sobre Stalingrado.

Ya la novia guardó con su pañuelo
el rayo de mi amor enamorado,
ahora mi corazón está en el suelo,
    en el humo y la luz de Stalingrado.

Yo toqué con mis manos la camisa
del crepúsculo azul y derrotado:
ahora toco el alba de la vida
    naciendo con el sol de Stalingrado.

Yo sé que el viejo joven transitorio
de pluma, como un cisne encuadernado,
desencuaderna su dolor notorio
    por mi grito de amor a Stalingrado.

Yo pongo el alma mía donde quiero.
Y no me nutro de papel cansado,
adobado de tinta y de tintero.
    Nací para cantar a Stalingrado.

Mi voz estuvo con tus grandes muertos
contra tus propios muros machacados,
mi voz sonó como campana y viento
    mirándote morir, Stalingrado.

Ahora americanos combatientes
blancos y oscuros como los granados,
matan en el desierto a la serpiente.
    Ya no estás sola, Stalingrado.

Francia vuelve a las viejas barricadas
con pabellón de furia enarbolado
sobre las lágrimas recién secadas.
     Ya no estás sola, Stalingrado.

Y los grandes leones de Inglaterra
volando sobre el mar huracanado
clavan las garras en la parda tierra.
     Ya no estás sola, Stalingrado.

Hoy bajo tus montañas de escarmiento
no sólo están los tuyos enterrados:
temblando está la carne de los muertos
     que tocaron tu frente, Stalingrado.

Deshechas van las invasoras manos,
triturados los ojos del soldado,
están llenos de sangre los zapatos
     que pisaron tu puerta, Stalingrado.

Tu acero azul de orgullo construido,
tu pelo de planetas coronados,
tu baluarte de panes divididos,
     tu frontera sombría, Stalingrado.

Tu Patria de martillos y laureles,
la sangre sobre tu esplendor nevado,
la mirada de Stalin a la nieve
     tejida con tu sangre, Stalingrado.

Las condecoraciones que tus muertos
han puesto sobre el pecho traspasado
de la tierra, y el estremecimiento
     de la muerte y la vida, Stalingrado.

La sal profunda que de nuevo traes
al corazón del hombre acongojado

con la rama de rojos capitanes
        salidos de tu sangre, Stalingrado.

La esperanza que rompe en los jardines
como la flor del árbol esperado,
la página grabada de fusiles,
        las letras de la luz, Stalingrado.

La torre que concibes en la altura,
los altares de piedra ensangrentados,
los defensores de tu edad madura,
        los hijos de tu piel, Stalingrado.

Las águilas ardientes de tus piedras,
los metales por tu alma amamantados,
los adioses de lágrimas inmensas
        y las olas de amor, Stalingrado.

Los huesos de asesinos malheridos,
los invasores párpados cerrados,
y los conquistadores fugitivos
        detrás de tu centella, Stalingrado.

Los que humillaron la curva del Arco
y las aguas del Sena han taladrado
con el consentimiento del esclavo,
        se detuvieron en Stalingrado.

Los que Praga la Bella sobre lágrimas,
sobre lo enmudecido y traicionado,
pasaron pisoteando sus heridas,
        murieron en Stalingrado.

Los que en la gruta griega han escupido,
la estalactita de cristal truncado
y su clásico azul enrarecido,
        ahora dónde están, Stalingrado?

Los que España quemaron y rompieron
dejando el corazón encadenado
de esa madre de encinos y guerreros,
        se pudren a tus pies, Stalingrado.

Los que en Holanda, tulipanes y agua
salpicaron de lodo ensangrentado
y esparcieron el látigo y la espada,
        ahora duermen en Stalingrado.

Los que en la noche blanca de Noruega
con un aullido de chacal soltado
quemaron esa helada primavera,
        enmudecieron en Stalingrado.

Honor a ti por lo que el aire trae,
lo que se ha de cantar y lo cantado,
honor para tus madres y tus hijos
        y tus nietos, Stalingrado.

Honor al combatiente de la bruma,
honor al comisario y al soldado,
honor al cielo detrás de tu luna,
        honor al sol de Stalingrado.

Guárdame un trozo de violenta espuma,
guárdame un rifle, guárdame un arado,
y que lo pongan en mi sepultura
con una espiga roja de tu estado,
para que sepan, si hay alguna duda,
que he muerto amándote y que me has amado,
y si no he combatido en tu cintura
dejo en tu honor esta granada oscura,
        este canto de amor a Stalingrado.

UN CANTO PARA BOLÍVAR

Padre nuestro que estás en la tierra, en el agua, en el aire
de toda nuestra extensa latitud silenciosa,
todo lleva tu nombre, padre, en nuestra morada:
tu apellido la caña levanta a la dulzura,
el estaño bolívar tiene un fulgor bolívar,
el pájaro bolívar sobre el volcán bolívar,
la patata, el salitre, las sombras especiales,
las corrientes, las vetas de fosfórica piedra,
todo lo nuestro viene de tu vida apagada,
tu herencia fueron ríos, llanuras, campanarios,
tu herencia es el pan nuestro de cada día, padre.

Tu pequeño cadáver de capitán valiente
ha extendido en lo inmenso su metálica forma,
de pronto salen dedos tuyos entre la nieve
y el austral pescador saca a la luz de pronto
tu sonrisa, tu voz palpitando en las redes.

De qué color la rosa que junto a tu alma alcemos?
Roja será la rosa que recuerde tu paso.
Cómo serán las manos que toquen tu ceniza?
Rojas serán las manos que en tu ceniza nacen.
Y cómo es la semilla de tu corazón muerto?
Es roja la semilla de tu corazón vivo.

Por eso es hoy la ronda de manos junto a ti.
Junto a mi mano hay otra y hay otra junto a ella,
y otra más, hasta el fondo del continente oscuro.
Y otra mano que tú no conociste entonces
viene también, Bolívar, a estrechar a la tuya:
de Teruel, de Madrid, del Jarama, del Ebro,
de la cárcel, del aire, de los muertos de España
llega esta mano roja que es hija de la tuya.

Capitán, combatiente, donde una boca
grita libertad, donde un oído escucha,

donde un soldado rojo rompe una frente parda,
donde un laurel de libres brota, donde una nueva
bandera se adorna con la sangre de nuestra insigne aurora,
Bolívar, capitán, se divisa tu rostro.
Otra vez entre pólvora y humo tu espada está naciendo.
Otra vez tu bandera con sangre se ha bordado.
Los malvados atacan tu semilla de nuevo,
clavado en otra cruz está el hijo del hombre.

Pero hacia la esperanza nos conduce tu sombra,
el laurel y la luz de tu ejército rojo
a través de la noche de América con tu mirada mira.
Tus ojos que vigilan más allá de los mares,
más allá de los pueblos oprimidos y heridos,
más allá de las negras ciudades incendiadas,
tu voz nace de nuevo, tu mano otra vez nace:
tu ejército defiende las banderas sagradas:
la Libertad sacude las campanas sangrientas,
y un sonido terrible de dolores precede
la aurora enrojecida por la sangre del hombre.
Libertador, un mundo de paz nació en tus brazos.
La paz, el pan, el trigo de tu sangre nacieron,
de nuestra joven sangre venida de tu sangre
saldrán paz, pan y trigo para el mundo que haremos.

Yo conocí a Bolívar una mañana larga,
en Madrid, en la boca del Quinto Regimiento,
Padre, le dije, eres o no eres o quién eres?
Y mirando el Cuartel de la Montaña, dijo:
«Despierto cada cien años cuando despierta el pueblo».

CANTO EN LA MUERTE Y RESURRECCIÓN DE LUIS COMPANYS

Cuando por la colina donde otros muertos siguen
vivos, como semillas sangrientas y enterradas
creció y creció tu sombra hasta apagar el aire

y se arrugó la forma de la almendra nevada
y se extendió tu paso como un sonido frío
que caía desde una catedral congelada,
tu corazón golpeaba las puertas más eternas:
la casa de los muertos capitanes de España.

Joven padre caído con la flor en el pecho,
con la flor en el pecho de la luz catalana,
con el clavel mojado de sangre inextinguible,
con la amapola viva sobre la luz quebrada,
tu frente ha recibido la eternidad del hombre
entre los enterrados corazones de España.

Tu alma tuvo el aceite virginal de la aldea
y el áspero rocío de tu tierra dorada
y todas las raíces de Cataluña herida
recibían la sangre del manantial de tu alma,
las grutas estelares donde el mar combatido
deshace sus azules bajo la espuma brava,
y el hombre y el olivo duermen en el perfume
que dejó por la tierra tu sangre derramada.

Deja que rumbo a rumbo de Cataluña roja
y que de punta a punta de las piedras de España
paseen los claveles de tu viviente herida
y mojen los pañuelos en tu sangre sagrada,
los hijos de Castilla que no pueden llorarte
porque eres en lo eterno de piedra castellana,
las niñas de Galicia que lloran como ríos,
los niños gigantescos de la mina asturiana,
todos, los pescadores de Euzkadi, los del Sur, los que
    tienen
otro capitán muerto que vengar en Granada,
tu patria guerrillera que escarba el territorio
encontrando los viejos manantiales de España.

Guerrilleros de todas las regiones, salud,
tocad, tocad la sangre bajo la tierra amada:

es la misma, caída por la extensión lluviosa
del Norte y sobre el Sur de corteza abrasada:
atacad a los mismos enemigos amargos,
levantad una sola bandera iluminada:
unidos por la sangre del capitán Companys
reunida en la tierra con la sangre de España!

DEL CANTO GENERAL

(1950)

I
LA LÁMPARA EN LA TIERRA

I
AMOR AMÉRICA
(1400)

Antes de la peluca y la casaca
fueron los ríos, ríos arteriales:
fueron las cordilleras, en cuya onda raída
el cóndor o la nieve parecían inmóviles;
fué la humedad y la espesura, el trueno
sin nombre todavía, las pampas planetarias.

El hombre tierra fué, vasija, párpado
del barro trémulo, forma de la arcilla,
fué cántaro caribe, piedra chibcha,
copa imperial o sílice araucana.
Tierno y sangriento fué, pero en la empuñadura
de su arma de cristal humedecido,
las iniciales de la tierra estaban
escritas.
       Nadie pudo
recordar después: el viento
las olvidó, el idioma del agua
fué enterrado, las claves se perdieron
o se inundaron de silencio o sangre.

No se perdió la vida, hermanos pastorales.
Pero como una rosa salvaje
cayó una gota roja en la espesura,
y se apagó una lámpara de tierra.

Yo estoy aquí para contar la historia.
Desde la paz del búfalo

hasta las azotadas arenas
de la tierra final, en las espumas
acumuladas de la luz antártica,
y por las madrigueras despeñadas
de la sombría paz venezolana,
te busqué, padre mío,
joven guerrero de tiniebla y cobre,
o tú, planta nupcial, caballera indomable
madre caimán, metálica paloma.

Yo, incásico del légamo,
toqué la piedra y dije:
Quién
me espera? Y apreté la mano
sobre un puñado de cristal vacío.
Pero anduve entre flores zapotecas
y dulce era la luz como un venado,
y era la sombra como un párpado verde.

Tierra mía sin nombre, sin América,
estambre equinoccial, lanza de púrpura,
tu aroma me trepó por las raíces
hasta la copa que bebía, hasta la más delgada
palabra aún no nacida de mi boca.

VEGETACIONES

A las tierras sin nombres y
sin números
bajaba el viento desde otros dominios,
traía la lluvia hilos celestes,
y el dios de los altares impregnados
devolvía las flores y las vidas.

En la fertilidad crecía el tiempo.

El jacarandá elevaba espuma
hecha de resplandores transmarinos,
la araucaria de lanzas erizadas
era la magnitud contra la nieve,
el primordial árbol caoba
desde su copa destilaba sangre,
y al Sur de los alerces,
el árbol trueno, el árbol rojo,
el árbol de la espina, el árbol madre,
el ceibo bermellón, el árbol caucho,
eran volumen terrenal, sonido,
eran territoriales existencias.
Un nuevo aroma propagado
llenaba, por los intersticios
de la tierra, las respiraciones
convertidas en humo y fragancia:
el tabaco silvestre alzaba
su rosal de aire imaginario.
Como una lanza terminada en fuego
apareció el maíz, a su estatura
se desgranó y nació de nuevo,
diseminó su harina, tuvo
muertos bajo sus raíces,
y, luego, en su cuna, miró
crecer los dioses vegetales.
Arruga y extensión, diseminaba
la semilla del viento
sobre las plumas de la cordillera,
espesa luz de germen y pezones,
aurora ciega amamantada
por los ungüentos terrenales
de la implacable latitud lluviosa
de las cerradas noches manantiales,
de las cisternas matutinas.
Y aún en las llanuras
como láminas del planeta,
bajo un fresco pueblo de estrellas,
rey de la hierba, el ombú detenía

el aire libre, el vuelo rumoroso
y montaba la pampa sujetándola
con su ramal de riendas y raíces.

América arboleda,
zarza salvaje entre los mares,
de polo a polo balanceabas,
tesoro verde, tu espesura.
Germinaba la noche
en ciudades de cáscaras sagradas,
en sonoras maderas,
extensas hojas que cubrían
la piedra germinal, los nacimientos.
Útero verde, americana
sabana seminal, bodega espesa,
una rama nació como una isla,
una hoja fué forma de la espada,
una flor fué relámpago y medusa,
un racimo redondeó su resumen,
una raíz descendió a las tinieblas.

II
ALGUNAS BESTIAS

Era el crepúsculo de la iguana.

Desde la arcoirisada crestería
su lengua como un dardo
se hundía en la verdura,
el hormigueo monacal pisaba
con melodioso pie la selva,
el guanaco fino como el oxígeno
en las anchas alturas pardas
iba calzando botas de oro,
mientras la llama abría cándidos
ojos en la delicadeza
del mundo lleno de rocío.
Los monos trenzaban un hilo

110

interminablemente erótico
en las riberas de la aurora,
derribando muros de polen
y espantando el vuelo violeta
de las mariposas de Muzo.
Era la noche de los caimanes,
la noche pura y pululante
de hocicos saliendo del légamo,
y de las ciénagas soñolientas
un ruido opaco de armaduras
volvía al origen terrestre.

El jaguar tocaba las hojas
con su ausencia fosforescente,
el puma corre en el ramaje
como el fuego devorador
mientras arden en él los ojos
alcohólicos de la selva.
Los tejones rascan los pies
del río, husmean el nido
cuya delicia palpitante
atacarán con dientes rojos.

Y en el fondo del agua magna,
como el círculo de la tierra,
está la gigante anaconda
cubierta de barros rituales,
devoradora y religiosa.

III
VIENEN LOS PÁJAROS

Todo era vuelo en nuestra tierra.
Como gotas de sangre y plumas
los cardenales desangraban
el amanecer de Anáhuac.
El tucán era una adorable

111

caja de frutas barnizadas,
el colibrí guardó las chispas
originales del relámpago
y sus minúsculas hogueras
ardían en el aire inmóvil.

Los ilustres loros llenaban
la profundidad del follaje
como lingotes de oro verde
recién salidos de la pasta
de los pantanos sumergidos,
y de sus ojos circulares
miraba una argolla amarilla,
vieja como los minerales.
Todas las águilas del cielo
nutrían su estirpe sangrienta
en el azul inhabilitado,
y sobre las plumas carnívoras
volaba encima del mundo
el cóndor, rey asesino,
fraile solitario del cielo,
talismán negro de la nieve,
huracán de la cetrería.

La ingeniería del hornero
hacía del barro fragrante
pequeños teatros sonoros
donde aparecía cantando.
El atajacaminos iba
dando su grito humedecido
a la orilla de los cenotes.
La torcaza araucana hacía
ásperos nidos matorrales
donde dejaba el real regalo
de sus huevos empavonados.

La loica del Sur, fragante,
dulce carpintera de otoño,

mostraba su pecho estrellado
de constelación escarlata,
y el austral chingolo elevaba
su flauta recién recogida
de la eternidad del agua.

Mas, húmedo como un nenúfar,
el flamenco abría sus puertas
de sonrosada catedral,
y volaba como la aurora,
lejos del bosque bochornoso
donde cuelga la pedrería
del quetzal, que de pronto despierta,
se mueve, resbala y fulgura
y hace volar a su brasa virgen.

Vuela una montaña marina
hacia las islas, una luna
de aves que van hacia el Sur,
sobre las islas fermentadas
del Perú.
Es un río vivo de sombra,
es un cometa de pequeños
corazones innumerables
que oscurecen el sol del mundo
como un astro de cola espesa
palpitando hacia el archipiélago.

Y en el final del iracundo
mar, en la lluvia del océano,
surgen las alas del albatros
como dos sistemas de sal,
estableciendo en el silencio,
entre las rachas torrenciales,
con su espaciosa jerarquía
el orden de las soledades.

IV
LOS RÍOS ACUDEN

Amada de los ríos, combatida
por agua azul y gotas transparentes,
como un árbol de venas es tu espectro
de diosa oscura que muerde manzanas:
al despertar desnuda entonces,
era tatuada por los ríos,
y en la altura mojada tu cabeza
llenaba el mundo con nuevos rocíos.
Te trepidaba el agua en la cintura.
Eras de manantiales construída
y te brillaban lagos en la frente.
De tu espesura madre recogías
el agua como lágrimas vitales,
y arrastrabas los cauces a la arena
a través de la noche planetaria,
cruzando ásperas piedras dilatadas,
rompiendo en el camino
toda la sal de la geología,
cortando bosques de compactos muros,
apartando los músculos del cuarzo.

ORINOCO

Orinoco, déjame en tus márgenes
de aquella hora sin hora:
déjame como entonces ir desnudo,
entrar en tus tinieblas bautismales.
Orinoco de agua escarlata,
déjame hundir las manos que regresan
a tu maternidad, a tu transcurso,
río de razas, patria de raíces,
tu ancho rumor, tu lámina salvaje
viene de donde vengo, de las pobres
y altivas soledades, de un secreto

como una sangre, de una silenciosa
madre de arcilla.

AMAZONAS

Amazonas,
capital de las sílabas del agua,
padre patriarca, eres
la eternidad secreta
de las fecundaciones,
te caen ríos como aves, te cubren
los pistilos color de incendio,
los grandes troncos muertos te pueblan de perfume,
la luna no te puede vigilar ni medirte.
Eres cargado con esperma verde
como un árbol nupcial, eres plateado
por la primavera salvaje,
eres enrojecido de maderas,
azul entre la luna de las piedras,
vestido de vapor ferruginoso,
lento como un camino de planeta.

TEQUENDAMA

Tequendama, recuerdas
tu solitario paso en las alturas
sin testimonio, hilo
de soledades, voluntad delgada,
línea celeste, flecha de platino,
recuerdas paso y paso
abriendo muros de oro
hasta caer del cielo en el teatro
aterrador de la piedra vacía?

115

BÍO BÍO

Pero háblame, Bío Bío,
son tus palabras en mi boca
las que resbalan, tú me diste
el lenguaje, el canto nocturno
mezclado con lluvia y follaje.
Tú, sin que nadie mirara a un niño,
me contaste el amanecer
de la tierra, la poderosa
paz de tu reino, el hacha enterrada
con un ramo de flechas muertas,
lo que las hojas del canelo
en mil años te relataron,
y luego te vi entregarte al mar
dividido en bocas y senos,
ancho y florido, murmurando
una historia color de sangre.

V
MINERALES

Madre de los metales, te quemaron,
te mordieron, te martirizaron,
te corroyeron, te pudrieron
más tarde, cuando los ídolos
ya no pudieron defenderte.
Lianas trepando hacia el cabello
de la noche selvática, caobas
formadoras del centro de las flechas,
hierro agrupado en el desván florido,
garra altanera de las conductoras
águilas de mi tierra,
agua desconocida, sol malvado,
ola de cruel espuma,
tiburón acechante, dentadura
de las cordilleras antárticas,

diosa serpiente vestida de plumas
y enrarecida por azul veneno,
fiebre ancestral inoculada
por migraciones de alas y de hormigas,
tembladerales, mariposas
de aguijón ácido, maderas
acercándose al mineral,
por qué el coro de los hostiles
no defendió el tesoro?

Madre de las piedras
oscuras que teñirían
de sangre tus pestañas!
La turquesa
de sus etapas, del brillo larvario
nacía apenas para las alhajas
del sol sacerdotal, dormía el cobre
en sus sulfúricas estratas,
y el antimonio iba de capa en capa
a la profundidad de nuestra estrella.
La hulla brillaba de resplandores negros
como el total reverso de la nieve,
negro hielo enquistado en la secreta
tormenta inmóvil de la tierra,
cuando un fulgor de pájaro amarillo
enterró las corrientes del azufre
al pie de las glaciares cordilleras.
El vanadio se vestía de lluvia
para entrar en la cámara del oro,
afilaba cuchillos el tungsteno
y el bismuto trenzaba
medicinales cabelleras.

Las luciérnagas equivocadas
aún continuaban en la altura,
soltando goteras de fósforo
en el surco de los abismos
y en las cumbres ferruginosas.

117

Son las viñas del meteoro,
los subterráneos del zafiro.
El soldadito en las mesetas
duerme con ropa de estaño.

El cobre establece sus crímenes
en las tinieblas insepultas
cargadas de materia verde,
y en el silencio acumulado
duermen las momias destructoras.
En la dulzura chibcha el oro
sale de opacos oratorios
lentamente hacia los guerreros,
se convierte en rojos estambres,
en corazones laminados,
en fosforescencia terrestre,
en dentadura fabulosa.
Yo duermo entonces con el sueño
de una semilla, de una larva,
y las escalas de Querétaro
bajo contigo.
        Me esperaron
las piedras de luna indecisa,
la joya pesquera del ópalo,
el árbol muerto en una iglesia
helada por las amatistas.

Cómo podías, Colombia oral,
saber que tus piedras descalzas
ocultaban una tormenta
de oro iracundo,
cómo, patria
de la esmeralda, ibas a ver
que la alhaja de muerte y mar,
el fulgor en su escalofrío,
escalaría las gargantas
de los dinastas invasores?

118

Eras pura noción de piedra,
rosa educada por la sal,
maligna lágrima enterrada,
sirena de arterias dormidas,
belladona, serpiente negra.
(Mientras la palma dispersaba
su columna en altas peinetas
iba la sal destituyendo
el esplendor de las montañas,
convirtiendo en traje de cuarzo
las gotas de lluvia en las hojas
y transmutando los abetos
en avenidas de carbón.)

Corrí por los ciclones al peligro
y descendí a la luz de la esmeralda,
ascendí al pámpano de los rubíes,
pero callé para siempre en la estatua
del nitrato extendido en el desierto.
Vi cómo en la ceniza
del huesoso altiplano
levantaba el estaño
sus corales ramajes de veneno
hasta extender como una selva
la niebla equinoccial, hasta cubrir el sello
de nuestras cereales monarquías.

VI
LOS HOMBRES

Como la copa de la arcilla era
la raza mineral, el hombre
hecho de piedras y de atmósfera,
limpio como los cántaros, sonoro.
La luna amasó a los caribes,
extrajo oxígeno sagrado,
machacó flores y raíces.

119

Anduvo el hombre de las islas
tejiendo ramos y guirnaldas
de polymitas azufradas,
y soplando el tritón marino
en la orilla de las espumas.

El tarahumara se vistó de aguijones
y en la extensión del Noroeste
con sangre y pedernales creó el fuego,
mientras el univeso iba naciendo
otra vez en la arcilla del tarasco:
los mitos de las tierras amorosas,
la exuberancia húmeda de donde
lodo sexual y frutas derretidas
iban a ser actitud de los dioses
o pálidas paredes de vasijas.

Como faisanes deslumbrantes
descendían los sacerdotes
de las escaleras aztecas.
Los escalones triangulares
sostenían el innumerable
relámpago de las vestiduras.
Y la pirámide, augusta,
piedra y piedra, agonía y aire,
en su estructura dominadora
guardaba como una almendra
un corazón sacrificado.
En un trueno como un aullido
caía la sangre por
las escalinatas sagradas.
Pero muchedumbres de pueblos
tejían la fibra, guardaban
el porvenir de las cosechas,
trenzaban el fulgor de la pluma,
convencían a la turquesa,
y en enredaderas textiles
expresaban la luz del mundo.

Mayas, habíais derribado
el árbol del conocimiento.
Con olor de razas graneras
se elevaban las estructuras
del examen y de la muerte,
y escrutabais en los cenotes,
arrojándoles novias de oro,
la permanencia de los gérmenes.

Chichén, tus rumores crecían
en el amanecer de la selva.
Los trabajos iban haciendo
la simetría del panal
en tu ciudadela amarilla,
y el pensamiento amenazaba
la sangre de los pedestales,
desmontaba el cielo en la sombra,
conducía la medicina,
escribía sobre las piedras.

Era el Sur un asombro dorado.
Las altas soledades
de Macchu Picchu en la puerta del cielo
estaban llenas de aceites y cantos,
el hombre había roto las moradas
de grandes aves en la altura,
y en el nuevo dominio entre las cumbres
el labrador tocaba las semillas
con sus dedos heridos por la nieve.
El Cuzco amanecía como un
trono de torreones y graneros
y era la flor pensativa del mundo
aquella raza de pálida sombra
en cuyas manos abiertas temblaban
diademas de imperiales amatistas.
Germinaba en las terrazas
el maíz de las altas tierras
y en los volcánicos senderos

iban los vasos y los dioses.
La agricultura perfumaba
el reino de las cocinas
y extendía sobre los techos
un manto de sol desgranado.

(Dulce raza, hija de sierras,
estirpe de torre y turquesa,
ciérrame los ojos ahora,
antes de irnos al mar
de donde vienen los dolores.)

Aquella selva azul era una gruta
y en el misterio de árbol y tiniebla
el guaraní cantaba como
el humo que sube en la tarde,
el agua sobre los follajes,
la lluvia en un día de amor,
la tristeza junto a los ríos.

En el fondo de América sin nombre
estaba Arauco entre las aguas
vertiginosas, apartado
por todo el frío del planeta.
Mirad el gran sur solitario.
No se ve humo en la altura.
Sólo se ven los ventisqueros
y el vendaval rechazado
por las ásperas araucarias.
No busques bajo el verde espeso
el canto de la alfarería.

Todo es silencio de agua y viento.

Pero en las hojas mira el guerrero.
Entre los alerces un grito.
Unos ojos de tigre en medio
de las alturas de la nieve.

Mira las lanzas descansando.
Escucha el susurro del aire
atravesado por las flechas.
Mira los pechos y las piernas
y las cabelleras sombrías
brillando a la luz de la luna.

Mira el vacío de los guerreros.

No hay nadie. Trina la diuca
como el agua en la noche pura.

Cruza el cóndor su vuelo negro.

No hay nadie. Escuchas? Es el paso
del puma en el aire y las hojas.

No hay nadie. Escucha. Escucha el árbol,
escucha el árbol araucano.

No hay nadie. Mira las piedras.

Mira las piedras de Arauco.

No hay nadie, sólo son los árboles.

Sólo son las piedras, Arauco.

II
ALTURAS DE MACCHU PICCHU

I

Del aire al aire, como una red
vacía,
iba yo entre las calles y la atmósfera, llegando y
    despidiendo,
en el advenimiento del otoño la moneda extendida
de las hojas, y entre la primavera y las espigas,
lo que el más grande amor, como dentro de un guante
que cae, nos entrega como una larga luna.

(Días de fulgor vivo en la intemperie
de los cuerpos: aceros convertidos
al silencio del ácido:
noches deshilachadas hasta la última harina:
estambres agredidos de la patria nupcial.)

Alguien que me esperó entre los violines
encontró un mundo como una torre enterrada
hundiendo su espiral más abajo de todas
las hojas de color de ronco azufre:
más abajo, en el oro de la geología,
como una espada envuelta en meteoros,
hundí la mano turbulenta y dulce
en lo más genital de lo terrestre.

Puse la frente entre las olas profundas,
descendí como una gota entre la paz sulfúrica,
y, como un ciego, regresé al jazmín
de la gastada primavera humana.

124

II

Si la flor a la flor entrega el alto germen
y la roca mantiene su flor diseminada
en su golpeado traje de diamante y arena,
el hombre arruga el pétalo de la luz que recoge
en los determinados manantiales marinos
y taladra el metal palpitante en sus manos.
Y pronto, entre la ropa y el humo, sobre la mesa hundida,
como una barajada cantidad, queda el alma:
cuarzo y desvelo, lágrimas en el océano
como estanques de frío: pero aún
mátala y agonízala con papel y con odio,
sumérgela en la alfombra cotidiana, desgárrala
entre las vestiduras hostiles del alambre.

No: por los corredores, aire, mar o caminos,
quién guarda sin puñal (como las encarnadas
amapolas) su sangre? La cólera ha extenuado
la triste mercancía del vendedor de seres,
y, mientras en la altura del ciruelo, el rocío
desde mil años deja su carta transparente
sobre la misma rama que lo espera, oh corazón, oh frente
        triturada
entre las cavidades del otoño:

Cuántas veces en las calles de invierno de una ciudad o en
un autobús o un barco en el crepúsculo, o en la soledad
más espesa, la de la noche de fiesta, bajo el sonido
de sombras y campanas, en la misma gruta del placer
        humano,
me quise detener a buscar la eterna veta insondable
que antes toqué en la piedra o en el relámpago que el
        beso desprendía.

(Lo que en el cereal como una historia amarilla
de pequeños pechos preñados va repitiendo un número
que sin cesar es ternura en las capas germinales,

125

y que, idéntica siempre, se desgrana en marfil
y lo que en el agua es patria transparente, campana
desde la nieve aislada hasta las olas sangrientas.)

No pude asir sino un racimo de rostros o de máscaras
precipitadas, como anillos de oro vacío,
como ropas dispersas hijas de un otoño rabioso
que hiciera temblar el miserable árbol de las razas
        asustadas.

No tuve sitio donde descansar la mano
y que, corriente como agua de manantial encadenado,
o firme como grumo de antracita o cristal,
hubiera devuelto el calor o el frío de mi mano
        extendida.
Qué era el hombre? En qué parte de su conversación
        abierta

entre los almacenes y los silbidos, en cuál de sus
        movimientos metálicos
vivía lo indestructible, lo imperecedero, la vida?

III

El ser como el maíz se desgranaba en el inacabable
granero de los hechos perdidos, de los acontecimientos
miserables, del uno al siete, al ocho,
y no una muerte, sino muchas muertes llegaba a cada
        uno:
cada día una muerte pequeña, polvo, gusano, lámpara
que se apaga en el lodo del suburbio, una pequeña
        muerte de alas gruesas
entraba en cada hombre como una corta lanza
y era el hombre asediado del pan o del cuchillo,
el ganadero el hijo de los puertos, o el capitán oscuro
        del arado,
o el roedor de las calles espesas:

todos desfallecieron esperando su muerte, su corta muerte
   diaria:
y su quebranto aciago de cada día era
como una copa negra que bebían temblando.

IV

La poderosa muerte me invitó muchas veces:
era como la sal invisible en las olas,
y lo que su invisible sabor diseminaba
era como mitades de hundimientos y altura
o vastas construcciones de viento y ventisquero.

Yo al férreo filo vine, a la angostura
del aire, a la mortaja de agricultura y piedra,
al estelar vacío de los pasos finales
y a la vertiginosa carretera espiral:
pero, ancho mar, oh muerte!, de ola en ola no vienes,
sino como un galope de claridad nocturna
o como los totales números de la noche.

Nunca llegaste a hurgar en el bolsillo, no era
posible tu visita sin vestimenta roja:
sin auroral alfombra de cercado silencio:
sin altos o enterrados patrimonios de lágrimas.

No pude amar en cada ser un árbol
con su pequeño otoño a cuestas (la muerte de mil hojas),
todas las falsas muertes y las resurrecciones
sin tierra, sin abismo:
quise nadar en las más anchas vidas,
en las más sueltas desembocaduras,
y cuando poco a poco el hombre fué negándome
y fué cerrando paso y puerta para que no tocaran
mis manos manantiales su inexistencia herida,
entonces fuí por calle y calle y río y río,
y ciudad y ciudad y cama y cama,

y atravesó el desierto mi máscara salobre,
y en las últimas casas humilladas, sin lámpara, sin fuego,
sin pan, sin piedra, sin silencio, solo,
rodé muriendo de mi propia muerte.

V

No eres tú, muerte grave, ave de plumas férreas,
la que el pobre heredero de las habitaciones
llevaba entre alimentos apresurados, bajo la piel vacía:
era algo, un pobre pétalo de cuerda exterminada:
un átomo del pecho que no vino al combate
o el áspero rocío que no cayó en la frente.
Era lo que no pudo renacer, un pedazo
de la pequeña muerte sin paz ni territorio:
un hueso, una campana que morían en él.
Yo levanté las vendas del yodo, hundí las manos
en los pobres dolores que mataban la muerte,
y no encontré en la herida sino una racha fría
que entraba por los vagos intersticios del alma.

VI

Entonces en las escala de la tierra he subido
entre la atroz maraña de las selvas perdidas
hasta ti, Macchu Picchu.
Alta ciudad de piedras escalares,
por fin morada del que lo terrestre
no escondió en las dormidas vestiduras.
En ti, como dos líneas paralelas,
la cuna del relámpago y del hombre
se mecían en un viento de espinas.

Madre de piedra, espuma de los cóndores.

Alto arrecife de la aurora humana.

Pala perdida en la primera arena.

Ésta fué la morada, éste es el sitio:
aquí los anchos granos de maíz ascendieron
y bajaron de nuevo como granizo rojo.

Aquí la hebra dorada salió de la vicuña
a vestir los amores, los túmulos, las madres,
el rey, las oraciones, los guerreros.

Aquí los pies del hombre descansaron de noche
junto a los pies del águila, en las altas guaridas
carniceras, y en la aurora
pisaron con los pies del trueno la niebla enrarecida,
y tocaron las tierras y las piedras
hasta reconocerlas en la noche o la muerte.

Miro las vestiduras y las manos,
el vestigio del agua en la oquedad sonora,
la pared suavizada por el tacto de un rostro
que miró con mis ojos las lámparas terrestres,
que aceitó con mis manos las desaparecidas
maderas: porque todo, ropaje, piel, vasijas,
palabras, vino, panes,
se fué, cayó a la tierra.

Y el aire entró con dedos
de azahar sobre todos los dormidos:
mil años de aire, meses, semanas de aire,
de viento azul, de cordillera férrea,
que fueron como suaves huracanes de pasos
lustrando el solitario recinto de la piedra.

VII

Muertos de un solo abismo, sombras de una hondonada,
la profunda, es así como al tamaño

de vuestra magnitud
vino la verdadera, la más abrasadora
muerte y desde las rocas taladradas,
desde los capiteles escarlata,
desde los acueductos escalares
os desplomasteis como en un otoño
en una sola muerte.
Hoy el aire vacío ya no llora,
ya no conoce vuestros pies de arcilla,
ya olvidó vuestros cántaros que filtraban el cielo
cuando lo derramaban los cuchillos del rayo,
y el árbol poderoso fué comido
por la niebla, y cortado por la racha.
Él sostuvo una mano que cayó de repente
desde la altura hasta el final del tiempo.
Ya no sois, manos de araña, débiles
hebras, tela enmarañada:
cuanto fuisteis cayó: costumbres, sílabas
raídas, máscaras de luz deslumbradora.

Pero una permanencia de piedra y de palabra:
la ciudad como un vaso se levantó en las manos
de todos, vivos, muertos, callados, sostenidos
de tanta muerte, un muro, de tanta vida un golpe
de pétalos de piedra: la rosa permanente, la morada:
este arrecife andino de colonias glaciales.

Cuando la mano de color de arcilla
se convirtió en arcilla, y cuando los pequeños párpados se
        cerraron
llenos de ásperos muros, poblados de castillos,
y cuando todo el hombre se enredó en su agujero,
quedó la exactitud enarbolada:
el alto sitio de la aurora humana:
la más alta vasija que contuvo el silencio:
una vida de piedra después de tantas vidas.

VIII

Sube conmigo, amor americano.

Besa conmigo las piedras secretas.
La plata torrencial del Urubamba
hace volar el polen a su copa amarilla.
Vuela el vacío de la enredadera,
la planta pétrea, la guirnalda dura
sobre el silencio del cajón serrano.

Ven, minúscula vida, entre las alas
de la tierra, mientras –cristal y frío, aire golpeado
apartando esmeraldas, combatidas,
oh, agua salvaje, bajas de la nieve.

Amor, amor, hasta la noche abrupta,
desde el sonoro pedernal andino,
hacia la aurora de rodillas rojas,
contempla el hijo ciego de la nieve.

Oh, Wilkamayu de sonoros hilos,
cuando rompes tus truenos lineales
en blanca espuma, como herida nieve,
cuando tu vendaval acantilado
canta y castiga despertando al cielo,
qué idioma traes a la oreja apenas
desarraigada de tu espuma andina?

Quién apresó el relámpago del frío
y lo dejó en la altura encadenado,
repartido en sus lágrimas glaciales,
sacudido en sus rápidas espaldas,
golpeando sus estambres aguerridos,
conducido en su cama de guerrero,
sobresaltado en su final de roca?

Qué dicen tus destellos acosados?

Tu secreto relámpago rebelde
antes viajó poblado de palabras?
Quién va rompiendo sílabas heladas,
idiomas negros, estandartes de oro,
bocas profundas, gritos sometidos,
en tus delgadas aguas arteriales?

Quién va cortando párpados florales
que vienen a mirar desde la tierra?
Quién precipita los racimos muertos
que bajan en tus manos de cascada
a desgranar su noche desgranada
en el carbón de la geología?

Quién despeña la rama de los vínculos?
Quién otra vez sepulta los adioses?

Amor, amor, no toques la frontera,
ni adores la cabeza sumergida:
deja que el tiempo cumpla su estatura
en su salón de manantiales rotos,
y, entre el agua veloz y las murallas,

recoge el aire del desfiladero,
las paralelas láminas del viento,
el canal ciego de las cordilleras,
el áspero saludo del rocío,
y sube, flor a flor, por la espesura,
pisando la serpiente despeñada.

En la escarpada zona, piedra y bosque,
polvo de estrellas verdes, selva clara,
Mantur estalla como un lago vivo
o como un nuevo pozo del silencio.

Ven a mi propio ser, al alba mía,
hasta las soledades coronadas.
El reino muerto vive todavía.

Y en el Reloj la sombra sanguinaria
del cóndor cruza como una nave negra.

IX

Águila sideral, viña de bruma.
Bastión perdido, cimitarra ciega.
Cinturón estrellado, pan solemne.
Escala torrencial, párpado inmenso.
Túnica triangular, polen de piedra.
Lámpara de granito, pan de piedra.
Serpiente mineral, rosa de piedra.
Nave enterrada, manantial de piedra.
Caballo de la luna, luz de piedra.
Escuadra equinoccial, vapor de piedra.
Geometría final, libro de piedra.
Témpano entre las ráfagas labrado.
Madrépora del tiempo sumergido.
Muralla por los dedos suavizada.
Techumbre por las plumas combatida.
Ramos de espejo, bases de tormenta.
Tronos volcados por la enredadera.
Régimen de la garra encarnizada.
Vendaval sostenido en la vertiente.
Inmóvil catarata de turquesa.
Campana patriarcal de los dormidos.
Argolla de las nieves dominadas.
Hierro acostado sobre sus estatuas.
Inaccesible temporal cerrado.
Manos de puma, roca sanguinaria.
Torre sombrera, discusión de nieve.
Noche elevada en dedos y raíces.
Ventana de las nieblas, paloma endurecida.
Planta nocturna, estatua de los truenos.
Cordillera esencial, techo marino.
Arquitectura de águilas perdidas.
Cuerda del cielo, abeja de la altura.

Nivel sangriento, estrella construída.
Burbuja mineral, luna de cuarzo.
Serpiente andina, frente de amaranto.
Cúpula del silencio, patria pura.
Novia del mar, árbol de catedrales.
Ramo de sal, cerezo de alas negras.
Dentadura nevada, trueno frío.
Luna arañada, piedra amenazante.
Cabellera del frío, acción del aire.
Volcán de manos, catarata oscura.
Ola de plata, dirección del tiempo.

X

Piedra en la piedra, el hombre, dónde estuvo?
Aire en el aire, el hombre, dónde estuvo?
Tiempo en el tiempo, el hombre, dónde estuvo?
Fuiste también el pedacito roto
del hombre inconcluso, de águila vacía
que por las calles de hoy, que por las huellas,
que por las hojas del otoño muerto
va machacando al alma hasta la tumba?
La pobre mano, el pie, la pobre vida...
Los días de la luz deshilachada
en ti, como la lluvia
sobre las banderillas de la fiesta,
dieron pétalo a pétalo de su alimento oscuro
en la boca vacía?
                    Hambre, coral del hombre,
hambre, planta secreta, raíz de los leñadores,
hambre, subió tu raya de arrecife
hasta estas altas torres desprendidas?

Yo te interrogo, sal de los caminos,
muéstrame la cuchara, déjame, arquitectura,
roer con un palito los estambres de piedra,

subir todos los escalones del aire hasta el vacío,
rascar la entraña hasta tocar el hombre.

Macchu Picchu, pusiste
piedras en la piedra, y en la base, harapo?
Carbón sobre carbón, y en el fondo la lágrima?
Fuego en el oro, y en él, temblando el rojo
goterón de la sangre?
Devuélveme el esclavo que enterraste!
Sacude de las tierras el pan duro
del miserable, muéstrame los vestidos
del siervo y su ventana.
Dime cómo durmió cuando vivía.
Dime si fué su sueño
ronco, entreabierto, como un hoyo negro
hecho por la fatiga sobre el muro.
El muro, el muro! Si sobre su sueño
gravitó cada piso de piedra, y si cayó bajo ella
como bajo una luna, con el sueño!
Antigua América, novia sumergida,
también tus dedos,
al salir de la selva hacia el alto vacío de los dioses,
bajo los estandartes nupciales de la luz y el decoro,
mezclándose al trueno de los tambores y de las lanzas,
también, también tus dedos,
los que la rosa abstracta y la línea del frío, los
que el pecho sangriento del nuevo cereal trasladaron
hasta la tela de materia radiante, hasta las duras cavidades,
también, también, América enterrada, guardaste en lo mas
      bajo
en el amargo intestino, como un águila, el hambre?

XI

A través del confuso esplendor,
a través de la noche de piedra, déjame hundir la mano

y deja que en mí palpite, como un ave mil años
    prisionera,
el viejo corazón del olvidado!
Déjame olvidar hoy esta dicha, que es más ancha que el
    mar,
porque el hombre es más ancho que el mar y que sus islas,
    y hay que caer en él como un pozo para salir del fondo
o de agua secreta y de verdades sumergidas.
Déjame olvidar, ancha piedra, la proporción poderosa,
la trascendente medida, las piedras del panal,
y de la escuadra déjame hoy resbalar
la mano sobre la hipotenusa de áspera sangre y cilicio.
Cuando, como una herradura de élitros rojos, el cóndor
    furibundo
me golpea las sienes en el orden del vuelo
y el huracán de plumas carniceras barre el polvo sombrío
de las escalinatas diagonales, no veo a la bestia veloz,
no veo el ciego ciclo de sus garras,
veo el antiguo ser, servidor, el dormido
en los campos, veo un cuerpo, mil cuerpos, un hombre,
    mil mujeres,
bajo la racha negra, negros, de lluvia y noche,
con la piedra pesada de la estatua:
Juan Cortapiedras, hijo de Wiracocha,
Juan Comefrío, hijo de estrella verde,
Juan Piesdescalzos, nieto de la turquesa,
sube a nacer conmigo, hermano.

XII

Sube a nacer conmigo, hermano.

Dame la mano desde la profunda
zona de tu dolor diseminado.
No volverás del fondo de las rocas.
No volverás del tiempo subterráneo.
No volverá tu voz endurecida.

No volverán tus ojos taladrados.
Mírame desde el fondo de la tierra,
labrador, tejedor, pastor callado:
domador de guanacos tutelares:
albañil del andamio desafiado:
aguador de las lágrimas andinas:
joyero de los dedos machacados:
agricultor temblando en la semilla:
alfarero en tu greda derramado:
traed la copa de esta nueva vida
vuestros viejos dolores enterrados.
Mostradme vuestra sangre y vuestro surco,
decidme: aquí fuí castigado,
porque la joya no brilló o la tierra
no entregó a tiempo la piedra o el grano:
señaladme la piedra en que caísteis
y la madera en que os crucificaron,
encendedme los viejos pedernales,
las viejas lámparas, los látigos pegados
a través de los siglos en las llagas
y las hachas de brillo ensangrentado.
Yo vengo a hablar por vuestra boca muerta.
A través de la tierra juntad todos
los silenciosos labios derramados
y desde el fondo habladme toda esta larga noche,
como si yo estuviera con vosotros anclado,
contadme todo, cadena a cadena,
eslabón a eslabón, y paso a paso,
afilad los cuchillos que guardasteis,
ponedlos en mi pecho y en mi mano,
como un río de rayos amarillos,
como un río de tigres enterrados,
y dejadme llorar, horas, días, años,
edades ciegas, siglos estelares.

Dadme el silencio, el agua, la esperanza.

Dadme la lucha, el hierro, los volcanes.

Apegadme los cuerpos como imanes.

Acudid a mis venas y a mi boca.

Hablad por mis palabras y mi sangre.

IV
LOS LIBERTADORES

I
CUAUHTEMOC
(1520)

Joven hermano hace ya tiempo y tiempo
nunca dormido, nunca consolado,
joven estremecido en las tinieblas
metálicas de México, en tu mano
recibo el don de tu patria desnuda.

    En ella nace y crece tu sonrisa
    como una línea entre la luz y el oro.

    Son tus labios unidos por la muerte
    el más puro silencio sepultado.

    El manantial hundido
    bajo todas las bocas de la tierra.

Oíste, oíste, acaso,
hacia Anáhuac lejano,
un rumbo de agua, un viento
de primavera destrozada?
Era tal vez la palabra del cedro.
Era una ola blanca de Acapulco.

    Pero en la noche huía
    tu corazón como un venado
    hacia los límites, confuso
    entre los monumentos sanguinarios,
    bajo la luna zozobrante.

Toda la sombra preparaba sombra.
Era la tierra una oscura cocina,
piedra y caldera, vapor negro,
muro sin nombre, pesadumbre
que te llamaba desde los nocturnos
metales de tu patria.

Pero no hay sombra en tu estandarte.

Ha llegado la hora señalada,
y en medio de tu pueblo
eres pan y raíz, lanza y estrella.
El invasor ha detenido el paso.
No es Moctezuma extinto
como una copa muerta,
es el relámpago y su armadura,
la pluma de Quetzal, la flor del pueblo,
la cimera encendida entre las naves.

Pero una mano dura como siglos de piedra
apretó tu garganta. No cerraron
tu sonrisa, no hicieron
caer los granos del secreto
maíz, y te arrastraron,
vencedor cautivo,
por las distancias de tu reino,
entre cascadas y cadenas,
sobre arenales y aguijones
como una columna incesante,
como un testigo doloroso,
hasta que una soga enredó
la columna de la pureza
y colgó el cuerpo suspendido
sobre la tierra desdichada.

FRAY BARTOLOMÉ DE LAS CASAS

Piensa uno, al llegar a su casa, de noche, fatigado,
entre la niebla fría de mayo, a la salida
del sindicato (en la desmenuzada
lucha de cada día, la estación
lluviosa que gotea del alero, el sordo
latido del constante sufrimiento)
esta resurrección enmascarada,
astuta, envilecida,
del encadenador, de la cadena,
y cuando sube la congoja
hasta la cerradura a entrar contigo,
surge una luz contigua, suave y dura
como un metal, como un astro enterrado.
Padre Bartolomé, gracias por este
regalo de la cruda medianoche

gracias porque tu hilo fué invencible:

pudo morir aplastado, comido
por el perro de fauces iracundas,
pudo quedar en la ceniza
de la casa incendiada,
pudo cortarlo el filo frío
del asesino innumerable
o el odio administrado con sonrisas
(la traición del próximo cruzado),
la mentira arrojada en la ventana.
Pudo morir el hilo cristiano,
la irreductible transparencia
convertida en acción, en combatiente
y despeñado acero de cascada.
Pocas vidas da el hombre como la tuya, pocas
sombras hay en el árbol como tu sombra, en ella
todas las ascuas vivas del continente acuden,
todas las arrasadas condiciones, la herida

del mutilado, las aldeas
exterminadas, todo bajo tu sombra
renace, desde el límite
de la agonía fundas la esperanza.
Padre, fué afortunado para el hombre y su especie
que tú llegaras a la plantación,
que mordieras los negros cereales
del crimen, que bebieras
cada día la copa de la cólera.
Quién te puso, mortal desnudo,
entre los dientes de la furia?
Cómo asomaron otros ojos,
de otro metal, cuando nacías?

Cómo se cruzan los fermentos
en la escondida harina humana
para que tu grano inmutable
se amasara en el pan del mundo?

Eras realidad entre fantasmas
encarnizados, eras
la eternidad de la ternura
sobre la ráfaga del castigo.
De combate en combate tu esperanza
se convirtió en precisas herramientas:
la solitaria lucha se hizo rama,
el llanto inútil se agrupó en partido.

No sirvió la piedad. Cuando mostrabas
tus columnas, tu nave amparadora,
tu mano para bendecir, tu manto,
el enemigo pisoteó las lágrimas
y quebrantó el color de la azucena.
No sirvió la piedad alta y vacía
como una catedral abandonada.
Fué tu invencible decisión, la activa
resistencia, el corazón armado.

142

Fué la razón tu material titánico.

Fué flor organizada tu estructura.

Desde arriba quisieron contemplarte
(desde su altura) los conquistadores,
apoyándose como sombras de piedra
sobre sus espadones, abrumando
con sus sarcásticos escupos
las tierras de tu iniciativa,
diciendo: «Ahí va el agitador»,
mintiendo: «Lo pagaron
los extranjeros»,
«No tiene patria», «Traiciona»,
pero tu prédica no era
frágil minuto, peregrina
pauta, reloj del pasajero.
Tu madera era bosque combatido,
hierro en su cepa natural, oculto
a toda luz por la tierra florida,
y más aún, era más hondo:
en la unidad del tiempo, en el transcurso
de la vida, era tu mano adelantada
estrella zodiacal, signo del pueblo.
Hoy a esta casa, Padre, entra conmigo.
Te mostraré las cartas, el tormento
de mi pueblo, del hombre perseguido.
Te mostraré los antiguos dolores.

Y para no caer, para afirmarme
sobre la tierra, continuar luchando,
deja en mi corazón el vino errante
y el implacable pan de tu dulzura.

V
TOQUI CAUPOLICÁN

En la cepa secreta del raulí
creció Caupolicán, torso y tormenta,
y cuando hacia las armas invasoras
su pueblo dirigió,
anduvo el árbol,
anduvo el árbol duro de la patria.
Los invasores vieron el follaje
moverse en medio de la bruma verde,
las gruesas ramas y la vestidura
de innumerables hojas y amenazas,
el tronco terrenal hacerse pueblo,
las raíces salir del territorio.

Supieron que la hora había acudido
al reloj de la vida y de la muerte.

Otros árboles con él vinieron.

Toda la raza de ramajes rojos,
todas las trenzas del dolor silvestre,
todo el nudo del odio en la madera.
Caupolicán, su máscara de lianas
levanta frente al invasor perdido:
no es la pintada pluma emperadora,
no es el trono de plantas olorosas,
no es el resplandeciente collar del sacerdote,
no es el guante ni el príncipe dorado:
es un rostro del bosque,
un mascarón de acacias arrasadas,
una figura rota por la lluvia,
una cabeza con enredaderas.
De Caupolicán el Toqui es la mirada
hundida, de universo montañoso,
los ojos implacables de la tierra,

y las mejillas del titán son muros
escalados por rayos y raíces.

IX
EDUCACIÓN DEL CACIQUE

Lautaro era una flecha delgada.
Elástico y azul fué nuestro padre.
Fué su primera edad sólo silencio.
Su adolescencia fué dominio.
Su juventud fué un viento dirigido.
Se separó como una larga lanza.
Acostumbró los pies en las cascadas.
Educó la cabeza en las espinas.
Ejecutó las pruebas del guanaco.
Vivió en las madrigueras de la nieve.
Acechó la comida de las águilas.
Arañó los secretos del peñasco.
Entretuvo los pétalos del fuego.
Se amamantó de primavera fría.
Se quemó en las gargantas infernales.
Fué cazador entre las aves crueles.
Se tiñeron sus manos de victorias.
Leyó las agresiones de la noche.
Sostuvo los derrumbes del azufre.

Se hizo velocidad, luz repentina.

Tomó las lentitudes del Otoño.
Trabajó en las guaridas invisibles.
Durmió en las sábanas del ventisquero.
Igualó la conducta de las flechas.
Bebió la sangre agreste en los caminos.
Arrebató el tesoro de las olas.
Se hizo amenaza como un dios sombrío.
Comió en cada cocina de su pueblo.
Aprendió el alfabeto del relámpago.
Olfateó las cenizas esparcidas.

Envolvió el corazón con pieles negras.

Descifró el espiral hilo del humo.
Se construyó de fibras taciturnas.
Se aceitó como el alma de la oliva.
Se hizo cristal de transparencia dura.
Estudió para viento huracanado.
Se combatió hasta apagar la sangre.

Sólo entonces fué digno de su pueblo.

XVIII
TUPAC AMARU
(1781)

Condorcanqui Tupac Amaru,
sabio señor, padre justo,
viste subir a Tungasuca
la primavera desolada
de los escalones andinos,
y con ella sal y desdicha,
iniquidades y tormentos.

Señor Inca, padre cacique,
todo en tus ojos se guardaba
como en un cofre calcinado
por el amor y la tristeza.
El indio te mostró la espalda
en que las nuevas mordeduras
brillaban en las cicatrices
de otros castigos apagados,
y era una espalda y otra espalda,
toda la altura sacudida
por las cascadas del sollozo.

Era un sollozo y otro sollozo.
Hasta que armaste la jornada

de los pueblos color de tierra,
recogiste el llanto en tu copa
y endureciste los senderos.
Llegó el padre de las montañas,
la pólvora levantó caminos,
y hacia los pueblos humillados
llegó el padre de la batalla.
Tiraron la manta en el polvo,
se unieron los viejos cuchillos
y la caracola marina
llamó los vínculos dispersos.
Contra la piedra sanguinaria,
contra la inercia desdichada,
contra el metal de las cadenas.
Pero dividieron tu pueblo
y al hermano contra el hermano
enviaron, hasta que cayeron
las piedras de tu fortaleza.
Ataron tus miembros cansados
a cuatro caballos rabiosos
y descuartizaron la luz
del amacecer implacable.

Tupac Amaru, sol vencido,
desde tu gloria desgarrada
sube como el sol en el mar
una luz desaparecida.
Los hondos pueblos de la arcilla,
los telares sacrificados,
las húmedas casas de arena
dicen en silencio: «Tupac»,
y Tupac es una semilla,
dicen en silencio: «Tupac»,
y Tupac se guarda en el surco,
dicen en silencio: «Tupac»,
y Tupac germina en la tierra.

XX
BERNARDO O'HIGGINS RIQUELME
(1810)

O'Higgins para celebrarte
a media luz hay que alumbrar la sala.
A media luz del sur en otoño
con temblor infinito de álamos.

Eres Chile, entre patriarca y huaso,
eres un poncho de provincia, un niño
que no sabe su nombre todavía,
un niño férreo y tímido en la escuela,
un jovencito triste de provincia.
En Santiago te sientes mal, te miran
el traje negro que te queda largo,
y al cruzarte la banda, la bandera
de la patria que nos hiciste,
tenía olor de yuyo matutino,
para tu pecho de estatua campestre.

Joven, tu profesor Invierno
te acostumbró a la lluvia
y en la Universidad de las calles de Londres
la niebla y la pobreza te otorgaron sus títulos
y un elegante pobre, errante incendio
de nuestra libertad,
te dió consejos de águila prudente
y te embarcó en la Historia.

«Cómo se llama Ud», reían
los «caballeros» de Santiago:
hijo de amor, de una noche de invierno,
tu condición de abandonado
te construyó con argamasa agreste,
con seriedad de casa o de madera
trabajada en el Sur, definitiva.
Todo lo cambia el tiempo, todo menos tu rostro.

Eres, O'Higgins, reloj invariable
con una sola hora en tu cándida esfera:
la hora de Chile, el único minuto
que permanece en el horario rojo
de la dignidad combatiente.

Así estarás igual entre los muebles
de palisandro y las hijas de Santiago,
que rodeado en Rancagua por la muerte y la pólvora.
Eres el mismo sólido retrato
de quien no tiene padre sino patria,
de quien no tienen novia sino aquella
tierra con azahares
que te conquistará la artillería.

Te veo en el Perú escribiendo cartas.
No hay desterrado igual, mayor exilio.
Es toda la provincia desterrada.

Chile se iluminó como un salón
cuando no estabas. En derroche,
un rigodón de ricos substituye
tu disciplina de soldado ascético,
y la patria ganada por tu sangre
sin ti fué gobernada como un baile
que mira el pueblo hambriento desde fuera.

Ya no podías entrar en la fiesta
con sudor, sangre y polvo de Rancagua.
Hubiera sido de mal tono
para los caballeros capitales.
Hubiera entrado contigo el camino,
un olor de sudor y de caballos,
un olor de la patria en Primavera.

No podías estar en este baile.
Tu fiesta fué un castillo de explosiones.
Tu baile desgreñado es la contienda.

Tu fin de fiesta fué la sacudida
de la derrota, el porvenir aciago
hacia Mendoza, con la patria en brazos.

Ahora mira en el mapa hacia abajo,
hacia el delgado cinturón de Chile
y coloca en la nieve soldaditos,
jóvenes pensativos en la arena,
zapadores que brillan y se apagan.

Cierra los ojos, duerme, sueña un poco,
tu único sueño, el único que vuelve
hacia tu corazón: una bandera
de tres colores en el Sur, cayendo
la lluvia, el sol rural sobre tu tierra,
los disparos del pueblo en rebeldía
y dos o tres palabras tuyas cuando
fueran estrictamente necesarias.
Si sueñas, hoy tu sueño está cumplido.
Suéñalo, por lo menos, en la tumba.
No sepas nada más porque, como antes,
después de las batallas victoriosas,
bailan los señoritos en Palacio
y el mismo rostro hambriento
mira desde la sombra de las calles.

Pero hemos heredado tu firmeza,
tu inalterable corazón callado,
tu indestructible posición paterna,
y tú, entre la avalancha cegadora
de húsares del pasado, entre los ágiles
uniformes azules y dorados,
estás hoy con nosotros, eres nuestro,
padre del pueblo, inmutable soldado.

XXI
SAN MARTÍN
(1810)

Anduve, San Martín, tanto y de sitio en sitio,
que descarté tu traje, tus espuelas, sabía
que alguna vez, andando en los caminos
hechos para volver, en los finales
de cordillera, en la pureza
de la intemperie que de ti heredamos,
nos íbamos a ver de un día a otro.

Cuesta diferenciar entre los nudos
de ceibo, entre raíces,
entre senderos señalar tu rostro,
entre los pájaros distinguir tu mirada,
encontrar en el aire tu existencia.

Eres la tierra que nos diste, un ramo
de cedrón que golpea con su aroma,
que no sabemos dónde está, de dónde
llega su olor de patria a las praderas.
Te galopamos, San Martín, salimos
amaneciendo a recorrer tu cuerpo,
respiramos hectáreas de tu sombra,
hacemos fuego sobre tu estatura.

Eres extenso entre todos los héroes.

Otros fueron de mesa en mesa,
de encrucijada en torbellino,
tú fuiste construído de confines,
y empezamos a ver tu geografía,
tu planicie final, tu territorio.
Mientras mayor el tiempo disemina
como agua entera los terrones
del rencor, los afilados

hallazgos de la hoguera,
más terreno comprendes, más semillas
de tu tranquilidad pueblan los cerros,
más extensión das a la primavera.

El hombre que construye es luego el humo
de lo que construyó, nadie renace
de su propio brasero consumido:
de su disminución hizo existencia,
cayó cuando no tuvo más que polvo.

Tú abarcaste en la mente más espacio.

Tu muerte fué un silencio de granero.
Pasó la vida tuya, y otras vidas,
se abrieron puertas, se elevaron muros
y la espiga salió a ser derramada.

San Martín, otros capitanes
fulguran más que tú, llevan bordados
sus pámpanos de sal fosforescente,
otros hablan aún como cascadas,
pero no hay uno como tú, vestido
de tierra y soledad, de nieve y trébol.
Te encontramos al retornar del río,
te saludamos en la forma agraria
de la Tucumania florida,
y en los caminos, a caballo
te cruzamos corriendo y levantando
tu vestidura, padre polvoriento.

Hoy el sol y la luna, el viento grande
maduran tu linaje, tu sencilla
composición: tu verdadera
verdad de tierra, arenoso amasijo,
estable como el pan, lámina fresca
de greda y cereales, pampa pura.

Y así eres hasta hoy, luna y galope,
estación de soldados, intemperie,
por donde vamos otra vez guerreando,
caminando entre pueblos y llanuras,
estableciendo tu verdad terrestre,
esparciendo tu germen espacioso,
aventando las páginas del trigo.

Así sea, y que no nos acompañe
la paz hasta que entremos
después de los combates, a tu cuerpo
y duerma la medida que tuvimos
en tu extensión de paz germinadora.

XXIII
MIRANDA MUERE EN LA NIEBLA
(1816)

Si entráis a Europa tarde con sombrero
de copa en el jardín condecorado
por más de un Otoño junto al mármol
de la fuente mientras caen hojas
de oro harapiento en el Imperio
si la puerta recorta una figura
sobre la noche de San Petersburgo
tiemblan los cascabeles del trineo
y alguien en la soledad blanca alguien
el mismo paso la misma pregunta
si tú sales por la florida puerta
de Europa un caballero sombra traje
inteligencia signo cordón de oro
Libertad Igualdad mira su frente
entre la artillería que truena
si en las Islas la alfombra lo conoce
la que recibe océanos Pase Ud Ya lo creo
Cuántas embarcaciones Y la niebla
siguiendo paso a paso su jornada

si en las cavidades de logias librerías
hay alguien guante espada con un mapa
con la carpeta pululante llena
de poblaciones de navíos de aire
si en Trinidad hacia la costa el humo
de un combate y de otro el mar de nuevo
y otra vez la escalera de Bay Street la atmósfera
que lo recibe impenetrable
como un compacto interior de manzana
y otra vez esta mano patricia este azulado
guante guerrero en la antesala
largos caminos guerras y jardines
la derrota en sus labios otra sal
otra sal otro vinagre ardiente
si en Cádiz amarrado al muro
por la gruesa cadena su pensamiento el frío
horror de espada el tiempo el cautiverio
si bajáis subterráneos entre ratas
y la mampostería leprosa otro cerrojo
en un cajón de ahorcado el viejo rostro
en donde ha muerto ahogada una palabra
una palabra nuestro nombre la tierra
hacia donde querían ir sus pasos
la libertad para su fuego errante
lo bajan con cordeles a la mojada
tierra enemiga nadie saluda hace frío
hace frío de tumba en Europa.

XXXI
EL VIENTO SOBRE LINCOLN

A veces el viento del Sur resbala
sobre la sepultura de Lincoln trayendo
voces y briznas de ciudades y árboles
nada pasa en su tumba las letras no se mueven
el mármol se suaviza con lentitud de siglos
el viejo caballero ya no vive

154

no existe el agujero de su antigua camisa
se han mezclado las fibras del tiempo y polvo humano
qué vida tan cumplida dice una temblorosa
señora de Virginia una escuela que canta
más de una escuela canta pensando en otras cosas
pero el viento del Sur la emanación de tierras
de caminos a veces se detiene en la tumba
su transparencia es un periódico moderno
vienen sordos rencores lamentos como aquéllos
el sueño inmóvil vencedor yacía
bajo los pies llenos de lodo que pasaron
cantando y arrastrando tanta fatiga y sangre
pues bien esta mañana vuelve al mármol el odio
el odio del Sur blanco hacia el viejo dormido
en las iglesias los negros están solos con Dios
con Dios según lo creen en las plazas
en los trenes el mundo tiene ciertos letreros
que dividen el cielo el agua el aire
qué vida tan perfecta dice la delicada
señorita y en Georgia matan a palos
cada semana a un joven negro
mientras Paul Robeson canta como la tierra
como el comienzo del mar y de la vida
canta sobre la crueldad y los avisos
de coca-cola canta para hermanos
de mundo a mundo entre los castigos
canta para los nuevos hijos para
que el hombre oiga y detenga su látigo
la mano cruel la mano que Lincoln abatiera
la mano que resurge como una blanca víbora
el viento para el viento sobre la tumba trae
conversaciones restos de juramentos algo
que llora sobre el mármol como una lluvia fina
de antiguos de olvidados dolores insepultos
el Klan mató a un bárbaro persiguiéndolo
colgando al pobre negro que aullaba quemándolo
vivo y agujereado por los tiros
bajo sus capuchones los prósperos rotarios

no saben así creen que sólo son verdugos
cobardes carniceros detritus del dinero
con la cruz de Caín regresan
a lavarse las manos a rezar el domingo
telefonean al Senado contando sus hazañas
de esto no sabe nada el muerto de Illinois
porque el viento de hoy habla un lenguaje
de esclavitud de furia de cadena
y a través de las losas el hombre ya no existe
es un desmenuzado polvillo de victoria
de victoria arrastrada después de triunfo muerto
no sólo la camisa del hombre se ha gastado
no sólo el agujero de la muerte nos mata
sino la primavera repetida el transcurso
que roe al vencedor con su canto cobarde
muere el valor de ayer se derraman de nuevo
las furiosas banderas del malvado
alguien canta junto al monumento es un coro
de niñas escolares voces ácidas
que suben sin tocar el polvo externo
que pasan sin bajar al leñador dormido
a la victoria muerta bajo las reverencias
mientras el burlón y viajero viento del Sur sonríe.

XXXIV
A EMILIANO ZAPATA
CON MÚSICA DE TATA NACHO

Cuando arreciaron los dolores
en la tierra, y los espinares desolados
fueron la herencia de los campesinos,
y como antaño, las rapaces
barbas ceremoniales y los látigos,
entonces, flor y fuego galopado...

Borrachita me voy
hacia la capital

156

se encabritó en el alba transitoria
la tierra sacudida de cuchillos,
el peón de sus amargas madrigueras
cayó como un elote desgranado
sobre la soledad vertiginosa.

> *a pedirle al patrón*
> *que me mandó llamar*

Zapata entonces fué tierra y aurora.
En todo el horizonte aparecía
la multitud de su semilla armada.
En un ataque de aguas y fronteras
el férreo manantial de Coahuila,
las estelares piedras de Sonora:
todo vino a su paso adelantado,
a su agraria tormenta de herraduras.

> *que si se va del rancho*
> *muy pronto volverá*

Reparte el pan, la tierra:
                                   te acompaño.
Yo renuncio a mis párpados celestes.
Yo, Zapata, me voy con el rocío
de las caballerías matutinas,
en un disparo desde los nopales
hasta las casas de pared rosada.

> *...cintitas pa tu pelo*
> *no llores por tu Pancho...*

La luna duerme sobre las monturas.
La muerte amontonada y repartida
yace con los soldados de Zapata.
El sueño esconde bajo los baluartes
de la pesada noche su destino,
su incubadora sábana sombría.

La hoguera agrupa el aire desvelado:
grasa, sudor y pólvora nocturna.

  ...Borrachita me voy
  para olvidarte...

Pedimos patria para el humillado.
Tu cuchillo divide el patrimonio
y tiros y corceles amedrentan
los castigos, la barba del verdugo.
La tierra se reparte con un rifle.
No esperes, campesino polvoriento,
después de tu sudor la luz completa
y el cielo parcelado en tus rodillas.
Levántate y galopa con Zapata.

  ...Yo la quise traer
  dijo que no...

México, huraña agricultura, amada
tierra entre los oscuros repartida:
de las espadas del maíz salieron
al sol tus centuriones sudorosos.
De la nieve del Sur vengo a cantarte.
Déjame galopar en tu destino
y llenarme de pólvora y arados.

  ...Que si habrá de llorar
  pa qué volver...

AMÉRICA, NO INVOCO TU NOMBRE EN VANO

VI
JUVENTUD

Un perfume como una ácida espada
de ciruelas en un camino,
los besos del azúcar en los dientes,
las gotas vitales resbalando en los dedos,
la dulce pulpa erótica,
las eras, los pajares, los incitantes
sitios secretos de las casas anchas,
los colchones dormidos en el pasado, el agrio valle verde
mirado desde arriba, desde el vidrio escondido:
toda la adolescencia mojándose y ardiendo
como una lámpara derribada en la lluvia.

XVII
AMÉRICA

Estoy, estoy rodeado
por madreselva y páramo, por chacal y centella,
por el encadenado perfume de las lilas:
estoy, estoy rodeado
por días, meses, aguas que sólo yo conozco,
por uñas, peces, meses que sólo yo establezco,
estoy, estoy rodeado
por la delgada espuma combatiente
del litoral poblado de campanas.
La camisa escarlata del volcán y del indio,

159

el camino, que el pie desnudo levantó entre las hojas
y las espinas entre las raíces,
llega a mis pies de noche para que lo camine.
La oscura sangre como en un otoño
derramada en el suelo,
el temible estandarte de la muerte en la selva,
los pasos invasores deshaciéndose, el grito
de los guerreros, el crepúsculo de las lanzas dormidas,
el sobresaltado sueño de los soldados, los grandes
ríos en que la paz del caimán chapotea,
tus recientes ciudades de alcaldes imprevistos,
el coro de los pájaros de costumbre indomable,
en el pútrido día de la selva, el fulgor
tutelar de la luciérnaga,
cuando en tu vientre existo, en tu almenada
tarde, en tu descanso, en el útero de tus nacimientos, en el
terremoto, en el diablo en los campesinos, en la ceniza
que cae de los ventisqueros, en el espacio,
en el espacio puro, circular, inasible,
en la garra sangrienta de los cóndores, en la paz
        humillada
de Guatemala, en los negros,
en los muelles de Trinidad, en la Guayra:
todo es mi noche, todo
es mi día, todo
es mi aire, todo
es lo que vivo, sufro, levanto y agonizo.
América, no de noche
ni de luz están hechas las sílabas que canto.
De tierra es la materia apoderada
del fulgor y del pan de mi victoria,
y no es sueño mi sueño sino tierra.
Duermo rodeado de espaciosa arcilla
y por mis manos corre cuando vivo
un manantial de caudalosas tierras.
Y no es vino el que bebo sino tierra,
tierra escondida, tierra de mi boca,
tierra de agricultura con rocío,

vendaval de legumbres luminosas,
estirpe cereal, bodega de oro.

XVIII
AMÉRICA, NO INVOCO TU NOMBRE EN VANO

América, no invoco tu nombre en vano.
Cuando sujeto al corazón la espada,
cuando aguanto en el alma la gotera,
cuando por las ventanas
un nuevo día tuyo me penetra,
soy y estoy en la luz que me produce,
vivo en la sombra que me determina,
duermo y despierto en tu esencial aurora:
dulce como las uvas, y terrible,
conductor del azúcar y el castigo,
empapado en esperma de tu especie,
amamantado en sangre de tu herencia.

VII
CANTO GENERAL DE CHILE

ETERNIDAD

Escribo para una tierra recién secada, recién
fresca de flores, de polen, de argamasa,
escribo para unos cráteres cuyas cúpulas de tiza
repiten su redondo vacío junto a la nieve pura,
dictamino de pronto para lo que apenas
lleva el vapor ferruginoso recién salido del abismo,
hablo para las praderas que no conocen apellido
sino la pequeña campanilla del liquen o el estambre
        quemado
o la áspera espesura donde la yegua arde.

De dónde vengo, sino de estas primerizas, azules
materias que se enredan o se encrespan o se destituyen
o se esparcen a gritos o se derraman sonámbulas,
o se trepan y forman el baluarte del árbol,
o se sumen y amarran la célula del cobre
o saltan a la rama de los ríos, o sucumben
en la raza enterrada del carbón o relucen
en las tinieblas verdes de la uva?

En las noches duermo como los ríos, recorriendo
algo incesantemente, rompiendo, adelantando
la noche natatoria, levantando las horas
hacia la luz, palpando las secretas
imágenes que la cal ha desterrado, subiendo por el bronce
hasta las cataratas recién disciplinadas, y toco
en un camino de ríos que no distribuye

sino la rosa nunca nacida, el hemisferio ahogado.
La tierra es una catedral de párpados pálidos,
eternamente unidos y agregados en un
vendaval de segmentos, en una sal de bóvedas,
en un color final de otoño perdonado.

No habéis, no habéis tocado jamás en el camino
lo que la estalactita desnuda determina,
la fiesta entre las lámparas glaciales,
el alto frío de las hojas negras,
no habéis entrado conmigo en las fibras
que la tierra ha escondido,
no habéis vuelto a subir después de muertos
grano a grano las gradas de la arena
hasta que las coronas del rocío
de nuevo cubran una rosa abierta,
no podéis existir sin ir muriendo
con el vestuario usado de la dicha.

Pero yo soy el nimbo metálico, la argolla
encadenada a espacios, a nubes, a terrenos
que toca despeñadas y enmudecidas aguas,
y vuelve a desafiar la intemperie infinita.

I
HIMNO Y REGRESO
(1939)

Patria, mi patria, vuelvo a ti la sangre.
Pero te pido, como a la madre el niño
lleno de llanto.
    Acoge
esta guitarra ciega
y esta frente perdida.
Salí a encontrarte hijos por la tierra,
salí a cuidar caídos con tu nombre de nieve,
salí a hacer una casa con tu madera pura,
salí a llevar tu estrella a los héroes heridos.

Ahora quiero dormir en tu substancia.
Dame tu clara noche de penetrantes cuerdas,
tu noche de navío, tu estatura estrellada.

Patria mía: quiero mudar de sombra.
Patria mía: quiero cambiar de rosa.
Quiero poner mi brazo en tu cintura exigua
y sentarme en tus piernas por el mar calcinadas,
a detener el trigo y mirarlo por dentro.
Voy a escoger la flora delgada del nitrato,
voy a hilar el estambre glacial de la campana,
y mirando tu ilustre y solitaria espuma
un ramo litoral tejeré a tu belleza.

Patria, mi patria
toda rodeada de agua combatiente
y nieve combatida,
en ti se junta el águila al azufre,
y en tu antártica mano de armiño y de zafiro
una gota de pura luz humana
brilla encendiendo el enemigo cielo.

Guarda tu luz, oh patria!, mantén
tu dura espiga de esperanza en medio
del ciego aire temible.
En tu remota tierra ha caído toda esta luz difícil,
este destino de los hombres,
que te hace defender una flor misteriosa
sola, en la inmensidad de América dormida.

II
QUIERO VOLVER AL SUR
(1941)

Enfermo en Veracruz, recuerdo un día
del Sur, mi tierra, un día de plata
como un rápido pez en el agua del cielo.

Loncoche, Lonquimay, Carahue, desde arriba
esparcidos, rodeados por el silencio y raíces,
sentados en sus tronos de cueros y maderas.
El Sur es un caballo echado a pique
coronado con lentos árboles y rocío,
cuando levanta el verde hocico caen las gotas,
la sombra de su cola moja el gran archipiélago
y en su intestino crece el carbón venerado.
Nunca más, dime, sombra, nunca más, dime, mano,
nunca más, dime, pie, puerta, pierna, combate,
trastornarás la selva, el camino, la espiga,
la niebla, el frío, lo que, azul, determinaba
cada uno de tus pasos sin cesar consumidos?
Cielo, déjame un día de estrella a estrella irme
pisando luz y pólvora, destrozando mi sangre
hasta llegar al nido de la lluvia!
                                    Quiero ir
detrás de la madera por el río
Toltén fragrante, quiero salir de los aserraderos,
entrar en las cantinas con los pies empapados,
guiarme por la luz del avellano eléctrico,
tenderme junto al excremento de las vacas,
morir y revivir mordiendo trigo.
                                    Océano, tráeme
un día del Sur, un día agarrado a tus olas,
un día del árbol mojado, trae un viento
azul polar a mi bandera fría!

III
MELANCOLÍA CERCA DE ORIZABA
(1942)

Qué hay para ti en el Sur sino un río, una noche,
unas hojas que el aire frío manifiesta
y extiende hasta cubrir las riberas del cielo?
Es que la cabellera del amor desemboca
como otra nieve o agua del deshecho archipiélago,

como otro movimiento subterráneo del fuego
y espera en los galpones otra vez,
donde las hojas caen tantas veces
temblando, devoradas por esa boca espesa,
y el brillo de la lluvia cierra su enredadera
desde la reunión de los granos secretos
hasta el follaje lleno de campanas y gotas?

Donde la primavera trae una voz mojada
que zumba en las orejas del caballo dormido
y luego cae al oro del trigo triturado
y luego asoma un dedo transparente en la uva.
Qué hay para ti esperándote, dónde, sin corredores,
sin paredes, te llama el Sur?
Como el llanero escuchas en tu mano la copa
de la tierra, poniendo tu oído en las raíces:
desde lejos un viento de hemisferio temible,
el galope en la escarcha de los carabineros:
donde la aguja cose con agua fina el tiempo
y su desmenuzada costura se destruye:
qué hay para ti en la noche del costado salvaje
aullando con la boca toda llena de azul?

Hay un día tal vez detenido, una espina
clava en el viejo día su aguijón degradado
y su antigua bandera nupcial se despedaza.
Quién ha guardado un día de bosque negro, quién
ha esperado unas horas de piedra, quién rodea
la herencia lastimada por el tiempo, quién huye
sin desaparecer en el centro del aire?
Un día, un día lleno de hojas desesperadas,
un día, una luz rota por el frío zafiro,
un silencio de ayer preservado por el hueco
de ayer, en la reserva del territorio ausente.

Amo tu enmarañada cabellera de cuero,
tu antártica hermosura de intemperie y ceniza,
tu doloroso peso de cielo combatiente:

amo el vuelo del aire del día en que me esperas,
sé que no cambia el beso de la tierra, y no cambia,
sé que no se cae la hoja del árbol, y no cae:
sé que el mismo relámpago detiene sus metales
y la desamparada noche es la misma noche,
pero es mi noche, pero es mi planta, el agua
de las glaciales lágrimas que conocen mi pelo.

Sea yo lo que ayer me esperaba en el hombre:
lo que en laurel, ceniza, cantidad, esperanza,
desarrolla su párpado en la sangre.
en la sangre que puebla la cocina y el bosque,
las fábricas que el hierro cubre de plumas negras,
las minas taladradas por el sudor sulfúrico.

No sólo el aire agudo del vegetal me espera:
no sólo el trueno sobre el nevado esplendor:
lágrimas y hambre como dos escalofríos
suben al campanario de la patria y repican:
de ahí que en medio del fragrante cielo,
de ahí que cuando Octubre estalla, y corre
la primavera antártica sobre el fulgor del vino,
hay un lamento y otro y otro lamento y otro
hasta que cruzan nieve, cobre, caminos, naves,
y pasan a través de la noche y la tierra
hasta mi desangrada garganta que los oye.

Pueblo mío, qué dices? Marinero,
peón, alcalde, obrero del salitre, me escuchas?
Yo te oigo, hermano muerto, hermano vivo, te oigo,
lo que tú deseabas, lo que enterraste, todo,
la sangre que en la arena y en el mar derramabas,
el corazón golpeado que resiste y asusta.

Qué hay para ti en el Sur? La lluvia dónde cae?
Y desde el intersticio, qué muertos ha azotado?
Los míos, los del Sur, los héroes solos,
el pan diseminado por la cólera amarga,

el largo luto, el hambre, la dureza y la muerte,
las hojas sobre ellos han caído, las hojas,
la luna sobre el pecho del soldado, la luna,
el callejón del miserable, y el silencio
del hombre en todas partes, como un mineral duro
cuya veta de frío hiela la luz de mi alma
antes de construir la campana en la altura.

Patria llena de gérmenes, no me llames, no puedo
dormir sin tu mirada de cristal y tiniebla.
Tu ronco grito de aguas y seres me sacude
y ando en el sueño al borde de tu espuma solemne
hasta la última isla de tu cintura azul.
Me llamas dulcemente como una novia pobre.
Tu larga luz de acero me enceguece y me busca
como una espada llena de raíces.

Patria, tierra, estimable, quemada luz ardiendo:
como el carbón adentro del fuego precipita
tu sal temible, tu desnuda sombra.
Sea yo lo que ayer me esperaba, y mañana
resista en un puñado de amapolas y polvo.

XIV
RUBÉN AZÓCAR

Hacia las islas!, dijimos. Eran días de confianza
y estábamos sostenidos por árboles ilustres:
nada nos parecía lejano, todo podía enredarse
de un momento a otro en la luz que producíamos.
Llegamos con zapatos de cuero grueso: llovía,
llovía en las islas, así se mantenía el territorio
como una mano verde, como un guante
cuyos dedos flotaban

                           entre las algas rojas.
Llenamos de tabaco el archipiélago, fumábamos
hasta tarde en el Hotel Nilsson, y disparábamos

168

ostras frescas hacia todos los puntos cardinales.
La ciudad tenía una fábrica religiosa
de cuyas puertas grandes, en la tarde inanimada,
salía como un largo coleóptero un desfile
negro, de sotanillas bajo la triste lluvia:
acudíamos a todos los borgoñas, llenábamos
el papel con los signos de un dolor jeroglífico.
Yo me evadí de pronto: por muchos años, distante,
en otros climas que acaudalaron mis pasiones
recordé las barcas bajo la lluvia, contigo,
que allí te quedabas para que tus grandes cejas
echaran sus raíces mojadas en las islas.

JUVENCIO VALLE

Juvencio, nadie sabe como tú y yo el secreto
del bosque de Boroa: nadie
conoce ciertos senderos de tierra enrojecida
sobre los que despierta la luz del avellano.
Cuando la gente no nos oye no sabe
que escuchamos llover sobre los árboles y techos
de zinc, y que aún amamos a la telegrafista,
aquella, aquella muchacha que como nosotros
conoce el grito hundido de las locomotoras
de invierno, en las comarcas.
                              Sólo tú, silencioso,
entraste en el aroma que la lluvia derriba,
incitaste el aumento dorado de la flora,
recogiste el jazmín antes de que naciera.
El barro triste, frente a los almacenes,
el barro triturado por las graves carretas
como la negra arcilla de ciertos sufrimientos,
está, quién como tú lo sabe?, derramado
detrás de la profunda primavera.
                              También
tenemos en secreto otros tesoros:
hojas que como lenguas escarlata

169

cubren la tierra, y piedras suavizadas
por la corriente, piedras de los ríos.

XVII
ODA DE INVIERNO AL RÍO MAPOCHO

Oh, sí, nieve imprecisa,
oh, sí, temblando en plena flor de nieve,
párpado boreal, pequeño rayo helado
quién, quién te llamó hacia el ceniciento valle,
quién, quién te arrastró desde el pico del águila
hasta donde tus aguas puras tocan
los terribles harapos de mi patria?
Río, por qué conduces
agua fría y secreta,
agua que el alba dura de las piedras
guardó en su catedral inaccesible,
hasta los pies heridos de mi pueblo?
Vuelve, vuelve a tu copa de nieve, río amargo,
vuelve, vuelve a tu copa de espaciosas escarchas,
sumerge tu plateada raíz en tu secreto origen
o despéñate y rómpete en otro mar sin lágrimas!
Río Mapocho cuando la noche llega
y como negra estatua echada
duerme bajo tus puentes con un racimo negro
de cabezas golpeadas por el frío y el hambre
como por dos inmensas águilas, oh río,
oh duro río parido por la nieve,
por qué no te levantas como inmenso fantasma
o como nueva cruz de estrellas para los olvidados?
No, tu brusca ceniza corre ahora
junto al sollozo echado al agua negra,
junto a la manga rota que el viento endurecido
hace temblar debajo de las hojas de hierro.
Río Mapocho, adónde llevas
plumas de hielo para siempre heridas,
siempre junto a tu cárdena ribera

170

la flor salvaje nacerá mordida por los piojos
y tu lengua de frío raspará las mejillas
de mi patria desnuda?
                            Oh, que no sea,
oh, que no sea, y que una gota de tu espuma negra
salte del légamo a la flor del fuego
y precipite la semilla del hombre!

VIII
LA TIERRA SE LLAMA JUAN

XVII
LA TIERRA SE LLAMA JUAN

Detrás de los libertadores estaba Juan
trabajando, pescando y combatiendo,
en su trabajo de carpintería o en su mina mojada.
Sus manos han arado la tierra y han medido
los caminos.
        Sus huesos están en todas partes.
Pero vive. Regresó de la tierra. Ha nacido.
Ha nacido de nuevo como una planta eterna.
Toda la noche impura trató de sumergirlo
y hoy afirma en la aurora sus labios indomables.
Lo ataron, y es ahora decidido soldado.
Lo hirieron, y mantiene su salud de manzana.
Le cortaron las manos, y hoy golpea con ellas.
Lo enterraron, y viene cantando con nosotros.

Juan, es tuya la puerta y el camino.
        La tierra
es tuya, pueblo, la verdad ha nacido
contigo, de tu sangre.
        No pudieron exterminarte. Tus raíces,
árbol de humanidad,
árbol de eternidad,
hoy están defendidas con acero,
hoy están defendidas con tu propia grandeza
en la patria soviética, blindada
contra las mordeduras del lobo agonizante.

Pueblo, del sufrimiento nació el orden.

Del orden tu bandera de victoria ha nacido.

Levántala con todas las manos que cayeron,
defiéndela con todas las manos que se juntan:
y que avance a la lucha final, hacia la estrella
la unidad de tus rostros invencibles.

IX
QUE DESPIERTE EL LEÑADOR

I

Al oeste del Colorado River hay un sitio que amo.
Acudo allí con todo lo que palpitando
transcurre en mí, con todo
lo que fuí, lo que soy, lo que sostengo.
Hay unas altas piedras rojas, el aire
salvaje de mil manos
las hizo edificadas estructuras:
el escarlata ciego subió desde el abismo
y en ellas se hizo cobre, fuego y fuerza.
América extendida como la piel del búfalo,
aérea y clara noche del galope,
allí hacia las alturas estrelladas,
bebo tu copa de verde rocío.
Sí, por agria Arizona y Wisconsin nudoso,
hasta Milwaukee levantada contra el viento y la nieve
o en los enardecidos pantanos de West Palm,
cerca de los pinares de Tacoma, en el espeso
olor de acero de tus bosques,
anduve pisando tierra madre,
hojas azules, piedras de cascada,
huracanes que temblaban como toda la música,
ríos que rezaban como los monasterios,
ánades y manzanas, tierras y aguas,
infinita quietud para que el trigo nazca.
Allí pude, en mi piedra central, extender al aire
ojos, oídos, manos, hasta oír
libros, locomotoras, nieve, luchas,

fábricas, tumbas, vegetales, pasos,
y de Manhattan la luna en el navío,
el canto de la máquina que hila,
la cuchara de hierro que come tierra,
la perforadora con su golpe de cóndor
y cuanto corta, oprime, corre, cose:
seres y ruedas repitiendo y naciendo.
Amo el pequeño hogar del *farmer*. Recientes madres
    duermen
aromadas como el jarabe del tamarindo, las telas
recién planchadas. Arde
el fuego en mil hogares rodeados de cebollas.
(Los hombres cuando cantan cerca del río tienen
una voz ronca como las piedras del fondo:
el tabaco salió de sus anchas hojas
y como un duende del fuego llegó a estos hogares.)
Missouri adentro venid, mirad el queso y la harina,
las tablas olorosas, rojas como violines,
el hombre navegando la cebada,
el potro azul recién montado huele
el aroma del pan y de la alfalfa:
campanas, amapolas, herrerías,
y en los destartalados cinemas silvestres
el amor abre su dentadura
en el sueño nacido de la tierra.
Es tu paz lo que amamos, no tu máscara.
No es hermoso tu rostro de guerrero.
Eres hermosa y ancha Norte América.
Vienes de humilde cuna como una lavandera,
junto a tus ríos, blanca.
Edificada en lo desconocido,
es tu paz de panal lo dulce tuyo.
Amamos tu hombre con las manos rojas
de barro de Oregón, tu niño negro
que te trajo la música nacida
en su comarca de marfil: amamos
tu ciudad, tu substancia,
tu luz, tus mecanismos, la energía

175

del Oeste, la pacífica
miel, de colmenar y aldea,
el gigante muchacho en el tractor,
la avena que heredaste
de Jefferson, la rueda rumorosa
que mide tu terrestre oceanía,
el humo de una fábrica y el beso
número mil de una colonia nueva:
tu sangre labradora es la que amamos:
tu mano popular llena de aceite.

Bajo la noche de las praderas hace ya tiempo
reposan sobre la piel del búfalo en un grave
silencio las sílabas, el canto
de lo que fuí antes de ser, de lo que fuimos.
Melville es un abeto marino, de sus ramas
nace una curva de carena, un brazo
de madera y navío. Whitman innumerable
como los cereales, Poe en su matemática
tiniebla, Dreiser, Wolfe.
frescas heridas de nuestra propia ausencia,
Lockridge reciente, atados a la profundidad,
cuántos otros, atados a la sombra:
sobre ellos la misma aurora del hemisferio arde
y de ellos está hecho lo que somos.
Poderosos infantes, capitanes ciegos,
entre acontecimientos y follajes amedrentados a veces,
interrumpidos por la alegría y por el duelo,
bajo las praderas cruzadas de tráfico,
cuántos muertos en las llanuras antes no visitadas:
inocentes atormentados, profetas recién impresos,
sobre la piel del búfalo de las praderas.

De Francia, de Okinawa, de los atolones
de Leyte (Norman Mailer lo ha dejado escrito),
del aire enfurecido y de las olas,
han regresado casi todos los muchachos.
Casi todos... Fué verde y amarga la historia

176

de barro y sudor: no oyeron
bastante el canto de los arrecifes
ni tocaron tal vez sino para morir en las islas, las coronas
de fulgor y fragancia:
                    sangre y estiércol
los persiguieron, la mugre y las ratas,
y un cansado y desolado corazón que luchaba.
Pero ya han vuelto,
                    los habéis recibido
en el ancho espacio de las tierras extendidas
y se han cerrado (los que han vuelto) como una corola
de innumerables pétalos anónimos
para renacer y olvidar.

II

Pero además han encontrado
un huésped en la casa,
o trajeron nuevos ojos (o fueron ciegos antes)
o el hirsuto ramaje les rompió los párpados
o nuevas cosas hay en las tierras de América.
Aquellos negros que combatieron contigo, los
duros y sonrientes, mirad:
                    Han puesto una cruz ardiendo
frente a sus caseríos,
han colgado y quemado a tu hermano de sangre:
le hicieron combatiente, hoy le niegan
palabra y decisión; se juntan
de noche los verdugos
encapuchados, con la cruz y el látigo.
                                        (Otra cosa
se oía en ultramar combatiendo.)
                              Un huésped imprevisto
como un viejo octopus roído,
inmenso, circundante,
se instaló en tu casa, soldadito;
la prensa destila el antiguo veneno, cultivado en Berlín.
Los periódicos (*Times, Newsweek*, etc.) se han convertido

en amarillas hojas de delación: Hearst,
que cantó el canto de amor a los nazis, sonríe
y afila las uñas para que salgáis de nuevo
hacia los arrecifes o las estepas
a combatir por este huésped que ocupa tu casa.
No te dan tregua: quieren seguir vendiendo
acero y balas, preparan nueva pólvora
y hay que venderla pronto, antes de que se adelante
la fresca pólvora y caiga en nuevas manos.

Por todas partes los amos instalados
en tu mansión alargan sus falanges,
aman a España negra y una copa de sangre te ofrecen
(un fusilado, cien): *el cocktail Marshall.*
Escoged sangre joven: campesinos
de China, prisioneros
de España,
sangre y sudor de Cuba azucarera,
lágrimas de mujeres
de las minas de cobre y del carbón en Chile,
luego batid con energía,
como un golpe de garrote,
no olvidando trocitos de hielo y algunas gotas
del canto *Defendemos la cultura cristiana.*
Es amarga esta mezcla?
Ya te acostumbrarás, soldadito, a beberla.
En cualquier sitio del mundo, a la luz de la luna,
o en la mañana, en el hotel de lujo,
pida Ud. esta bebida que vigoriza y refresca
y páguela con un buen billete
con la imagen de Wáshington.

Has encontrado también que Carlos Chaplin, el último
padre de la ternura en el mundo,
debe huir, y que los escritores (Howard, Fast, etc.),
los sabios y los artistas
en tu tierra
deben sentarse para ser enjuiciados por «un-american»
    pensamientos

178

ante el tribunal de mercaderes enriquecidos por la guerra.
Hasta los últimos confines del mundo llega el miedo.
Mi tía lee estas noticias asustada,
y todos los ojos de la tierra miran
esos tribunales de vergüenza y venganza.
Son los estrados de los Babbits sangrientos,
de los esclavistas, de los asesinos de Lincoln,
son las nuevas inquisiciones levantadas ahora
no por la cruz (y entonces era horrible e inexplicable)
sino por el oro redondo que golpea
las mesas de los prostíbulos y los bancos
y que no tiene derecho a juzgar.

En Bogotá se unieron Moriñigo, Trujillo,
González Videla, Somoza, Dutra, y aplaudieron.
Tú, joven americano, no los conoces: son
los vampiros sombríos de nuestro cielo, amarga
en la sombra de sus alas:
                              prisiones,
martirio, muerte, odio: las tierras
del Sur con petróleo y nitrato
concibieron monstruos.
                    De noche en Chile, en Lota,
en la humilde y mojada casa de los mineros,
llega la orden del verdugo. Los hijos
se despiertan llorando.
                        Miles de ellos
encarcelados, piensan.
                        En Paraguay
la densa sombra forestal esconde
los huesos del patriota asesinado, un tiro
suena
en la fosforescencia del verano.
                              Ha muerto
allí la verdad.
                Por qué no intervienen
en Santo Domingo a defender el Occidente Mr.
      Vandenberg,

Mr. Armour, Mr. Marshall, Mr. Hearst?
Por qué en Nicaragua el Sr. Presidente,
despertado de noche, atormentado, tuvo
que huir para morir en el destierro?
(Hay allí bananas que defender y no *libertades*,
y para eso basta con Somoza.)
                                        Las *grandes*
victoriosas ideas están en Grecia
y en China para auxilio
de gobiernos manchados como alfombras inmundas. Ay,
    soldadito!

III

Yo también más allá de tus tierras, América,
ando y hago mi casa errante, vuelo, paso,
canto y converso a través de los días.
Y en el Asia, en la URSS, en los Urales me detengo
y extiendo el alma empapada de soledades y resina.

Amo cuanto en las extensiones
a golpe de amor y lucha el hombre ha creado.
Aún rodea mi casa en los Urales
la antigua noche de los pinos
y el silencio como una alta columna.
Trigo y acero aquí han nacido
de la mano del hombre, de su pecho.
Y un canto de martillos alegra el bosque antiguo
como un nuevo fenómeno azul.
Desde aquí miro extensas zonas de hombre,
geografía de niños y mujeres, amor,
fábricas y canciones, escuelas
que brillan como alhelíes en la selva
donde habitó hasta ayer el zorro salvaje.
Desde este punto abarca mi mano en el mapa
el verde de las praderas, el humo
de mil talleres, los aromas

textiles, el asombro
de la energía dominada.
Vuelvo en las tardes
por los nuevos caminos recién trazados
y entro en las cocinas
donde hierve el repollo y de donde sale
un nuevo manantial para el mundo.

También aquí regresaron los muchachos,
pero muchos millones quedaron atrás,
enganchados, colgando de las horcas,
quemados en hornos especiales,
destruídos hasta no quedar de ellos
sino el nombre en el recuerdo.
Fueron asesinadas también sus poblaciones:
la tierra soviética fué asesinada:
millones de vidrios y de huesos se confundieron,
vacas y fábricas, hasta la Primavera
desapareció tragada por la guerra.
Volvieron los muchachos, sin embargo,
y el amor por la patria construída
se había mezclado en ellos con tanta sangre
que *Patria* dicen con las venas,
Unión Soviética cantan con la sangre.
Fué alta la voz de los conquistadores
de Prusia y de Berlín cuando volvieron
para que renacieran las ciudades,
los animales y la primavera.
Walt Whitman levanta tu barba de hierba,
mira conmigo desde el bosque,
desde estas magnitudes perfumadas.
Qué ves allí, Walt Whitman?
Veo, me dice mi hermano profundo,
veo cómo trabajan las usinas,
en la ciudad que los muertos recuerdan,
en la capital pura,
en la resplandeciente Stalingrado.
Veo desde la planicie combatida

desde el padecimiento y el incendio
nacer en la humedad de la mañana
un tractor rechinante hacia las llanuras.
Dame tu voz y el peso de tu pecho enterrado
Walt Whitman, y las graves
raíces de tu rostro
para cantar estas reconstrucciones!
Cantemos juntos lo que se levanta
de todos los dolores, lo que surge
del gran silencio, de la grave
victoria:
        Stalingrado, surge tu voz de acero,
renace piso a piso la esperanza
como una casa colectiva,
y hay un temblor de nuevo en marcha
enseñando,
cantando
y construyendo.
Desde la sangre surge Stalingrado
como una orquesta de agua, piedra y hierro
y el pan renace en las panaderías,
la primavera en las escuelas,
sube nuevos andamios, nuevos árboles
mientras el viejo y férreo Volga palpita.
                       Estos libros,
en frescas cajas de pino y cedro,
están reunidos sobre la tumba
de los verdugos muertos:
estos teatros hechos en las ruinas
cubren martirio y resistencia:
libros claros como monumentos:
un libro sobre cada héroe
sobre cada milímetro de muerte,
sobre cada pétalo de esta gloria inmutable.

Unión Soviética, si juntáramos
toda la sangre derramada en tu lucha,
toda la que diste como una madre al mundo

para que la libertad agonizante viviera,
tendríamos un nuevo océano,
grande como ninguno,
profundo como ninguno,
viviente como todos los ríos,
activo como el fuego de los volcanes araucanos.
En ese mar hunde tu mano,
hombre de todas las tierras,
y levántala después para ahogar en él
al que olvidó, al que ultrajó,
al que mintió y al que manchó,
al que se unió con cien pequeños canes
del basural de Occidente
para insultar tu sangre, Madre de los libres!

Desde el fragante olor de los pinos urales
miro la biblioteca que nace
en el corazón de Rusia,
el laboratorio en que el silencio
trabaja, miro los trenes que llevan
madera y canciones a las nuevas ciudades,
y en esta paz balsámica crece un latido
como en un nuevo pecho:
a la estepa muchachas y palomas
regresan agitando la blancura,
los naranjales que pueblan de oro:
el mercado tiene hoy
cada amanecer
un nuevo aroma,
un nuevo aroma que llega desde las altas tierras
en donde el martirio fué más grande:
los ingenieros hacen temblar el mapa
de las llanuras con sus números
y las cañerías se envuelven como largas serpientes
en las tierras del nuevo invierno vaporoso.
En tres habitaciones del viejo Kremlin
vive un hombre llamado José Stalin.
Tarde se apaga la luz de su cuarto.

El mundo y su patria no le dan reposo.
Otros héroes han dado a luz una patria,
él además ayudó a concebir la suya,
a edificarla
y defenderla.
Su inmensa patria es, pues, parte de él mismo
y no puede descansar porque ella no descansa.
En otro tiempo la nieve y la pólvora
lo encontraron frente a los viejos bandidos
que quisieron (como ahora otra vez) revivir
el *knut*, y la miseria, la angustia de los esclavos,
el dormido dolor de millones de pobres.
Él estuvo contra los que como Wrangel y Denikin
fueron enviados desde Occidente para «defender la
      cultura.»
Allí dejaron el pellejo aquellos defensores
de los verdugos, y en el ancho terreno
de la URSS, Stalin trabajó noche y día.
Pero más tarde vinieron en una ola de plomo
los alemanes cebados por Chamberlain.
Stalin los enfrentó en todas las vastas fronteras,
en todos los repliegues, en todos los avances
y hasta Berlín sus hijos como un huracán de pueblos
llegaron y llevaron la paz ancha de Rusia.

Molotov y Voroshilov
están allí, los veo,
con los otros, los altos generales,
los indomables.
Firmes como nevados encimares.
Ninguno de ellos tiene palacios.
Ninguno de ellos tiene regimientos de siervos.
Ninguno de ellos se hizo rico en la guerra
vendiendo sangre.
Ninguno de ellos va como un pavo real
a Río de Janeiro o a Bogotá
a dirigir a pequeños sátrapas manchados de tortura:
ninguno de ellos tiene doscientos trajes:

ninguno de ellos tiene acciones en fábricas de
        armamentos,
y todos ellos tienen
acciones
en la alegría y en la construcción
del vasto país donde resuena la aurora
levantada en la noche de la muerte.
Ellos dijeron «Camarada» al mundo.
Ellos hicieron rey al carpintero.
Por esa aguja no entrará un camello.
Lavaron las aldeas.
Repartieron la tierra.
Elevaron al siervo.
Borraron al mendigo.
Aniquilaron a los crueles.
Hicieron luz en la espaciosa noche.

Por eso a ti, muchacha de Arkansas o más bien
a ti joven dorado de West Point o mejor
a ti mecánico de Detroit o bien
a ti cargador de la vieja Orleáns, a todos
hablo y digo: afirma el paso,
abre tu oído al vasto mundo humano,
no son los elegantes del State Departament
ni los feroces dueños del acero
los que te están hablando
sino un poeta del extremo Sur de América,
hijo de un ferroviario de Patagonia,
americano como el aire andino,
hoy fugitivo de una patria en donde
cárcel, tormento, angustia imperan
mientras cobre y petróleo lentamente
se convierten en oro para reyes ajenos.
                                    Tú no eres
el ídolo que en una mano lleva el oro
y en la otra la bomba.
                    Tú eres
lo que soy, lo que fuí, lo que debemos

amparar, el fraternal subsuelo
de América purísima, los sencillos
hombres de los caminos y las calles.
Mi hermano Juan vende zapatos
como tu hermano John,
mi hermana Juana pela papas,
como tu prima Jane,
y mi sangre es minera y marinera,
como tu sangre, Peter.

Tú y yo vamos a abrir las puertas
para que pase el aire de los Urales
a través de la cortina de tinta,
tú y yo vamos a decir al furioso:
«My dear guy, hasta aquí no más llegaste.»
más acá la tierra nos pertenece
para que no se oiga el silbido
de la ametralladora sino una
canción, y otra canción, y otra canción.

IV

Pero si armas tus huestes, Norte América,
para destruir esa frontera pura
y llevar al matarife de Chicago
a gobernar la música y el orden
que amamos
        saldremos de las piedras y del aire
para morderte:
        saldremos de la última ventana
para volcarte fuego:
        saldremos de las olas más profundas
para clavarte con espinas:
        saldremos del surco para que la semilla
golpee como un puño colombiano,

        saldremos para negarte el pan y el agua,
        saldremos para quemarte en el infierno.

No pongas la planta entonces soldado,
en la dulce Francia, porque allí estaremos
para que las verdes viñas den vinagre
y las muchachas pobres te muestren el sitio
donde está fresca la sangre alemana.
No subas las secas sierras de España
porque cada piedra se convertirá en fuego,
y allí mil años combatirán los valientes:
no te pierdas entre los olivares porque nunca
volverás a Oklahoma, pero no entres
en Grecia que hasta la sangre que hoy estás derramando
se levantará de la tierra para deteneros.
No vengáis entonces a pescar a Tocopilla
porque el pez espada conocerá vuestros despojos
y el oscuro minero desde la araucanía
buscará las antiguas flechas crueles
que esperan enterradas nuevos conquistadores.
No confiéis del gaucho cantando una vidalita,
ni del obrero de los frigoríficos. Ellos
estarán en todas partes con ojos y puños,
como los venezolanos que os esperan para entonces
con una botella de petróleo y una guitarra en las manos.
No entres, no entres a Nicaragua tampoco.
Sandino duerme en la selva hasta ese día,
su fusil se ha llenado de lianas y de lluvia,
su rostro no tiene párpados,
pero las heridas con que lo matasteis están vivas
como las manos de Puerto Rico que esperan
la luz de los cuchillos.
                    Será implacable el mundo para vosotros.
No sólo serán las islas despobladas, sino el aire
que ya conoce las palabras que le son queridas.

No llegues a pedir carne de hombre
al alto Perú: en la niebla roída de los monumentos
el dulce antepasado de nuestra sangre afila
contra ti sus espadas de amatista,
y por los valles el ronco caracol de batalla

congrega a los guerreros, a los honderos
hijos de Amaru. Ni por las cordilleras mexicanas
busques hombres para llevarlos a combatir la aurora;
los fusiles de Zapata no están dormidos,
son aceitados y dirigidos a las tierras de Texas.
No entres a Cuba, que del fulgor marino
de los cañaverales sudorosos
hay una sola oscura mirada que te espera
y un solo grito hasta matar o morir.

                No llegues
a tierra de partisanos en la rumorosa
Italia: no pases de las filas de los soldados con «jacquet»
que mantienes en Roma, no pases de San Pedro:
más allá los santos rústicos de las aldeas,
los santos marineros del pescado
aman el gran país de la estepa
en donde floreció de nuevo el mundo.

                No toques
los puentes de Bulgaria, no te darán el paso,
los ríos de Rumania, les echaremos sangre hirviendo
para que quemen a los invasores:
no saludes al campesino que hoy conoce
la tumba de los feudales, y vigila
con su arado y su rifle: no lo mires
porque te quemará como una estrella.

                No desembarques
en China: ya no estará Chang el Mercenario
rodeado de su podrida corte de mandarines:
habrá para esperaros una selva
de hoces labriegas y un volcán de pólvora.

En otras guerras existieron fosos con agua
y luego alambradas repetidas, con púas y garras,
pero este foso es más grande, estas aguas más hondas,
estos alambres más invencibles que todos los metales.
Son un átomo y otro del metal humano,
son un nudo y mil nudos de vidas y vidas:
son los viejos dolores de los pueblos

de todos los remotos valles y reinos,
de todas las banderas y navíos,
de todas las cuevas donde se amontonaron
de todas las redes que salièron contra la tempestad,
de todas las ásperas arrugas de las tierras,
de todos los infiernos en las calderas calientes,
de todos los telares y las fundiciones,
de todas las locomotoras perdidas o congregadas
Este alambre da mil vueltas al mundo:
parece dividido, desterrado,
y de pronto se juntan sus imanes
hasta llenar la tierra.
Pero aún
más allá, radiantes y determinados,
acerados, sonrientes,
para cantar o combatir
os esperan
hombres y mujeres de la tundra y la taiga,
guerreros del Volga que vencieron la muerte,
niños de Stalingrado, gigantes de Ukrania,
toda una vasta y alta pared de piedra y sangre,
hierro y canciones, coraje y esperanza.
Si tocáis este muro caeréis
quemados como el carbón de las usinas,
las sonrisas de Rochester se harán tinieblas
que luego esparcirá el aire estepario
y luego enterrará para siempre la nieve.
Vendrán los que lucharon desde Pedro
hasta los nuevos héroes que asombraron la tierra
y harán de sus medallas pequeñas balas frías
que silbarán sin tregua desde toda
la vasta tierra que hoy es alegría.
Y desde el laboratorio cubierto de enredaderas
saldrá también el átomo desencadenado
hacia vuestras ciudades orgullosas.

V

Que nada de esto pase.
Que despierte el Leñador.
Que venga Abraham con su hacha
y con su plato de madera
a comer con los campesinos.
Que su cabeza de corteza,
sus ojos vistos en las tablas,
en las arrugas de la encina,
vuelvan a mirar el mundo
subiendo sobre los follajes,
más altos que las sequoias.
Que entre a comprar en las farmacias,
que tome un autobús a Tampa,
que muerda una manzana amarilla,
que entre en un cine, que converse
con toda la gente sencilla.

Que despierte el Leñador.

Que venga Abraham, que hinche
su vieja levadura la tierra
dorada y verde de Illinois,
y levante el hacha en su pueblo
contra los nuevos esclavistas,
contra el látigo del esclavo,
contra el veneno de la imprenta,
contra la mercadería
sangrienta que quieren vender.
Que marchen cantando y sonriendo
el joven blanco, el joven negro,
contra las paredes de oro,
contra el fabricante de odio,
contra el mercader de su sangre,
cantando, sonriendo y venciendo.

Que despierte el Leñador.

Paz para los crepúsculos que vienen,
paz para el puente, paz para el vino,
paz para las letras que me buscan
y que en mi sangre suben enredando
el viejo canto con tierra y amores
paz para la ciudad en la mañana
cuando despierta el pan, paz para el río
Mississipi, río de las raíces:
paz para la camisa de mi hermano,
paz en el libro como un sello de aire,
paz para el gran koljós de Kiev,
paz para las cenizas de estos muertos
y de estos otros muertos, paz para el hierro
negro de Brooklyn, paz para el cartero
de casa en casa como el día,
paz para el coreógrafo que grita
con un embudo a las enredaderas,
paz para mi mano derecha,
que sólo quiere escribir Rosario:
paz para el boliviano secreto
como una piedra de estaño, paz
para que tú te cases, paz para todos
los aserraderos de Bío-Bío,
paz para el corazón desgarrado
de España guerrillera:
paz para el pequeño Museo de Wyoming
en donde lo más dulce
es una almohada con un corazón bordado,
paz para el panadero y sus amores
y paz para la harina: paz
para todo el trigo que debe nacer,
para todo el amor que buscará follaje,
paz para todos los que viven: paz
para todas las tierras y las aguas.

Yo aquí me despido, vuelvo
a mi casa, en mis sueños,

vuelvo a la Patagonia en donde
el viento golpea los establos
y salpica hielo el Océano.
Soy nada más que un poeta: os amo a todos,
ando errante por el mundo que amo:
en mi patria encarcelan mineros
y los soldados mandan a los jueces.
Pero yo amo hasta las raíces
de mi pequeño país frío.
Si tuviera que morir mil veces
allí quiero morir:
si tuviera que nacer mil veces
allí quiero nacer,
cerca de la araucaria salvaje,
del vendaval del viento sur,
de las campanas recién compradas.
Que nadie piense en mí.
Pensemos en toda la tierra,
golpeando con amor en la mesa.
No quiero que vuelva la sangre
a empapar el pan, los frijoles,
la música: quiero que venga
conmigo el minero, la niña,
el abogado, el marinero,
el fabricante de muñecas,
que entremos al cine y salgamos
a beber el vino más rojo.

Yo no vengo a resolver nada.

Yo vine aquí para cantar
y para que cantes conmigo.

XII
LOS RÍOS DEL CANTO

I
CARTA A MIGUEL OTERO SILVA,
EN CARACAS
(1948)

Nicolás Guillén me trajo tu carta escrita
con palabras invisibles, sobre su traje, en sus ojos.
Qué alegre eres, Miguel, qué alegres somos!
Ya no queda en un mundo de úlceras estucadas
sino nosotros, indefinidamente alegres.
Veo pasar al cuervo y no me puede hacer daño.
Tú observas al escorpión y limpias tu guitarra.
Vivimos entre las fieras, cantando, y cuando tocamos
un hombre, la materia de alguien en quien creíamos,
y éste se desmorona como un pastel podrido,
tú en tu venezolano patrimonio recoges
lo que puede salvarse, mientras que yo defiendo
la brasa de la vida.
                    Qué alegría, Miguel!
Tú me preguntarás dónde estoy? Te contaré
–dando sólo detalles *útiles* al Gobierno–
que en esta costa llena de piedras salvajes
se unen el mar y el campo, olas y pinos,
águilas y petreles, espumas y praderas.
Has visto desde muy cerca y todo el día
cómo vuelan los pájaros del mar? Parece
que llevaran las cartas del mundo a sus destinos.
Pasan los alcatraces como barcos del viento,
otras aves que vuelan como flechas y traen
los mensajes de reyes difuntos, de los príncipes
enterrados con hilos de turquesa en las costas andinas
y las gaviotas hechas de blancura redonda,

que olvidan continuamente sus mensajes.
Qué azul es la vida, Miguel, cuando hemos puesto en ella
amor y lucha, palabras que son el pan y el vino,
palabras que ellos no pueden deshonrar todavía,
porque nosotros salimos a la calle con escopeta y cantos.
Están perdidos con nosotros, Miguel.
Qué pueden hacer sino matarnos y aun así
les resulta un mal negocio, sólo pueden
tratar de alquilar un piso frente a nosotros y seguirnos
para aprender a reír y a llorar como nosotros.
Cuando yo escribía versos de amor, que me brotaban
por todas partes, y me moría de tristeza,
errante, abandonado, royendo el alfabeto,
me decían: «Qué grande eres, oh, Teócrito!»
Yo no soy Teócrito: tomé a la vida,
me puse frente a ella, la besé hasta vencerla,
y luego me fuí por los callejones de las minas
a ver cómo vivían otros hombres.
Y cuando salí con las manos teñidas de basura y dolores,
las levanté mostrándolas en las cuerdas de oro,
y dije: «Yo no comparto el crimen.»
Tosieron, se disgustaron mucho, me quitaron el saludo,
me dejaron de llamar Teócrito, y terminaron
por insultarme y mandar toda la policía a encarcelarme,
porque no seguía preocupado exclusivamente de asuntos
      metafísicos.
Pero yo había conquistado la alegría.
Desde entonces me levanté leyendo las cartas
que traen las aves del mar desde tan lejos,
cartas que vienen mojadas, mensajes que poco a poco
voy traduciendo con lentitud y seguridad: soy meticuloso
como un ingeniero en este extraño oficio.
Y salgo de repente a la ventana. Es un cuadrado
de transparencia, es pura la distancia
de hierbas y peñascos, y así voy trabajando
entre las cosas que amo: olas, piedras, avispas,
con una embriagadora felicidad marina.
Pero a nadie le gusta que estemos alegres, a ti te asignaron

un papel bonachón: «Pero no exagere, no se preocupe,»
y a mí me quisieron clavar en un insectario, entre las
    lágrimas,
para que éstas me ahogaran y ellos pudieran decir sus
    discursos en mi tumba.

Yo recuerdo un día en la pampa arenosa
del salitre, había quinientos hombres
en huelga. Era la tarde abrasadora
de Tarapacá. Y cuando los rostros habían recogido
toda la arena y el desangrado sol seco del desierto,
yo vi llegar a mi corazón, como una copa que odio,
la vieja melancolía. Aquella hora de crisis,
en la desolación de los salares, en ese minuto débil de
la lucha, en que podríamos haber sido vencidos,
una niña pequeñita y pálida venida de las minas
dijo con una voz valiente en que se juntaban el cristal y el
    acero
un poema tuyo, un viejo poema tuyo que rueda entre los
    ojos arrugados
de todos los obreros y labradores de mi patria, de
    América.
Y aquel trozo de canto tuyo refulgió de repente
en mi boca como una flor purpúrea
y bajó hacia mi sangre, llenándola de nuevo
con una alegría desbordante nacida de tu canto.
Yo pensé no sólo en ti, sino en tu Venezuela amarga.
Hace años, vi un estudiante que tenía en los tobillos
la señal de las cadenas que un general le había impuesto,
y me contó cómo los encadenados trabajaban en los
    caminos
y los calabozos donde la gente se perdía. Porque así ha
    sido nuestra América:
una llanura con ríos devorantes y constelaciones
de mariposas (en algunos sitios, las esmeraldas son espesas
    como manzanas),
pero siempre a lo largo de la noche y de los ríos
hay tobillos que sangran, antes cerca del petróleo,

hoy cerca del nitrato, en Pisagua, donde un déspota sucio
ha enterrado la flor de mi patria para que muera, y él
     pueda comerciar con los huesos.
Por eso cantas, por eso, para que América deshonrada y
     herida
haga temblar sus mariposas y recoja sus esmeraldas
sin la espantosa sangre del castigo, coagulada
en las manos de los verdugos y de los mercaderes.
Yo comprendí qué alegre estarías, cerca del Orinoco,
     cantando,
seguramente, o bien comprando vino para tu casa,
ocupando tu puesto en la lucha y en la alegría,
ancho de hombros, como son los poetas de este tiempo
–con trajes claros y zapatos de camino–.
Desde entonces, he ido pensando que alguna vez te
     escribiría,
y cuando Guillén llegó, todo lleno de historias tuyas
que se le desprendían de todo el traje
y que bajo los castaños de mi casa se derramaron,
me dije: «Ahora,» y tampoco comencé a escribirte.
Pero hoy ha sido demasiado: pasó por mi ventana
no sólo un ave del mar, sino millares,
y recogí las cartas que nadie lee y que ellas llevan
por las orillas del mundo, hasta perderlas.
Y entonces, en cada una leía palabras tuyas
y eran como las que yo escribo y sueño y canto,
y entonces decidí enviarte esta carta, que termino aquí
para mirar por la ventana del mundo que nos pertenece.

II
A RAFAEL ALBERTI
(Puerto de Santa María, España)

Rafael, antes de llegar a España me salió al camino
tu poesía, rosa literal, racimo biselado,
y ella hasta ahora ha sido no para mí un recuerdo
sino luz olorosa, emanación de un mundo.

A tu tierra reseca por la crueldad trajiste
el rocío que el tiempo había olvidado,
y España despertó contigo en la cintura,
otra vez coronada de aljófar matutino.

Recordarás lo que yo traía: sueños despedazados
por implacables ácidos, permanencias
en aguas desterradas, en silencios
de donde las raíces amargas emergían
como palos quemados en el bosque.
Cómo puedo olvidar, Rafael, aquel tiempo?

A tu país llegué como quien cae
a una luna de piedra, hallando en todas partes
águilas del erial, secas espinas,
pero tu voz allí, marinero, esperaba
para darme la bienvenida y la fragancia
del alhelí, la miel de los frutos marinos.

Y tu poesía estaba en la mesa, desnuda.

Los pinares del Sur, las razas de la uva
dieron a tu diamante cortado sus resinas,
y al tocar tan hermosa claridad, mucha sombra
de la que traje al mundo, se deshizo.

Arquitectura hecha en la luz, como los pétalos,
a través de tus versos de embriagador aroma,
yo vi el agua de antaño, la nieve hereditaria,
y a ti más que a ninguno debo España.
Con tus dedos toqué panal y páramo,
conocí las orillas gastadas por el pueblo
como por un océano, y las gradas
en que la poesía fue estrellando
toda su vestidura de zafiros.

Tú sabes que no enseña sino el hermano. Y en esa
hora no sólo aquello me enseñaste,

no sólo la apagada pompa de nuestra estirpe,
sino la rectitud de tu destino,
y cuando una vez más llegó la sangre a España
defendí el patrimonio del pueblo que era mío.

Ya sabes tú, ya sabe todo el mundo estas cosas.
Yo quiero solamente estar contigo,
y hoy que te falta la mitad de la vida,
tu tierra, a la que tienes más derecho que un árbol,
hoy que de las desdichas de tu patria no sólo
el luto del que amamos, sino tu ausencia cubren
la herencia del olivo que devoran los lobos,
te quiero dar, ay!, si pudiera, hermano grande,
la estrellada alegría que tú me diste entonces.

Entre nosotros dos la poesía
se toca como piel celeste,
y contigo me gusta recoger un racimo,
este pámpano, aquella raíz de las tinieblas.

La envidia que abre puertas en los seres
no pudo abrir tu puerta ni la mía. Es hermoso
como cuando la cólera del viento
desencadena su vestido afuera
y están el pan, el vino y el fuego con nosotros,
dejar que aúlle el vendedor de furia,
dejar que silbe el que pasó entre tus pies,
y levantar la copa llena de ámbar
con todo el rito de la transparencia.

Alguien quiere olvidar que tú eres el primero?
Déjalo que navegue y encontrará tu rostro.
Alguien quiere enterrarnos precipitadamente?
Está bien, pero tiene la obligación del vuelo.

Vendrán, pero quién puede sacudir la cosecha
que con la mano del otoño fué elevada
hasta teñir el mundo con el temblor del vino?

Dame esa copa, hermano, y escucha: estoy rodeado
de mi América húmeda y torrencial, a veces
pierdo el silencio, pierdo la corola nocturna,
y me rodea el odio, tal vez nada, el vacío
de un vacío, el crepúsculo
de un perro, de una rana,
y entonces siento que tanta tierra mía nos separe,
y quiero irme a tu casa en que, yo sé, me esperas,
sólo para ser buenos como sólo nosotros
podemos serlo. No debemos nada.

Y a ti sí que te deben, y es una patria: espera.

Volverás, volveremos. Quiero contigo un día
en tus riberas ir embriagados de oro
hacia tus puertos, puertos del Sur que entonces no
    alcancé.
Me mostrarás el mar donde sardinas
y aceitunas disputan las arenas,
y aquellos campos con los toros de ojos verdes
que Villalón (amigo que tampoco
me vino a ver, porque estaba enterrado)
tenía, y los toneles del jerez, catedrales
en cuyos corazones gongorinos
arde el topacio con pálido fuego.

Iremos, Rafael, adonde yace
aquel que con sus manos y las tuyas
la cintura de España sostenía.
El muerto que no pudo morir, aquel a quien tú guardas,
porque sólo tu existencia lo defiende.
Allí está Federico, pero hay muchos que, hundidos,
    enterrados,
entre las cordilleras españolas, caídos
injustamente, derramados,
perdido cereal en las montañas,
son nuestros, y nosotros estamos en su arcilla.

Tú vives porque siempre fuiste un dios milagroso.
A nadie más que a ti te buscaron, querían
devorarte los lobos, romper tu poderío.
Cada uno quería ser gusano en tu muerte.

Pues bien, se equivocaron. Es tal vez la estructura
de tu canción, intacta transparencia,
armada decisión de tu dulzura,
dureza, fortaleza delicadas,
la que salvó tu amor para la tierra.

Yo iré contigo para probar el agua
del Genil, del dominio que me diste,
a mirar en la plata que navega
las efigies dormidas que fundaron
las sílabas azules de tu canto.

Entraremos también en las herrerías: ahora
el metal de los pueblos allí espera
nacer en los cuchillos: pasaremos cantando
junto a las redes rojas que mueve el firmamento.
Cuchillos, redes, cantos borrarán los dolores.
Tu pueblo llevará con las manos quemadas
por la pólvora, como laurel de las praderas
lo que tu amor fué desgranando en la desdicha.
Sí, de nuestros destierros nace la flor, la forma
de la patria que el pueblo reconquista con truenos,
y no es un día solo el que elabora
la miel perdida, la verdad del sueño,
sino cada raíz que se hace canto
hasta poblar el mundo con sus hojas.

Tú estas allí, no hay nada que no mueva
la luna diamantina que dejaste:
la soledad, el viento en los rincones,
todo toca tu puro territorio,
y los últimos muertos, los que caen
en la prisión, leones fusilados,

y los de las guerrillas, capitanes
del corazón, están humedeciendo
tu propia investidura cristalina,
tu propio corazón con sus raíces.

Ha pasado el tiempo desde aquellos días en que
    compartimos
dolores que dejaron una herida radiante,
el caballo de la guerra que con sus herraduras
atropelló la aldea destrozando los vidrios.
Todo aquello nació bajo la pólvora,
todo aquello te aguarda para elevar la espiga,
y en ese nacimiento te envolverán de nuevo
el humo y la ternura de aquellos duros días.
Ancha es la piel de España y en ella tu acicate
vive como una espada de ilustre empuñadura,
y no hay olvido, no hay invierno que te borre,
hermano fulgurante, de los labios del pueblo.
Así te hablo, olvidando tal vez una palabra,
contestando al fin cartas que no recuerdas
y que cuando los climas del Este me cubrieron
como aroma escarlata, llegaron
hasta mi soledad.
                    Que tu frente dorada
encuentre en esta carta un día de otro tiempo,
y otro tiempo de un día que vendrá.
                              Me despido
hoy, 1948, dieciséis de diciembre,
en algún punto de América en que canto.

VI
LOS CONSTRUCTORES DE ESTATUAS
(Rapa Nui)

Yo soy el constructor de las estatuas. No tengo nombre.
No tengo rostro. El mío se desvió hasta correr
sobre la zarza y subir impregnando las piedras.
Ellas tienen mi rostro petrificado, la grave
soledad de mi patria, la piel de Oceanía.

Nada quieren decir, nada quisieron
sino nacer con todo su volumen de arena,
subsistir destinadas al tiempo silencioso.

Tú me preguntarás si la estatua en que tantas
uñas y manos, brazos oscuros fuí gastando,
te reserva una sílaba del cráter, un aroma
antiguo, preservado por un signo de lava?

No es así, las estatuas son lo que fuimos, somos
nosotros, nuestra frente que miraba las olas,
nuestra materia a veces interrumpida, a veces
continuada en la piedra semejante a nosotros.

Otros fueron los dioses pequeños y malignos,
peces, pájaros que entretuvieron la mañana,
escondiendo las hachas, rompiendo la estatura
de los más altos rostros que concibió la piedra.

Guarden los dioses el conflicto, si lo quieren,
de la cosecha postergada, y alimenten
el azúcar azul de la flor en el baile.

Suban ellos y bajen la llave de la harina:
empapen ellos todas las sábanas nupciales
con el polen mojado que imperceptible danza
adentro de la roja primavera del hombre,
pero hasta estas paredes, a este cráter, no vengas
sino tú, pequeñito mortal, picapedrero.

Se van a consumir esta carne y la otra,
la flor perecerá tal vez, sin armadura,

cuando estéril aurora, polvo reseco, un día
venga la muerte al cinto de la isla orgullosa,
y tú, estatua, hija del hombre, quedarás
mirando los ojos vacíos que subieron
desde una mano y otra de inmortales ausentes.

Arañarás la tierra hasta que nazca
la firmeza, hasta que caiga la sombra en la estructura
como sobre una abeja colosal que devora
su propia miel perdida en el tiempo infinito.

Tus manos tocarán la piedra hasta labrarla
dándole la energía solitaria que pueda
subsistir, sin gastarse los nombres que no exiten,
y así desde una vida a una muerte, amarrados
en el tiempo como una sola mano que ondula,
elevamos la torre calcinada que duerme.

La estatua que creció sobre nuestra estatura.

Miradlas hoy, tocad esta materia, estos labios
tienen el mismo idioma silencioso que duerme
en nuestra muerte, y esta cicatriz arenosa,
que el mar y el tiempo como lobos han lamido,
eran parte de un rostro que no fué derribado,
punto de un ser, racimo que derrotó cenizas.

Así nacieron, fueron vidas que labraron
su propia celda dura, su panal en la piedra.

Y esta mirada tiene más arena que el tiempo.
Más silencio que toda la muerte en su colmena.

Fueron la miel de un grave designio que habitaba
la luz deslumbradora que hoy resbala en la piedra.

VII
LA LLUVIA
(Rapa Nui)

No, que la Reina no reconozca
tu rostro, es más dulce
así, amor mío, lejos de las efigies, el peso
de tu cabellera en mis manos, recuerdas
el árbol de Mangareva cuyas flores caían
sobre tu pelo? Estos dedos no se parecen
a los pétalos blancos: míralos, son como raíces,
son como tallos de piedra sobre los que resbala
el lagarto. No temas, esperemos que caiga la lluvia
    desnudos,
la lluvia, la misma que cae sobre Manu Tara,

Pero así como el agua endurece sus rasgos en la piedra,
sobre nosotros cae llevándonos suavemente
hacia la oscuridad, más abajo del agujero
de Ranu Raraku. Por eso
que no te divise el pescador ni el cántaro. Sepulta
tus pechos de quemadura gemela en mi boca,
y que tu cabellera sea una pequeña noche mía,
una oscuridad cuyo perfume mojado me cubre.

De noche sueño que tú y yo somos dos plantas
que se elevaron juntas, con raíces enredadas,
y que tú conoces la tierra y la lluvia como mi boca,
porque de tierra y de lluvia estamos hechos. A veces
pienso que con la muerte dormiremos abajo,

en la profundidad de los pies de la efigie, mirando
el Océano que nos trajo a construir y a amar.

Mis manos no eran férreas cuando te conocieron, las
    aguas
de otro mar las pasaban como a una red; ahora
agua y piedras sostienen semillas y secretos.

Ámame dormida y desnuda, que en la orilla
eres como la isla: tu amor confuso, tu amor
asombrado, escondido en la cavidad de los sueños,
es como el movimiento del mar que nos rodea.

Y cuando yo también vaya durmiéndome
en tu amor, desnudo,
deja mi mano entre tus pechos para que palpite
al mismo tiempo que tus pezones mojados en la lluvia.

XII
LA OLA

La ola viene del fondo, con raíces
hijas del firmamento sumergido.
Su elástica invasión fué levantada
por la potencia pura del Océano:
su eternidad apareció inundando
los pabellones del poder profundo
y cada ser le dió su resistencia,
desgranó fuego frío en su cintura
hasta que de las ramas de la fuerza
despegó su nevado poderío.

Viene como una flor desde la tierra
cuando avanzó con decidido aroma
hasta la magnitud de la magnolia,
pero esta flor del fondo que ha estallado
trae toda la luz que fué abolida,

trae todas las ramas que no ardieron
y todo el manantial de la blancura.

Y así cuando sus párpados redondos,
su volumen, sus copas, sus corales
hinchan la piel del mar apareciendo
todo este ser de seres submarinos:
es la unidad del mar que se construye:
la columna del mar que se levanta:
todos sus nacimientos y derrotas.

La escuela de la sal abrió las puertas,
voló toda la luz golpeando el cielo,
creció desde la noche hasta la aurora
la levadura del metal mojado,
toda la claridad se hizo corola,
creció la flor hasta gastar la piedra,
subió a la muerte el río de la espuma,
atacaron las plantas procelarias,
se desbordó la rosa en el acero:
los baluartes del agua se doblaron
y el mar desmoronó sin derramarse
su torre de cristal y escalofrío.

XIII
LOS PUERTOS

Acapulco, cortado como una piedra azul,
cuando despierta, el mar amanece en tu puerta
irisado y bordado como una caracola,
y entre tus piedras pasan peces como relámpagos
que palpitan cargados por el fulgor marino.

Eres la luz completa, sin párpados, el día
desnudo, balanceado como una flor de arena,
entre la infinidad extendida del agua
y la altura encendida con lámparas de arcilla.

Junto a ti las lagunas me dieron el amor
de la tarde caliente con bestias y manglares,
los nidos como nudos en las ramas de donde
el vuelo de las garzas elevaba la espuma,
y en el agua escarlata como un crimen hervía
un pueblo encarcelado de bocas y raíces.
Topolobampo, apenas trazado en las orillas
de la dulce y desnuda California marina,
Mazatlán estrellado, puerto de noche, escucho
las olas que golpean tu pobreza
y tus constelaciones, el latido
de tus apasionados orfeones
tu corazón sonámbulo que canta
bajo las redes rojas de la luna.

Guayaquil, sílaba de lanza, filo
de estrella ecuatorial, cerrojo abierto
de las tinieblas húmedas que ondulan
como una trenza de mujer mojada:
puerta de hierro maltratado
por el sudor amargo
que moja los racimos,
que gotea el marfil en los ramajes
y resbala a la boca de los hombres
mordiendo como un ácido marino.

Subí a las rocas de Mollendo, blancas,
árido resplandor y cicatrices,
cráter cuyo agrietado continente
sujeta entre las piedras su tesoro,
la angostura del hombre acorralado
en las calvicies del despeñadero,
sombra de las metálicas gargantas,
promontorio amarillo de la muerte.

Pisagua, letra del dolor, manchada
por el tormento, en tus ruinas vacías,
en tus acantilados pavorosos,

en tu cárcel de piedra y soledades
se pretendió aplastar la planta humana,
se quiso hacer de corazones muertos
una alfombra, bajar la desventura
como marca rabiosa hasta romper
la dignidad: allí por los salobres
callejones vacíos, los fantasmas
de la desolación mueven sus mantos,
y en las desnudas grietas ofendidas
está la historia como un monumento
golpeado por la espuma solitaria.
Pisagua, en el vacío de tus cumbres,
en la furiosa soledad, la fuerza
de la verdad del hombre se levanta
como un desnudo y noble monumento.

No es sólo un hombre, no es sólo una sangre
lo que manchó la vida en tus laderas,
son todos los verdugos amarrados
a la ciénaga herida, a los suplicios,
al matorral de América enlutada,
y cuando se poblaron con cadenas
tus desérticas piedras escarpadas
no sólo fué mordida una bandera,
no fué sólo un bandido venenoso,
sino la fauna de las aguas viles
que repite sus dientes en la historia,
atravesando con mortal cuchillo
el corazón del pueblo desdichado,
maniatando la tierra que los hizo,
deshonrando la arena de la aurora.

Oh puertos arenosos, inundados
por el salitre, por la sal secreta
que deja los dolores en la patria
y lleva el oro al dios desconocido
cuyas uñas rasparon la corteza
de nuestros dolorosos territorios.

Antofagasta, cuya voz remota
desemboca en la luz cristalizada
y se amontona en sacos y bodegas
y se reparte en la aridez matutina
hacia la dirección de los navíos.
Rosa reseca de madera, Iquique,
entre tus blancas balaustradas, junto
a tus muros de pino que la luna
del desierto y del mar han impregnado,
fué vertida la sangre de mi pueblo,
fué asesinada la verdad, deshecha
en sanguinaria pulpa la esperanza:
el crimen fué enterrado por la arena
y la distancia hundió los estertores.

Tocopilla espectral, bajo los montes,
bajo la desnudez llena de agujas
corre la nieve seca del nitrato
sin extinguir la luz de su designio
ni la agonía de la mano oscura
que sacudió la muerte en los terrones.

Desamparada costa que rechazas
el agua ahogada del amor humano,
escondido en tus márgenes calcáreas
como el metal mayor de la vergüenza.
A tus puertos bajó el hombre enterrado
a ver la luz de las calles vendidas,
a desatar el corazón espeso,
a olvidar arenales y desdichas.
Tú cuando pasas, quién eres, quién resbala
por tus ojos dorados, quien sucede
en los cristales? Bajas y sonríes,
aprecias el silencio en las maderas,
tocas la luna opaca de los vidrios
y nada más: el hombre está guardado
por carnívoras sombras y barrotes,

está extendido en su hospital durmiendo
sobre los arrecifes de la pólvora.

Puertos del Sur, que deshojaron
la lluvia de las hojas en mi frente;
coníferas amargas del invierno
de cuyo manantial lleno de agujas
llovió la soledad en mis dolores.
Puerto Saavedra, helado en las riberas
del Imperial: las desembocaduras
enarenadas, el glacial lamento
de las gaviotas que me parecían
surgir como azahares tempestuosos,
sin que nadie arrullara sus follajes,
dulces desviadas hacia mi ternura,
despedazadas por el mar violento
y salpicadas en las soledades.

Más tarde mi camino fué la nieve
y en las casas dormidas del Estrecho
en Punta Arenas, en Puerto Natales,
en la extensión azul del aullido,
en la silbante, en la desenfrenada
noche final de la tierra, vi las tablas
que resistieron, encendí las lámparas
bajo el viento feroz, hundí mis manos
en la desnuda primavera antártica
y besé el polvo frío de las últimas flores.

XV
A UNA ESTATUA DE PROA
(Elegía)

En las arenas de Magallanes te recogimos cansada
navegante, inmóvil
bajo la tempestad que tantas veces tu pecho dulce y doble
desafió dividiendo en sus pezones.

Te levantamos otra vez sobre los mares del Sur, pero ahora
fuiste la pasajera de lo obscuro, de los rincones, igual
al trigo y al metal que custodiaste
en alta mar, envuelta por la noche marina.

Hoy eres mía, diosa que el albatros gigante
rozó con su estatura extendida en el vuelo,
como un manto de música dirigida en la lluvia
por tus ciegos y errantes párpados de madera.

Rosa del mar, abeja más pura que los sueños,
almendrada mujer que desde las raíces
de una encina poblada por los cantos
te hiciste forma, fuerza de follaje con nidos,
boca de tempestades, dulzura delicada
que iría conquistando la luz con sus caderas.

Cuando ángeles y reinas que nacieron contigo
se llenaron de musgo, durmieron destinadas
a la inmovilidad con un honor de muertos,
tú subiste a la proa delgada del navío
y ángel y reina y ola, temblor del mundo fuiste.
El estremecimiento de los hombres subía
hasta tu noble túnica con pechos de manzana,
mientras tus labios eran oh dulce! humedecidos
por otros besos dignos de tu boca salvaje.

Bajo la noche extraña tu cintura dejaba
caer el peso puro de la nave en las olas
cortando en la sombría magnitud un camino
de fuego derribado, de miel fosforescente.
El viento abrió en tus rizos su caja tempestuosa,
el desencadenado metal de su gemido,
y en la aurora la luz te recibió temblando
en los puertos, besando tu diadema mojada.

A veces detuviste sobre el mar tu camino
y el barco tembloroso bajó por su costado,

como una gruesa fruta que se desprende y cae,
un marinero muerto que acogieron la espuma
y el movimiento puro del tiempo y del navío.
Y sólo tú entre todos los rostros abrumados
por la amenaza, hundidos en un dolor estéril,
recibiste la sal salpicada en tu máscara,
y tus ojos guardaron las lágrimas saladas.
Más de una pobre vida resbaló por tus brazos
hacia la eternidad de las aguas mortuorias,
y el roce que te dieron los muertos y los vivos
gastó tu corazón de madera marina.

Hoy hemos recogido de la arena tu forma.
Al final, a mis ojos estabas destinada.
Duermes tal vez, dormida, tal vez has muerto, muerta:
tu movimiento, al fin, ha olvidado el susurro
y el esplendor errante cerró su travesía.
Iras del mar, golpes del cielo han coronado
tu altanera cabeza con grietas y rupturas,
y tu rostro como una caracola reposa
con heridas que marcan tu frente, balanceada.
Para mí tu belleza guarda todo el perfume,
todo el ácido errante, toda su noche oscura.
Y en su empinado pecho de lámpara o de diosa,
torre turgente, inmóvil amor, vive la vida.
Tú navegas conmigo, recogida, hasta el día
en que dejen caer lo que soy en la espuma.

XXIV
LA NOCHE MARINA

Noche Marina, estatua blanca y verde,
te amo, duerme conmigo. Fuí por todas
las calles calcinándome y muriendo,
creció conmigo la madera, el hombre
conquistó su ceniza y se dispuso
a descansar rodeado por la tierra.

Cerró la noche para que tus ojos
no vieran su reposo miserable:
quiso proximidad, abrió los brazos
custodiado por seres y por muros,
y cayó al sueño del silencio, bajando
a tierra funeral con sus raíces.
Yo, noche Océano, a tu forma abierta,
a tu extensión que Aldebarán vigila,
a la boca mojada de tu canto
llegué con el amor que me construye.

Te vi, noche del mar, cuando nacías
golpeada por el nácar infinito:
vi tejerse las hebras estrelladas
y la electricidad de tu cintura
y el movimiento azul de los sonidos
que acosan tu dulzura devorada.

Ámame sin amor, sangrienta esposa.

Ámame con espacio, con el río
de tu respiración, con el aumento
de todos tus diamantes desbordados:

    ámame sin la tregua de tu rostro,
    dame la rectitud de tu quebranto.

    Hermosa eres, amada, noche hermosa:
    guardas la tempestad como una abeja
    dormida en tus estambres alarmados,
    y sueño y agua tiemblan en las copas
    de tu pecho acosado de vertientes.

    Nocturno amor, seguí lo que elevabas,
    tu eternidad, la torre temblorosa
    que asume las estrellas, la medida
    de tu vacilación, las poblaciones
    que levanta la espuma en tus costados:

estoy encadenado a tu garganta
y a los labios que rompes en la arena.

Quién eres? Noche de los mares, dime
si tu escarpada cabellera cubre
toda la soledad, si es infinito
este espacio de sangre y de praderas.
Dime quién eres, llena de navíos,
llena de lunas que tritura el viento,
dueña de todos los metales, rosa
de la profundidad, rosa mojada
por la intemperie del amor desnudo.

Túnica de la tierra, estatua verde,
dame una ola como una campana,
dame una ola de azahar furioso,
la multitud de hogueras, los navíos
del cielo capital, el agua en que navego,
la multitud del fuego celeste: quiero un solo
minuto de extensión y más que todos
los sueños, tu distancia:
toda la púrpura que mides, el grave
pensativo sistema consteladо:
toda tu cabellera que visita
la oscuridad, y el día que preparas.

Quiero tener tu frente simultánea,
abrirla en mi interior para nacer
en todas tus orillas, ir ahora
con todos los secretos respirados,
con tus oscuras líneas resguardadas
en mí como la sangre o las banderas,
llevando estas secretas proporciones
al mar de cada día, a los combates
que en cada puerta –amores y amenazas–
viven dormidos.
                      Pero entonces
entraré en la ciudad con tantos ojos

como los tuyos, y sostendré la vestidura
con que me visitaste, y que me toquen
hasta el agua total que no se mide:
pureza y destrucción contra toda la muerte,
distancia que no puede gastarse, música
para los que duermen y para los que despiertan.

XV
YO SOY

I
LA FRONTERA
(1904)

Lo primero que vi fueron árboles, barrancas
decoradas con flores de salvaje hermosura,
húmedo territorio, bosques que se incendiaban
y el invierno detrás del mundo, desbordado.
Mi infancia son zapatos mojados, troncos rotos
caídos en la selva, devorados por lianas
y escarabajos, dulces días sobre la avena,
y la barba dorada de mi padre saliendo
hacia la majestad de los ferrocarriles.

Frente a mi casa el agua austral cavaba
hondas derrotas, ciénagas de arcillas enlutadas,
que en el verano eran atmósfera amarilla
por donde las carretas crujían y lloraban
embarazadas con nueve meses de trigo.
Rápido sol del Sur:

                rastrojos, humaredas
en caminos de tierras escarlatas, riberas
de ríos de redondo linaje, corrales y potreros
en que reverberaba la miel del mediodía.

El mundo polvoriento entraba grado a grado
en los galpones, entre barricas y cordeles
a bodegas cargadas con el resumen rojo
del avellano, todos los párpados del bosque.

Me pareció ascender en el tórrido traje
del verano, con las máquinas trilladoras,

216

por las cuestas, en la tierra barnizada de boldos
erguida entre los robles, indeleble,
pegándose en las ruedas como carne aplastada.

Mi infancia recorrió las estaciones: entre
los rieles, los castillos de madera reciente,
la casa sin ciudad, apenas protegida
por reses y manzanos de perfume indecible
fuí yo, delgado niño cuya pálida forma
se impregnaba en bosques vacíos y bodegas.

II
EL HONDERO
(1919)

Amor, tal vez amor indeciso, inseguro:
sólo un golpe de madreselvas en la boca,
sólo unas trenzas cuyo movimiento subía
hacia mi soledad como una hoguera negra,
y lo demás: el río nocturno, las señales
del cielo, la fugaz primavera mojada,
la enloquecida frente solitaria, el deseo
levantando sus crueles tulipas en la noche.
Yo deshojé las constelaciones, hiriéndome,
afilando los dedos en el tacto de estrellas,
hilando hebra por hebra la contextura helada
de un castillo sin puertas,
                                    oh estrellados amores
cuyo jazmín detiene su trasparencia en vano,
oh nubes que en el día del amor desembocan
como un sollozo entre las hierbas hostiles,
desnuda soledad amarrada a una sombra,
a una herida adorada, a una luna indomable.
Nómbrame, dije tal vez a los rosales:
ellos tal vez, la sombra de confusa ambrosía,
cada temblor del mundo conocía mis pasos,
me esperaba el rincón más oculto, la estatua

del árbol soberano en la llanura:
todo en la encrucijada llegó a mi desvarío
desgranando, mi nombre sobre la primavera.
Y entonces, dulce rostro, azucena quemada,
tú la que no dormiste con mi sueño, bravía,
medalla perseguida por una sombra, amada
sin nombre, hecha de toda la estructura del polen,
de todo el viento ardiendo sobre estrellas impuras:
oh amor, desenredado jardín que se consume,
en ti se levantaron mis sueños y crecieron
como una levadura de panes tenebrosos.

IV
COMPAÑEROS DE VIAJE
(1921)

Luego llegué a la capital, vagamente impregnado
de niebla y lluvia. Qué calles eran ésas?
Los trajes de 1921 pululaban
en un olor atroz de gas, café y ladrillos.
Entre los estudiantes pasé sin comprender,
reconcentrando en mí las paredes, buscando
cada tarde en mi pobre poesía las ramas,
las gotas y la luna que se habían perdido.
Acudí al fondo de ella, sumergiéndome
cada tarde en sus aguas, agarrando impalpables
estímulos, gaviotas de un mar abandonado,
hasta cerrar los ojos y naufragar en medio
de mi propia substancia.

        Fueron tinieblas, fueron
sólo escondidas, húmedas hojas del subsuelo?
De qué materia herida se desgranó la muerte
hasta tocar mis miembros, conducir mi sonrisa
y cavar en las calles un pozo desdichado?

    Salí a vivir: crecí y endurecido
fuí por los callejones miserables,

sin compasión, cantando en las fronteras
del delirio. Los muros se llenaron de rostros:
ojos que no miraban la luz, aguas torcidas
que iluminaba un crimen, patrimonios
de solitario orgullo, cavidades
llenas de corazones arrasados.
Con ellos fuí: sólo en su coro
mi voz reconoció las soledades
donde nació.

Entré a ser hombre
cantando entre las llamas, acogido
por compañeros de condición nocturna
que cantaron conmigo en los mesones,
y que me dieron más de una ternura,
más de una primavera defendida
por sus hostiles manos,
único fuego, planta verdadera
de los desmoronados arrabales.

V
LA ESTUDIANTE
(1923)

Oh tú, más dulce, más interminable
que la dulzura, carnal enamorada
entre las sombras: de otros días
surges llenando de pesado polen
tu copa, en la delicia.
                    Desde la noche llena
de ultrajes, noche como el vino
desbocado, noche de oxidada púrpura,
a ti caí como una torre herida,
y entre las pobre sábanas tu estrella
palpitó contra mí quemando el cielo.
Oh redes del jazmín, oh fuego físico
alimentado en esta nueva sombra,

219

tinieblas que tocamos apretando
la cintura central, golpeando el tiempo
con sanguinarias ráfagas de espigas.
Amor sin nada más, en el vacío
de una burbuja, amor con calles muertas,
amor, cuando murió toda la vida
y nos dejó encendiendo los rincones.

Mordí mujer, me hundí desvaneciéndome
desde mi fuerza, atesoré racimos,
y salí a caminar de beso en beso,
atado a las caricias, amarrado
a esta gruta de fría cabellera,
a estas piernas por labios recorridas:
hambriento entre los labios de la tierra,
devorando con labios devorados.

XI
EL AMOR

El firme amor, España, me diste con tus dones.
Vino a mí la ternura que esperaba
y me acompaña la que lleva el beso
más profundo a mi boca.
                  No pudieron
apartarla de mí las tempestades
ni las distancias agregaron tierra
al espacio de amor que conquistamos.

Cuando antes del incendio entre las mieses
de España apareció tu vestidura,
yo fuí doble noción, luz duplicada,
y la amargura resbaló en tu rostro
hasta caer sobre piedras perdidas.
De un gran dolor, de arpones erizados
desemboqué en tus aguas, amor mío,
como un caballo que galopa en medio

de la ira y la muerte, y lo recibe
de pronto una manzana matutina,
una cascada de temblor silvestre.
Desde entonces, amor, te conocieron
los páramos que hicieron mi conducta,
el océano oscuro que me sigue,
y los castaños del Otoño inmenso.

Quién no te vió, amorosa, dulce mía,
en la lucha, a mi lado, como una
aparición, con todas las señales
de la estrella? Quién, si anduvo
entre las multitudes a buscarme,
porque soy grano del granero humano
no te encontró, apretada a mis raíces,
elevada en el canto de mi sangre?
No sé, mi amor, si tendré tiempo y sitio
de escribir otra vez tu sombra fina
extendida en mis páginas, esposa:
son duros estos días y radiantes,
y recogemos de ellos la dulzura
amasada con párpados y espinas.
Ya no sé recordar cuándo comienzas:
estabas antes del amor,
                              venías
con todas las esencias del destino,
y antes de ti, la soledad fué tuya,
fué tal vez tu dormida cabellera.
Hoy, copa de mi amor, te nombro apenas,
título de mis días, adorada,
y en el espacio ocupas como el día
toda la luz que tiene el universo.

XXI
LA MUERTE

He renacido muchas veces, desde el fondo
de estrellas derrotadas, reconstruyendo el hilo
de las eternidades que poblé con mis manos,
y ahora voy a morir, sin nada más, con tierra
sobre mi cuerpo, destinado a ser tierra.

No compré una parcela del cielo que vendían
los sacerdotes, ni acepté tinieblas
que el metafísico manufacturaba
para despreocupados poderosos.

Quiero estar en la muerte con los pobres
que no tuvieron tiempo de estudiarla,
mientras los apaleaban los que tienen
el cielo dividido y arreglado.

Tengo lista mi muerte, como un traje
que me espera, del color que amo,
de la extensión que busqué inútilmente,
de la profundidad que necesito.

Cuando el amor gastó su materia evidente
y la lucha desgrana sus martillos
en otras manos de agregada fuerza,
viene a borrar la muerte las señales
que fueron construyendo tus fronteras.

XXIII
TESTAMENTO
(I)

Dejo a los sindicatos
del cobre, del carbón y del salitre
mi casa junto al mar de Isla Negra.

Quiero que allí reposen los maltratados hijos
de mi patria, saqueada por hachas y traidores,
desbaratada en su sagrada sangre,
consumida en volcánicos harapos.

Quiero que al limpio amor que recorriera
mi dominio, descansen los cansados,
se sienten a mi mesa los oscuros,
duerman sobre mi cama los heridos.

Hermano, ésta es mi casa, entra en el mundo
de flor marina y piedra constelada
que levanté luchando en mi pobreza.
Aquí nació el sonido en mi ventana
como en una creciente caracola
y luego estableció sus latitudes
en mi desordenada geología.

   Tú vienes de abrasados corredores,
   de túneles mordidos por el odio,
   por el salto sulfúrico del viento:
   aquí tienes la paz que te destino,
   agua y espacio de mi oceanía.

XXIV
TESTAMENTO
(II)

Dejo mis viejos libros, recogidos
en rincones del mundo, venerados
en su tipografía majestuosa,
a los nuevos poetas de América,

                        a los que un día
hilarán en el ronco telar interrumpido
las significaciones de mañana.

   Ellos habrán nacido cuando el agreste puño
   de leñadores muertos y mineros

223

haya dado una vida innumerable
para limpiar la catedral torcida,
el grano desquiciado, el filamento
que enredó nuestras ávidas llanuras.
Toquen ellos infierno, este pasado
que aplastó los diamantes, y defiendan
los mundos cereales de su canto,
lo que nació en el árbol del martirio.

Sobre los huesos de caciques, lejos
de nuestra herencia traicionada, en pleno
aire de pueblos que caminan solos,
ellos van a poblar el estatuto
de un largo sufrimiento victorioso.

Que amen como yo amé mi Manrique, mi Góngora,
mi Garcilaso, mi Quevedo:
                                    fueron
titánicos guardianes, armaduras
de platino y nevada transparencia,
que me enseñaron el rigor, y busquen
en mi Lautréamont viejos lamentos
entre pestilenciales agonías.
Que en Mayakovsky vean cómo ascendió la estrella
y cómo de sus rayos nacieron las espigas.

POLÍTICA Y AMOR

(1953-1954)

LAS UVAS DE EUROPA

V
LOS FRUTOS

Dulces olivas verdes de Frascati,
pulidas como puros pezones,
frescas como gotas de océano,
reconcentrada, terrenal esencia!

De la vieja tierra
arañada y cantada
renovados en cada primavera,
con la misma argamasa
de los seres humanos,
con la misma materia
de nuestra eternidad, perecederos
y nacedores, repetidos
y nuevos, olivares
de las secas tierras de Italia,
del generoso vientre
que a través del dolor
sigue pariendo delicia.
Aquel día la oliva,
el vino nuevo,
la canción de mi amigo,
mi amor a la distancia,
la tierra humedecida,
todo tan simple,
tan eterno
como el grano de trigo,

227

allí en Frascati
los muros perforados
por la muerte,
los ojos de la guerra en las ventanas,
pero la paz me recibía
con un sabor de aceite y vino,
mientras todo era simple como el pueblo
que me entregaba
su tesoro verde:
las pequeñas olivas,
frescura, sabor puro,
medida deliciosa,
pezón del día azul,
amor terrestre.

IX
PALABRAS A EUROPA

Yo, americano de las tierras pobres,
de las metálicas mesetas,
en donde el golpe del hombre contra el hombre
se agrega al de la tierra sobre el hombre.
Yo, americano errante,
huérfano de los ríos y de los
volcanes que me procrearon,
a vosotros, sencillos europeos
de las calles torcidas,
humildes propietarios de la paz y el aceite,
sabios tranquilos como el humo,
yo os digo: aquí he venido
a aprender de vosotros,
de unos y otros, de todos,
porque de qué me serviría
la tierra, para qué se hicieron

el mar y los caminos,
sino para ir mirando y aprendiendo
de todos los seres un poco.
No me cerréis la puerta
(como las puertas negras, salpicadas de sangre
de mi materna España).
No me mostréis la guadaña enemiga
ni el escuadrón blindado,
ni la antiguas horcas para el nuevo ateniense,
en las anchas vías gastadas
por el resplandor de las uvas.
No quiero ver un soldadito muerto
con los ojos comidos.
Mostradme de una patria a otra
el infinito hilo de la vida
cosiendo el traje de la primavera.
Mostradme una máquina pura,
azul de acero bajo el grueso aceite,
lista para avanzar en los trigales.
Mostradme el rostro lleno de raíces
de Leonardo, porque ese rostro
es vuestra geografía,
y en lo alto de los montes,
tantas veces descritos y pintados,
vuestras banderas juntas
recibiendo el viento electrizado.

Traed agua del Volga fecundo
al agua del Arno dorado.
Traed semillas blancas
de la resurrección de Polonia,
y de vuestras viñas llevad
el dulce fuego rojo
al Norte de la nieve!
Yo, americano, hijo
de las más anchas soledades del hombre,
vine a aprender la vida de vosotros

y no la muerte, y no la muerte!
Yo no crucé el océano,
ni las mortales cordilleras,
ni la pestilencia salvaje
de las prisiones paraguayas,
para venir a ver
junto a los mirtos que sólo conocía
en los libros amados,
vuestras cuencas sin ojos y vuestra sangre seca
en los caminos.
Yo a la miel antigua y al nuevo
esplendor de la vida he venido.
Yo a vuestra paz y a vuestras puertas,
a vuestras lámparas encendidas,
a vuestras bodas he venido.
A vuestras bibliotecas solemnes
desde tan lejos he venido.
A vuestras fábricas deslumbrantes
llego a trabajar un momento
y a comer entre los obreros.
En vuestras casas entro y salgo.
En Venecia, en Hungría la bella,
en Copenhague me veréis,
en Leningrado, conversando
con el joven Pushkin, en Praga
con Fucik, con todos los muertos
y todos los vivos, con todos
los metales verdes del Norte
y los claveles de Salerno.
Yo soy el testigo que llega
a visitar vuestra morada.
Ofrecedme la paz y el vino.

Mañana temprano me voy.

Me está esperando en todas partes
la primavera.

EL PASTOR PERDIDO

III
EL PASTOR PERDIDO

Se llamaba Miguel. Era un pequeño
pastor de las orillas
de Orihuela.
Lo amé y puse en su pecho
mi masculina mano,
y creció su estatura poderosa
hasta que en la aspereza
de la tierra española
se destacó su canto
como una brusca encina
en la que se juntaron
todos los enterrados ruiseñores,
todas las aves del sonoro cielo
el esplendor del hombre duplicado
en el amor de la mujer amada,
el zumbido oloroso
de las rubias colmenas,
el agrio olor materno
de las cabras paridas,
el telégrafo puro
de las cigarras rojas.
Miguel hizo de todo
–territorio y abeja,
novia, viento y soldado
barro para su estirpe vencedora
de poeta del pueblo,
y así salió caminando

sobre las espinas de España
con una voz que ahora
sus verdugos
tienen que oír, escuchan,
aquellos
que conservan las manos
manchadas
con su sangre indeleble,
oyen su canto
y creen
que es sólo tierra
y agua.
No es cierto.
Es sangre,
sangre,
sangre de España, sangre
de todos los pueblos de España,
es su sangre que canta
y nombra,
y llama,
nombra todas las cosas
porque él todo lo amaba,
pero esa voz no olvida,
esa sangre no olvida
de dónde viene
y para quiénes canta.
Canta
para que se abran las cárceles
y ande la libertad por los caminos.
A mí me llama
para mostrarme todos los lugares
por donde lo arrastraron,
a él, luz de los pueblos,
relámpago de idiomas,
para mostrarme
el presidio de Ocaña,
en donde gota a gota
lo sangraron,

en donde cercenaron
su garganta,
en donde lo mataron siete años
encarnizándose
en su canto
porque cuando mataron esos labios
se apagaron las lámparas de España.
Y así me llama y me dice:
«Aquí me ajusticiaron lentamente.»
Así el que amó y llevaba
bajo su pobre ropa
todos los manantiales españoles
fue asesinado bajo
la sombra de los muros
mientras tocaban todas las campanas
en honor del verdugo,
pero
los azahares
dieron olor al mundo aquellos días
y aquel aroma era
el corazón martirizado
del pastor de Orihuela
y era Miguel su nombre.

Aquellos días y años
mientras agonizaba,
en la hisotira
se sepultó la luz,
pero allí palpitaba
y volverá mañana.
Aquellos días y siglos
en que a Miguel Hernández,
los carceleros
dieron tormento y agonía,
la tierra echó de menos
sus pasos de pastor sobre los montes
y el guerrillero muerto,
al caer, victorioso,

233

escuchó de la tierra
levantarse un rumor, un latido,
como si se entreabrieran las estrellas
de un jazmín silencioso:
era la poesía de Miguel.
Desde la tierra hablaba,
desde la tierra
hablará para siempre,
es la voz de su pueblo,
él fue entre los soldados
como una torre ardiente.
Él era
fortaleza
de cantos y estampidos,
fue como un panadero:
con sus manos hacía
sus sonetos.
Toda su poesía
tiene tierra porosa,
cereales, arena,
barro y viento,
tiene forma
de jarra levantina,
de cadera colmada,
de barriga de abeja,
tiene olor
a trébol en la lluvia,
a ceniza amaranto,
a humo de estiércol, tarde,
en las colinas.
Su poesía
es maíz agrupado
en un racimo de oro,
es viña de uvas negras, es botella
de cristal deslumbrante
llena de vino y agua, noche y día,
es espiga escarlata,
estrella anunciadora,

hoz y martillo escritos con diamantes
en la sombra de España.

Miguel Hernández, toda
la anaranjada greda o levadura
de tu tierra y tu pueblo
revivirá contigo.
Tú la guardaste
con la mano más torpe, en la agonía,
porque tú estabas hecho
para el amanecer y la victoria,
estabas hecho de agua y tierra virgen,
de estupor insaciable,
de plantas y de nidos.
Eras
la germinación invencible
de la materia que canta,
eras
patria de la entereza y dispusiste
contra los enemigos,
el moro y el franquista,
una mano pesada
llena de enredaderas y metales.
Con tu espada en los brazos, invisible,
morías,
pero no estabas solo.
No sólo la hierba quemada
en las pobres colinas de Orihuela
esparcieron tu voz y tu perfume
por el mundo.
Tu pueblo parecía
mudo,
no miraba
tu muerte,
no oía
las misas del desprecio
pero, anda,
anda y pregunta,

anda y ve si hay alguno
que no sepa tu nombre.

Todos sabían,
en las cárceles,
mientras los carceleros
cenaban con Cossío,
tu nombre.
Era un fulgor mojado
por las lágrimas
tu voz de miel salvaje.
Tu revolucionaria
poesía
era, en silencio, en celdas,
de una cárcel a otra,
repetida,
atesorada,
y ahora
despunta el germen,
sale tu grano a la luz,
tu cereal violento
acusa,
en cada calle,
tu voz toma el camino
de las insurrecciones.

Nadie, Miguel, te ha olvidado.
Aquí te llevamos todos
en mitad del pecho.

Hijo mío, recuerdas
cuando
te recibí y te puse
mi amistad de piedra en las manos?
Y bien, ahora,
muerto,
todo me lo devuelves.
Has crecido y crecido,
eres,

eres eterno,
eres España,
eres tu pueblo,
ya no pueden matarte.
Ya has levantado
tu pecho de granero,
tu cabeza
llena de rayos rojos,
ya no te detuvieron.
Ahora
quieren hincarse
como frailes tardíos
en tu recuerdo,
quieren regar con baba
tu rostro, guerrillero comunista.
No pueden.
No los dejaremos.
Ahora
quédate puro,
quédate silencioso,
permanece sonoro,
deja
que recen,
deja
que caiga el hilo negro
de sus catafalcos podridos
y bocas medievales.
No saben otra cosa.
Ya llegará
tu viento,
el viento del pueblo,
el rostro de Dolores,
el paso victorioso
de nuestra nunca muerta
España,
y entonces,
arcángel de las cabras,
pastor caído,

gigantesco poeta de tu pueblo,
hijo mío,
verás
que tu rostro arrugado
estará en las banderas,
vivirá en la victoria,
revivirá cuando reviva el pueblo,
marchará con nosostros sin que nadie
pueda apartarte más del regazo de España.

NOSTALGIAS Y REGRESOS
(INTERMEDIO)

I
LOS REGRESOS

En el sur de Italia, en la isla,
recién llegado
de Hungría deslumbrante, de la abrupta
Mongolia,
el sol sobre el invierno,
el sol sobre el mar del invierno.
Otra vez,
otra vez comencemos,
amor, de nuevo hagamos
un círculo en la estrella.
Sea la luz,
sea la transparencia.
Hagamos
un círculo en el pan.
Sea entre todos los hombres
el reparto de todos los bienes.
Hágase la justicia,
haremos.

Vida,
me diste
todo.
Apartaste de mí la soledad,
la solitaria lámpara
y el muro.
Me diste
amor a manos llenas,

batallas,
alegrías,
todo.
Y a ella me la entregaste
a pesar mío.
Cerré los ojos.
Yo no quería verla.
Viniste
a pesar de eso,
completa,
completa con todos tus dones
y con la herida que yo mismo puse
dentro de ti como una flor sangrienta
que me hizo tambalear sin derribarme.

II
LA PASAJERA DE CAPRI

De dónde, planta o rayo,
de dónde, rayo negro o planta dura,
venías y viniste
hasta el rincón marino?

Sombra del continente más lejano
hay en tus ojos, luna abierta
en tu boca salvaje,
y tu rostro es el párpado de una fruta dormida.
El pezón satinado de una estrella es tu forma,
sangre y fuego de antiguas lanzas hay en tus labios.

De dónde recogiste
pétalos transparentes
de manantial, de dónde
trajiste la semilla
que reconozco? Y luego
el mar de Capri en ti, mar extranjero,
detrás de ti las rocas, el aceite,
la recta claridad bien construida,

pero tú, yo conozco,
yo conozco esa rosa,
yo conozco la sangre de esa rosa,
yo sé que la conozco,
yo sé de dónde viene,
y huelo el aire libre de ríos y caballos
que tu presencia trae a mi memoria.
Tu cabellera es una carta roja
llena de bruscos besos y noticias,
tu afirmación, tu investidura clara
me hablan a mediodía,
a medianoche llaman a mi puerta
como si adivinaran
adónde quieren regresar mis pasos.

Tal vez, desconocida,
la sal de Maracaibo
suena en tu voz llenándola de sueño,
o el frío viento de Valparaíso
sacudió tu razón cuando crecías.
Lo cierto es que hoy, mirándote al pasar
entre las aves de pecho rosado
de los farellones de Capri,
la llamarada de tus ojos, algo
que vi volar desde tu pecho, el aire
que rodea tu piel, la luz nocturna
que de tu corazón sin duda sale,
algo llegó a mi boca
con un sabor de flor que conocía,
algo tiñó mis labios con el licor oscuro
de las plantas silvestres de mi infancia,
y yo pensé: Esta dama,
aunque el clásico azul derrame todos
los racimos del cielo en su garganta,
aunque detrás de ella los templos
nimben con su blancura coronada
tanta hermosura,
ella no es, ella es otra,

algo crepita en ella que me llama:
toda la tierra que me dio la vida
está en esta mirada, y estas manos
sutiles
recogieron el agua en la vertiente
y estos menudos pies fueron midiendo
las volcánicas islas de mi patria.

Oh tú, desconocida, dulce y dura,
cuando ya tu paso
descendió hasta perderse,
y sólo las columnas
del templo roto y el zafiro verde
del mar que canta en mi destierro
quedaron solos, solos
conmigo y con tu sombra,
mi corazón dio un gran latido,
como si una gran piedra sostenida
en la invisible altura
cayera de repente
sobre el agua y saltaran las espumas.

Y desperté de tu presencia entonces
con el rostro regado
por tu salpicadura,
agua y aroma y sueño,
distancia y tierra y ola!

III
CUÁNDO DE CHILE

Oh Chile, largo pétalo
de mar y vino y nieve,
ay cuándo
ay cuándo y cuándo
ay cuándo

me encontraré contigo,
enrollarás tu cinta
de espuma blanca y negra en mi cintura,
desencadenaré mi poesía
sobre tu territorio.
Hay hombres
mitad pez, mitad viento,
hay otros hombres hechos de agua.
Yo estoy hecho de tierra.
Voy por el mundo
cada vez más alegre:
cada ciudad me da una nueva vida.
El mundo está naciendo.
Pero si llueve en Lota
sobre mí cae la lluvia,
si en Lonquimay la nieve
resbala de las hojas
llega la nieve donde estoy.
Crece en mí el trigo oscuro de Cautín.
Yo tengo una araucaria en Villarrica,
tengo arena en el Norte Grande,
tengo una rosa rubia en la provincia,
y el viento que derriba
la última ola de Valparaíso
me golpea en el pecho
con un ruido quebrado
como si allí tuviera
mi corazón una ventana rota.

El mes de octubre ha llegado hace
tan poco tiempo del pasado octubre
que cuando éste llegó fue como si
me estuviera mirando el tiempo inmóvil.
Aquí es otoño. Cruzo
la estepa siberiana.
Día tras día todo es amarillo,
el árbol y la usina,
la tierra y lo que en ella el hombre nuevo crea:

hay oro y llama roja,
mañana inmensidad, nieve, pureza.

En mi país la primavera
viene de norte a sur con su fragancia.
Es como una muchacha
que por las piedras negras de Coquimbo,
por la orilla solemne de la espuma
vuela con pies desnudos
hasta los archipiélagos heridos.
No sólo territorio, primavera,
llenándome, me ofreces.
No soy un hombre solo.
Nací en el sur. De la frontera
traje las soledades y el galope
del último caudillo.
Pero el Partido me bajó del caballo
y me hice hombre, y anduve
los arenales y las cordilleras
amando y descubriendo.

Pueblo mío, verdad que en primavera
suena mi nombre en tus oídos
y tú me reconoces
como si fuera un río
que pasa por tu puerta?

Soy un río. Si escuchas
pausadamente bajo los salares
de Antofagasta, o bien
al sur de Osorno
o hacia la cordillera, en Melipilla,
o en Temuco, en la noche
de astros mojados y laurel sonoro,
pones sobre la tierra tus oídos,
escucharás que corro
sumergido, cantando.

Octubre, oh primavera,
devuélveme a mi pueblo.
Qué haré sin ver mil hombres,
mil muchachas,
qué haré sin conducir sobre mis hombros
una parte de la esperanza?
Qué haré sin caminar con la bandera
que de mano en mano en la fila
de nuestra larga lucha
llegó a las manos mías?
Ay Patria, Patria,
ay Patria, cuándo
ay cuándo y cuándo
cuándo
me encontraré contigo?

Lejos de ti
mitad de tierra tuya y hombre tuyo
he continuado siendo,
y otra vez hoy la primavera pasa.
Pero yo con tus flores me he llenado,
con tu victoria voy sobre la frente
y en ti siguen viviendo mis raíces.

Ay cuándo
encontraré tu primavera dura,
y entre todos tus hijos
andaré por tus campos y tus calles
con mis zapatos viejos.
Ay cuándo
iré con Elías Lafferte
por toda la pampa dorada.
Ay cuándo a ti te apretaré la boca,
chilena que me esperas,
con mis labios errantes?
Ay cuándo
podré entrar en la sala del Partido
a sentarme con Pedro Fogonero,

con el que no conozco y sin embargo
es más hermano mío que mi hermano.
Ay cuándo
me sacará del sueño un trueno verde
de tu manto marino.
Ay cuándo, Patria, en las elecciones
iré de casa en casa recogiendo
la libertad temerosa
para que grite en medio de la calle.
Ay cuándo, Patria,
te casarás conmigo
con ojos verdemar y vestido de nieve
y tendremos millones de hijos nuevos
que entregarán la tierra a los hambrientos.

Ay Patria, sin harapos,
ay primavera mía
ay cuándo
ay cuándo y cuándo
despertaré en tus brazos
empapado de mar y de rocío.
Ay cuando yo esté cerca
de ti, te tomaré de la cintura,
nadie podrá tocarte,
yo podré defenderte
cantando,
cuando
vaya contigo, cuando
vayas conmigo, cuándo
ay cuándo.

IV
EL CINTURÓN

Carlos Augusto me ha mandado
un cinturón de cuero de Orinoco.

Ahora a la cintura
llevo un río,
aves nupciales que en su vuelo levantan
los pétalos de la espesura,
el ancho trueno que perdí en la infancia
hoy lo llevo amarrado,
cosido con relámpagos y lluvia,
sujetando mis viejos pantalones.
Cuero de litoral, cuero de río,
te amo y toco,
eres flor y madera, saurio y lodo,
eres arcilla extensa.
Paso mi mano sobre tus arrugas
como sobre mi patria. Tienes labios
de un beso que me busca.
Pero no sólo amor, oh tierra, tienes,
sé que también me guardas
la dentellada, el filo, el exterminio
que preguntan por mí todos los días,
porque tu costa, América, no tiene sólo plumas
de un abanico incendiario,
no tiene sólo azúcar luminoso,
frutas que parpadean,
sino que el venenoso susurro
de la cuchillada secreta.

Aquí sólo
me he probado el río:
no queda mal en mi cintura.
El Orinoco
es como un apellido que me falta.
Yo me llamo Orinoco,
yo debo ir con el agua a la cintura,
y desde ahora
esta línea de cuero
crecerá con la luna,
abrirá sus estuarios en la aurora,
caminará las calles

conmigo y entrará en las reuniones
recordándome
de dónde soy: de las tierras abruptas
de Sinaloa y de Magallanes,
de las puntas de hierro andino,
de las islas huracanadas,
pero más que de todos los sitios,
del río caimán verde,
del Orinoco, envuelto
por sus respiraciones,
que entre sus dos orillas siempre recién bordadas
va extendiendo su canto por la tierra.

Carlos Augusto, gracias,
joven hermano, porque a mi destierro
el agua patria me mandaste. Un día
verás aparecer en la corriente
del río
que desatada corre y nos reúne,
un rostro, nuestro pueblo,
alto y feliz cantando con las aguas.
Y cuando ese rostro nos mire
pensaremos «hicimos nuestra parte»
y cantaremos con nuestros ríos,
con nuestros pueblos cantaremos.

V

UN DÍA

A ti, amor, este día
a ti te lo consagro.
Nació azul, con un ala
blanca en mitad del cielo.
Llegó la luz
a la inmovilidad de los cipreses.
Los seres diminutos
salieron a la orilla de una hoja
o a la mancha del sol en una piedra.

Y el día sigue azul
hasta que entre en la noche como un río
y haga temblar la sombra con sus aguas azules.
A ti, amor, este día.

Apenas, desde lejos, desde el sueño,
lo presentí y apenas
me tocó su tejido
de red incalculable
yo pensé: es para ella.
Fue un latido de plata,
fue sobre el mar volando un pez azul,
fue un contacto de arenas deslumbrantes,
fue el vuelo de una flecha
que entre el cielo y la tierra
atravesó mi sangre
y como un rayo recogí en mi cuerpo
la desbordada claridad del día.

Es para ti, amor mío.

Yo dije: es para ella.
Este vestido es suyo.
El relámpago azul que se detuvo
sobre el agua y la tierra
a ti te lo consagro.

A ti, amor, este día.

Como una copa eléctrica
o una corola de agua temblorosa,
levántalo en tus manos,
bébelo con los ojos y la boca,
derrámalo en tus venas para que arda
la misma luz en tu sangre y en la mía.

Y te doy este día
con todo lo que traiga:

las transparentes uvas de zafiro
y la ráfaga rota
que acerque a tu ventana
los dolores del mundo.

Yo te doy todo el día.
De claridad y de dolor haremos
el pan de nuestra vida,
sin rechazar lo que nos traiga el viento
ni recoger sólo la luz del cielo,
sino las cifras ásperas
de la sombra en la tierra.

Todo te pertenece.
Todo este día con su azul racimo
y la secreta lágrima de sangre
que tú encontrarás en la tierra.

Y no te cegará la oscuridad
ni la luz deslumbrante:
de este amasijo humano
están hechas las vidas
y de este pan del hombre comeremos.

Y nuestro amor hecho de luz oscura
y de sombra radiante
será como este día vencedor
que entrará como un río
de claridad en medio de la noche.

Toma este día, amada.
Todo este día es tuyo.

Se lo doy a tus ojos, amor mío,
se lo doy a tu pecho,
te lo dejo en las manos y en el pelo,
como un ramo celeste.
Te lo doy para que hagas un vestido

de plata azul y de agua.
Cuando llegue
la noche que este día inundará
con su red temblorosa,
tiéndete junto a mí,
tócame y cúbreme
con todos los tejidos estrellados
de la luz y la sombra
y cierra tus ojos entonces
para que yo me duerma.

LA TIERRA Y LA PINTURA

I
LLEGADA A PUERTO PICASSO

Desembarqué en Picasso a las seis de los días de otoño,
   recién
el cielo anunciaba su desarrollo rosa, miré alrededor,
   Picasso
se extendía y encendía como el fuego del amanecer. Lejos
   atrás
quedaban las cordilleras azules y entre ellas levantándose
   en el valle el Arlequín de ceniza.
He aquí: yo venía de Antofagasta y de Maracaibo, yo
   venía de Tucumán
y de la tercera Patagonia, aquella de dientes helados
   roídos por el trueno, aquella de bandera sumergida
   en la nieve perpetua.

Y yo entonces desembarqué, y vi grandes mujeres de
   color de manzana
en las orillas de Picasso, ojos desmedidos, brazos que
   reconocí:
tal vez la Amazonia, tal vez era la Forma.

Y al oeste eran titiriteros desvalidos rodando hacia el
   amarillo,
y músicos con todos los cuadros de la música, y aún más,
   allá la geografía
se pobló de una desgarradora emigración de mujeres, de
   aristas,
de pétalos y llamas,

252

y en medio de Picasso entre las dos llanuras y el árbol de
     vidrio,
vi una Guernica en que permaneció la sangre como un
     gran río, cuya corriente
se convirtió en la copa del caballo y la lámpara:

ardiente sangre sube a los hocicos,
húmeda luz que acusa para siempre.

Así, pues, en las tierras de Picasso de Sur a Oeste,
toda la vida y las vidas hacían de morada
y el mar y el mundo allí fueron acumulando
su cereal y su salpicadura.

Encontré allí el arañado fragmento
de la tiza, la cáscara del cobre,
y la herradura muerta que desde sus heridas
hacia la eternidad de los metales crece,
y vi la tierra entrar como el pan en los hornos
y la vi aparecer con un hijo sagrado.

También el gallo negro de encefálica espuma
encontré, con un ramo de alambre y arrabales,
el gato azul con su abanico de uñas,
el tigre adelantado sobre los esqueletos.

Yo fui reconociendo las marcas que temblaron
en la desembocadura del agua en que nací.
Primero fue esta piedra con espinas, en donde
sobresalió, ilusoria, la rama desgarrada,
y la madera en cuya rota genealogía
nacen las bruscas aves de mi fuego natal.

Pero el toro asomó desde los corredores
en el centro terrestre, yo vi su voz, llegaba
escarbando las tierras de Picasso, se cubría
la efigie con los mantos de la tinta violeta,
y vi venir el cuello de su oscura catástrofe
y todos los bordados de su baba invencible.

Picasso de Altamira, Toro del Orinoco,
torre de aguas por el amor endurecidas,
tierra de minerales manos que convirtieron
como el arado, en parto la inocencia del musgo.

Aquí está el toro de cuya cola arrastra
la sal y la aspereza, y en su ruedo
tiembla el collar de España con un sonido seco,
como un saco de huesos que la luna derrama.

Oh circo en que la seda sigue ardiendo
como un olvido de amapolas en la arena
y ya no hay sino día, tiempo, tierra, destino
para enfrentarse, toro del aire desbocado.
Esta corrida tiene todo el morado luto,
la bandera del vino que rompió las vasijas:
y aún más: es la planta de polvo del arriero
y las acumuladas vestiduras que guardan
el distante silencio de la carnicería.
Sube España por estas escaleras, arrugas
de oro y de hambre, y el rostro cerrado de la cólera
y aún más, examinad su abanico: no hay párpados.
Hay una negra luz que nos mira sin ojos.

Padre de la Paloma, que con ella
desplegada en la luz llegaste al día,
recién fundada en su papel de rosa,
recién limpia de sangre y de rocío,
a la clara reunión de las banderas.

Paz o paloma, apostura radiante!

Círculo, reunión de lo terrestre!

Espiga pura entre las flechas rojas!
Súbita dirección de la esperanza!
Contigo estamos en el fondo revuelto
de la arcilla, y hoy en el duradero

metal de la esperanza.

                    «Es Picasso»,
dice la pescadora, atando plata,
y el nuevo otoño araña
                    el estandarte
del pastor: el cordero que recibe una hoja
del cielo en Vallauris,
y oye pasar los gremios a su colmena, cerca
del mar y su corona de cedro simultáneo.

Fuerte es nuestra medida cuando
arrojamos –amando al simple hombre–
tu brasa en la balanza, en la bandera.
No estaba en los designios del escorpión tu rostro.
Quiso morder a veces y encontró tu cristal
desmedido,
tu lámpara bajo la tierra,
                    y entonces?
Entonces por la orilla de la tierra crecemos,
hacia la otra orilla de la tierra crecemos.

Quien no escuche estos pasos oye tus pasos. Oye
desde la infinidad del tiempo este camino.
Ancha es la tierra. No está tu mano sola.
Ancha es la luz. Enciéndela sobre nosotros.

II
A GUTUSSO, DE ITALIA

Gutusso, hasta tu patria llegó el color azul
a saber cómo es el cielo y a conocer el agua.
Gutusso, de tu patria vino la luz
y por la tierra fue naciendo el fuego.
En tu patria, Gutusso, la luna tiene olor
a uvas blancas, a miel, a limones caídos,
pero no hay tierra,
pero no hay pan!
Tú das la tierra, el pan, en tu pintura.

255

Buen panadero, dame tu mano que levanta
sobre nuestras banderas la rosa de la harina.
Agrónomo, has pintado la tierra que repartes.
Pescador, tu cosecha palpitante
sale de tus pinceles hacia las casas pobres.
Minero, has horadado con una flor de hierro
la oscuridad, y vuelves con el rostro manchado
a darnos la dureza de la noche excavada.
Soldado, trigo y pólvora en la tela,
defiendes el camino.

Labriegos del Sur, hacia la tierra, en tus cuadros!
Gentes sin tierra, hacia la estrella terrestre!
Hombres sin rostros que en tu pintura tienen nombre!
Párpados del combate que avanzan hacia el fuego!
Pan de la lucha, puños de la cólera!
Corazones de tierra coronados
por la electricidad de las espigas!
Grave paso del pueblo hacia mañana,
hacia la decisión, hacia ser hombres,
hacia sembrar, hacia ordeñar dejando
en tu pintura su primer retrato.

Éstos –cómo se llaman? Desde los viejos muros
de tu patria preguntan los señores
de gran collar y de maligna espada
–quiénes son? Y desde su rotonda-
senos de azúcar– la imperial Paulina,
desnuda y fría –quiénes son?, pregunta.
–Somos la tierra, dicen las azadas.
–Hoy existimos, dice el segador.
–Somos el pueblo, canta el día.
Yo te pregunto –estamos solos? Y me responde un rostro
que tú dejaste entre otros campesinos: No es cierto!
Ya no es verdad que tú, solitario violín,
ineficaz nocturno, mirándote el espectro,
quieres volar sin que los pies conserven
fragmentos, tierra, bosques y batallas!

256

Ay, con estos zapatos he marchado contigo
midiendo sementeras y mercados!

Yo conocí un pintor de Nicaragua. Los árboles
allí son tempestuosos y desatan sus flores
como volcanes verdes. Los ríos aniquilan
en su corriente ríos superpuestos
de mariposas, y las cárceles
están llenas de gritos y de heridas!
Y este pintor llegó a París, y entonces
pintó un puntito de color ocre pálido
en una tela blanca, blanca, blanca,
y a esto le puso un marco, marco, marco.
Él vino a verme entonces y yo me puse triste,
porque detrás del pequeño hombrecito y su punto
Nicaragua lloraba, sin que la oyera nadie,
Nicaragua enterraba sus dolores
y sus carnicerías en la selva.

Pintura, pintura para nuestros héroes, para nuestros
        muertos!
Pintura color de manzana y de sangre para nuestros
        pueblos!
Pintura con los rostros y las manos que conocemos y que
no queremos olvidar! Y que surja el color de las
        reuniones,
el movimiento de las banderas, las víctimas de la
        policía.
Que sean alabadas y pintadas y escritas
las reuniones de obreros, el mediodía de la huelga,
el tesoro de los pescadores, la noche del fogonero,
los pasos de la victoria, la tempestad de China,
la respiración ilimitada de la Unión Soviética,
y el hombre: cada hombre con su oficio y su lámpara,
con la seguridad de su tierra y su pan.

Te abrazo, hermano, porque cumples en tu arena el
        destino

257

de lucha y luz de Italia.
Que el trigo de mañana
pinte sobre la tierra con sus líneas de oro
la paz del pueblo.
Entonces, cuando el aire
en una ola remueva la cosecha del mundo
cantará el pan en todas las praderas.

MEMORIAL DE ESTOS AÑOS

I
VINO LA MUERTE DE PAUL

En estos días recibí la muerte
de Paul Eluard.
Ahí, el pequeño sobre
del telegrama.
Cerré los ojos, era
su muerte, algunas letras,
y un gran vacío blanco.

Así es la muerte. Así
vino a través del aire
la flecha de su muerte
a traspasar mis dedos
y herirme como espina
de una rosa terrible.

Héroe o pan, no recuerdo
si su loca dulzura
fue la del coronado vencedor
o fue sólo la miel que se reparte.
Yo recuerdo
sus ojos,
gotas de aquel océano celeste,
flores de azul cerezo,
antigua primavera.

Cuántas cosas
camina por la tierra y por el tiempo,
hasta formar un hombre.

Lluvia,
pájaros litorales cuyo grito
ronco resuena en la espuma,
torres,
jardines y batallas.

Eso
era Eluard: un hombre
hacia el que habían venido
caminando
rayas de lluvia, verticales hilos
de intemperie,
y espejo de agua clásica
en que se reflejaba y florecía
la torre de la paz y la hermosura.

III
AQUÍ VIENE NAZIM HIKMET

Nazim, de las prisiones
recién salido,
me regaló su camisa bordada
con hilos de oro rojo
como su poesía.

Hilos de sangre turca
son sus versos,
fábulas verdaderas
con antigua inflexión, curvas o rectas,
como alfanjes o espadas,
sus clandestinos versos
hechos para enfrentarse
con todo el mediodía de la luz,
hoy son como las armas escondidas,
brillan bajo los pisos,

esperan en los pozos,
bajo la oscuridad impenetrable
de los ojos oscuros
de su pueblo.
De sus prisiones vino
a ser mi hermano
y recorrimos juntos
las nieves esteparias
y la noche encendida
con nuestras propias lámparas.

Aquí está su retrato
para que no se olvide su figura:

Es alto
como una torre
levantada en la paz de las praderas
y arriba
dos ventanas:
sus ojos
con la luz de Turquía.

Errantes
encontramos
la tierra firme bajo nuestros pies,
la tierra conquistada
por héroes y poetas,
las calles de Moscú, la luna llena
floreciendo en los muros,
las muchachas
que amamos,
el amor que adoramos,
la alegría,
nuestra única secta,
la esperanza total que compartimos,
y más que todo
una lucha

de pueblos
donde son una gota y otra gota,
gotas del mar humano,
sus versos y mis versos.

Pero
detrás de la alegría de Nazim
hay hechos,
hechos como maderos
o como fundaciones de edificios.

Años
de silencio y presidio.
Años
que no lograron
morder, comer, tragarse
su heroica juventud.

Me contaba
que por más de diez años
le dejaron
la luz de la bombilla eléctrica
toda la noche y hoy
olvida cada noche,
deja en la libertad
aún la luz encendida.
Su alegría
tiene raíces negras
hundidas en su patria
como flor de pantanos.
Por eso
cuando ríe,
cuando ríe Nazim,
Nazim Hikmet,
no es como cuando ríes:
es más blanca su risa,
en él ríe la luna,

la estrella,
el vino,
la tierra que no muere,
todo el arroz saluda con su risa,
todo su pueblo canta por su boca.

LOS VERSOS DEL CAPITÁN

EN TI LA TIERRA

Pequeña
rosa,
rosa pequeña,
a veces,
diminuta y desnuda,
parece
que en una mano mía
cabes,
que así voy a cerrarte
y a llevarte a mi boca,
pero
de pronto
mis pies tocan tus pies y mi boca tus labios,
has crecido,
suben tus hombros como dos colinas,
tus pechos se pasean por mi pecho,
mi brazo alcanza apenas a rodear la delgada
línea de luna nueva que tiene tu cintura:
en el amor como aguade mar te has desatado:
mido apenas los ojos más extensos del cielo
y me inclino a tu boca para besar la tierra.

TU RISA

Quítame el pan, si quieres,
quítame el aire pero
no me quites tu risa...

No me quites la rosa,
la lanza que desgranas,
el agua que de pronto
estalla en tu alegría,
la repentina ola
de plata que te nace.

Mi lucha es dura y vuelvo
con los ojos cansados
a veces de haber visto
la tierra que no cambia,
pero al entrar tu risa
sube al cielo buscándome
y abre para mí todas
las puertas de la vida.

Amor mío, en la hora
más oscura desgrana
tu risa, y si de pronto
ves que mi sangre mancha
las piedras de la calle,
ríe, porque tu risa
será para mis manos
como una espada fresca.

Junto al mar en otoño,
tu risa debe alzar
su cascada de espuma,
y en primavera, amor,
quiero tu risa como
la flor que yo esperaba,
la flor azul, la rosa
de mi patria sonora.

Ríete de la noche,
del día, de la luna,
ríete de las calles

torcidas de la isla,
ríete de este torpe
muchacho que te quiere,
pero cuando yo abro
los ojos y los cierro,
cuando mis pasos van,
cuando vuelven mis pasos,
niégame el pan, el aire,
la luz, la primavera,
pero tu risa nunca
porque me moriría.

LA NOCHE EN LA ISLA

Toda la noche he dormido contigo
junto al mar, en la isla.
Salvaje y dulce eras entre el placer y el sueño
entre el fuego y el agua.

Tal vez muy tarde
nuestros sueños se unieron
en lo alto o en el fondo,
arriba como ramas que un mismo viento mueve,
abajo como rojas raíces que se tocan.

Tal vez tu sueño
se separó del mío
y por el mar oscuro
me buscaba
como antes
cuando aún no existías,
cuando sin divisarte
navegué por tu lado,
y tus ojos buscaban
lo que ahora
—pan, vino, amor y cólera—

te doy a manos llenas
porque tú eres la copa
que espera los dones de mi vida.

He dormido contigo
toda la noche mientras
la oscura tierra gira
con vivos y con muertos,
y al despertar de pronto
en medio de la sombra
mi brazo rodeaba tu cintura.
Ni la noche, ni el sueño
pudieron separarnos.

He dormido contigo
y al despertar tu boca
salida de tu sueño
me dió el sabor de tierra,
de agua marina, de algas,
del fondo de tu vida,
y recibí tu beso
mojado por la aurora
como si me llegara
del mar que nos rodea.

EL VIENTO EN LA ISLA

El viento es un caballo:
óyelo cómo corre
por el mar, por el cielo.

Quiere llevarme: escucha
cómo recorre el mundo
para llevarme lejos.

Escóndeme en tus brazos
por esta noche sola,

mientras la lluvia rompe
contra el mar y la tierra
su boca innumerable.

Escucha cómo el viento
me llama galopando
para llevarme lejos.

Con tu frente en mi frente,
con tu boca en mi boca,
atados nuestros cuerpos
al amor que nos quema,
deja que el viento pase
sin que pueda llevarme.

Deja que el viento corra
coronado de espuma,
que me llame y me busque
galopando en la sombra,
mientras yo, sumergido
bajo tus grandes ojos,
por esta noche sola
descansaré, amor mío.

EL AMOR

Qué tienes, qué tenemos
qué nos pasa?
Ay nuestro amor es una cuerda dura
que nos amarra hiriéndonos
y si queremos
salir de nuestra herida,
separarnos,
nos hace un nuevo nudo y nos condena
a desangrarnos y quemarnos juntos.

Qué tienes? Yo te miro
y no hallo nada en ti sino dos ojos

como todos los ojos, una boca
perdida entre mil bocas que besé, más hermosas,
un cuerpo igual a los que resbalaron
bajo mi cuerpo sin dejar memoria.

Y qué vacía por el mundo ibas
como una jarra de color de trigo
sin aire, sin sonido, sin substancia!
Yo busqué en vano en ti
profundidad para mis brazos
que excavan, sin cesar, bajo la tierra:
bajo tu piel, bajo tus ojos
nada,
bajo tu doble pecho levantado
apenas
una corriente de orden cristalino
que no sabe por qué corre cantando.
Por qué, por qué, por qué,
amor mío, por qué?

EL OLVIDO

Todo el amor en una copa
ancha como la tierra, todo
el amor con estrellas y espinas
te di, pero anduviste
con pies pequeños, con tacones sucios
sobre el fuego, apagándolo.

Ay gran amor, pequeña amada!

No me detuve en la lucha.
No dejé de marchar hacia la vida,
hacia la paz, hacia el pan para todos,
pero te alcé en mis brazos
y te clavé a mis besos

y te miré como jamás
volverán a mirarte ojos humanos.

Ay gran amor, pequeña amada!

Entonces no mediste mi estatura,
y al hombre que para ti apartó
la sangre, el trigo, el agua
confundiste
con el pequeño insecto que te cayó en la falda.

Ay gran amor, pequeña amada!

No esperes que te mire en la distancia
hacia atrás, permanece
con lo que te dejé, pasea
con mi fotografía traicionada,
yo seguiré marchando,
abriendo anchos caminos contra la sombra, haciendo
suave la tierra, repartiendo
la estrella para los que vienen.

Quédate en el camino.
Ha llegado la noche para ti.
Tal vez de madrugada
nos veremos de nuevo.

Ay gran amor, pequeña amada!

EPITALAMIO

Recuerdas cuando
en invierno
llegamos a la isla?
El mar hacia nosotros levantaba
una copa de frío.
En las paredes las enredaderas

susurraban dejando
caer hojas oscuras
a nuestro paso.
Tú eras también una pequeña hoja
que temblaba en mi pecho.
El viento de la vida allí te puso.
En un principio no te vi; no supe
que ibas andando conmigo,
hasta que tus raíces
horadaron mi pecho,
se unieron a los hilos de mi sangre,
hablaron por mi boca,
florecieron conmigo.
Así fué tu presencia inadvertida,
hoja o rama invisible
y se pobló de pronto
mi corazón de frutos y sonidos.
Habitaste la casa
que te esperaba oscura
y encendiste las lámparas entonces.
Recuerdas, amor mío,
nuestros primeros pasos en la isla:
las piedras grises nos reconocieron,
las rachas de la lluvia,
los gritos del viento en la sombra.
Pero fué el fuego
nuestro único amigo,
junto a él apretamos
el dulce amor de invierno
a cuatro brazos.
El fuego vió crecer nuestro beso desnudo
hasta tocar estrellas escondidas,
y vió nacer y morir el dolor
como una espada rota
contra el amor invencible.
Recuerdas,
oh dormida en mi sombra,
cómo de ti crecía

el sueño,
de tu pecho desnudo
abierto con sus cúpulas gemelas
hacia el mar, hacia el viento de la isla
y cómo yo en tu sueño navegaba
libre, en el mar y en el viento
atado y sumergido sin embargo
al volumen azul de tu dulzura,
O dulce, dulce mía,
cambió la primavera
los muros de la isla.
Apareció una flor como una gota
de sangre anaranjada,
y luego descargaron los colores
todo su peso puro.
El mar reconquistó su transparencia,
la noche en el cielo
destacó sus racimos
y ya todas las cosas susurraron
nuestro nombre de amor, piedra por piedra
dijeron nuestro nombre y nuestro beso.
La isla de piedra y musgo
resonó en el secreto de sus grutas
como en tu boca el canto,
y la flor que nacía
entre los intersticios de la piedra
con su secreta sílaba
dijo al pasar tu nombre
de planta abrasadora,
y la escarpada roca levantada
como el muro del mundo
reconoció mi canto, bienamada,
y todas las cosas dijeron
tu amor, mi amor, amada,
porque la tierra, el tiempo, el mar, la isla,
la vida, la marea,
el germen que entreabre
sus labios en la tierra,

la flor devoradora,
el movimiento de la primavera,
todo nos reconoce.
Nuestro amor ha nacido
fuera de las paredes,
en el viento,
en la noche,
en la tierra,
y por eso la arcilla y la corola,
el barro y las raíces
saben cómo te llamas,
y saben que mi boca
se juntó con la tuya
porque en la tierra nos sembraron juntos
sin que sólo nosotros lo supiéramos
y que crecemos juntos
y florecemos juntos
y por eso
cuando pasamos,
tu nombre está en los pétalos
de la rosa que crece en la piedra,
mi nombre está en las grutas.
Ellos todo lo saben,
no tenemos secretos,
hemos crecido juntos
pero no lo sabíamos.
El mar conoce nuestro amor, las piedras
de la altura rocosa
saben que nuestros besos florecieron
con pureza infinita,
cómo en sus intersticios una boca
escarlata amanece:
así conocen nuestro amor y el beso
que reúnen tu boca y la mía
en una flor eterna.
Amor mío,
la primavera dulce,
flor y mar, nos rodean.

No la cambiamos
por nuestro invierno,
cuando el viento
comenzó a descifrar tu nombre
que hoy en todas las horas repite,
cuando
las hojas no sabían
que tú eras una hoja,
cuando
las raíces
no sabían que tú me buscabas
en mi pecho.
Amor, amor,
la primavera
nos ofrece el cielo,
pero la tierra oscura
es nuestro nombre,
nuestro amor pertenece
a todo el tiempo y la tierra.
Amándonos, mi brazo
bajo tu cuello de arena
esperaremos
como cambia la tierra y el tiempo
en la isla,
como caen las hojas
de las enredaderas taciturnas,
como se va el otoño
por la ventana rota.
Pero nosotros
vamos a esperar
a nuestro amigo,
a nuestro amigo de ojos rojos,
el fuego,
cuando de nuevo el viento
sacuda las fronteras de la isla
y desconozca el nombre
de todos,
el invierno

nos buscará, amor mío,
siempre,
nos buscará, porque lo conocemos,
porque no lo tememos,
porque tenemos
con nosotros
el fuego
para siempre.
Tenemos
la tierra con nosotros
para siempre,
la primavera con nosotros
para siempre,
y cuando se desprenda
de las enredaderas
una hoja
tú sabes amor mío
qué nombre viene escrito
en esa hoja,
un nombre que es el tuyo y es el mío,
nuestro nombre de amor, un solo
ser, la flecha
que atravesó el invierno,
el amor invencible
el fuego de los días,
una hoja
que me cayó en el pecho,
una hoja del árbol
de la vida
que hizo nido y cantó,
que echó raíces
que dió flores y frutos.
Y así ves, amor mío,
cómo marcho
por la isla,
por el mundo,
seguro en medio de la primavera
loco de luz en el frío,

andando tranquilo en el fuego,
levantando tu peso
de pétalo en mis brazos,
como si nunca hubiera caminado
sino contigo, alma mía,
como si no supiera caminar
sino contigo,
como si no supiera cantar
sino cuando tú cantas.

ODAS

(1954-1959)

ODA A LAS AVES DE CHILE

Aves de Chile, de plumaje negro,
nacidas
entre la cordillera y las espumas,
aves hambrientas,
pájaros sombríos,
cernícalos, halcones,
águilas de las islas,
cóndores coronados por la nieve,
pomposos buitres enlutados,
devoradores de carroña,
dictadores del cielo,
aves amargas,
buscadoras de sangre,
nutridas con serpientes,
ladronas,
brujas del monte,
sangrientas,
majestades,
admiro
vuestro vuelo.
Largo rato interrogo
al espacio extendido
buscando el movimiento
de las alas:
allí estáis,
naves negras
de aterradora altura,

silenciosas estirpes
asesinas,
estrellas sanguinarias.
En la costa
la espuma sube al ala.
Ácida luz
salpica
el vuelo
de las aves marinas,
rozando el agua cruzan
migratorias,
cierran de pronto
el vuelo
y caen como flechas
sobre el volumen verde.

Yo navegué sin tregua
las orillas,
el desdentado litoral, la calle
entre las islas
del océano,
el grande mar Pacífico,
rosal azul de pétalos rabiosos,
y en el Golfo de Penas
el cielo
y el albatros,
la soledad del aire y su medida,
la ola negra del cielo.
Más allá,
sacudido
por olas y por alas,
cormoranes,
gaviotas y piqueros,
el océano vuela,
las abruptas
rocas golpeadas por el mar se mueven
palpitantes de pájaros,
se desborda la luz, el crecimiento,

atraviesa los mares hacia el norte
el vuelo de la vida.

Pero no sólo mares
o tempestuosas
cordilleras andinas
procreadoras
de páparos terribles,
eres,
oh delicada patria mía:
entre tus brazos verdes se deslizan
las diucas matutinas,
van a misa
vestidas con sus mantos diminutos,
tordos ceremoniales
y metálicos loros,
el minúsculo
siete colores de los pajonales,
el queltehue
que al elevar el vuelo
despliega su abanico
de nieve blanca y negra,
el canastero y el matacaballo,
el fringilo dorado,
el jacamar y el huilque,
la torcaza,
el chincol y el chirigüe,
la tenca cristalina,
el zorzal suave,
el jilguero que danza sobre el hilo
de la música pura,
el cisne austral, nave
de plata
y enlutado terciopelo,
la perdiz olorosa y el relámpago
de los fosforescentes picaflores.
En la suave cintura de mi patria,
entre las monarquías iracundas

del volcán y el océano,
aves de la dulzura,
tocáis el sol, el aire,
sois el temblor de un vuelo en el verano
del agua a mediodía,
rayos de luz violeta en la arboleda,
campanitas redondas
pequeños aviadores polvorientos
que regresan del polen,
buzos en la espesura de la alfalfa.

Oh vivo vuelo!

Oh viviente hermosura!

Oh multitud del trino!

Aves de Chile, huracanadas
naves carniceras
o dulces y pequeñas
criaturas
de la flor y de las uvas,
vuestros nidos construyen
la fragante unidad del territorio:
vuestras vidas errantes
son el pueblo del cielo
que nos canta,
vuestro vuelo
reúne las estrellas de la patria.

ODA AL DÍA FELIZ

Esta vez dejadme
ser feliz,
nada ha pasado a nadie,
no estoy en parte alguna,
sucede solamente

que soy feliz
por los cuatro costados
del corazón, andando,
durmiendo o escribiendo.
Qué voy a hacerle, soy
feliz,
soy más innumerable
que el pasto
en las praderas,
siento la piel como un árbol rugoso
y el agua abajo,
los pájaros arriba,
el mar como un anillo
en mi cintura,
hecha de pan y piedra la tierra
el aire canta como una guitarra.
Tú a mi lado en la arena
eres arena,
tú cantas y eres canto,
el mundo
es hoy mi alma,
canto y arena,
el mundo
es hoy tu boca,
dejadme
en tu boca y en la arena
ser feliz,
ser feliz porque sí, porque respiro
y porque tú respiras,
ser feliz porque toco
tu rodilla
y es como si tocara
la piel azul del cielo
y su frescura.

Hoy dejadme
a mí solo
ser feliz,

con todos o sin todos,
ser feliz
con el pasto
y la arena,
ser feliz
con el aire y la tierra,
ser feliz,
contigo, con tu boca,
ser feliz.

ODA A LA FLOR AZUL

Caminando hacia el mar
en la pradera
—es hoy noviembre—
todo ha nacido ya,
todo tiene estatura,
ondulación, fragancia.
Hierba a hierba
entenderé la tierra,
paso a paso
hasta la línea loca
del océano.
De pronto una ola
de aire agita y ondula
la cebada salvaje:
salta
el vuelo de un pájaro
desde mis pies, el suelo
lleno de hilos de oro,
de pétalos sin nombre,
brilla de pronto como rosa verde,
se enreda con ortigas que revelan
su coral enemigo,
esbeltos tallos, zarzas
estrelladas,
diferencia infinita

de cada vegetal que me saluda
a veces con un rápido
centelleo de espinas
o con la pulsación de su perfume
fresco, fino y amargo.
Andando a las espumas
del Pacífico
con torpe paso por la baja hierba
de la primavera escondida,
parece
que antes de que la tierra se termine
cien metros antes del más grande océano
todo se hizo delirio,
germinación y canto.
Las minúsculas hierbas
se coronaron de oro,
las plantas de la arena
dieron rayos morados
y a cada pequeña hoja de olvido
llegó una dirección de luna o fuego.
Cerca del mar, andando,
en el mes de noviembre,
entre los matorrales que reciben
luz, fuego y sal marinas
hallé una flor azul
nacida en la durísima pradera.
De dónde, de qué fondo
tu rayo azul extraes?
Tu seda temblorosa
debajo de la tierra
se comunica con el mar profundo?
La levanté en mis manos
y la miré como si el mar viviera
en una sola gota,
como si en el combate
de la tierra y las aguas
una flor levantara
un pequeño estandarte

285

de fuego azul, de paz irresistible,
de indómita pureza.

ODA A LA LLUVIA

Volvió la lluvia.
No volvió del cielo
o del Oeste.
Ha vuelto de mi infancia.
Se abrió la noche, un trueno
la conmovió, el sonido
barrió las soledades,
y entonces
llegó la lluvia,
regresó la lluvia
de mi infancia,
primero
en una ráfaga
colérica,
luego
como la cola
mojada
de un planeta,
la lluvia
tic tac mil veces tic
tac mil
veces un trineo,
un espacioso golpe
de pétalos oscuros
en la noche,
de pronto
intensa
acribillando
con agujas
el follaje,
otras veces
un manto

tempestuoso
cayendo
en el silencio,
la lluvia,
mar de arriba,
rosa fresca,
desnuda,
voz del cielo,
violín negro,
hermosura,
desde niño
te amo,
no porque seas buena,
sino por tu belleza.
Caminé
con los zapatos rotos
mientras los hilos
del cielo desbocado
se destrozaban sobre
mi cabeza,
me traían
a mí y a las raíces
las comunicaciones
de la altura,
el oxígeno húmedo,
la libertad del bosque.
Conozco
tus desmanes,
el agujero
en el tejado
cayendo
su gotario
en las habitaciones
de los pobres:
allí desenmascaras
tu belleza,
eres hostil
como una

celestial
armadura,
como un puñal de vidrio,
transparente,
allí
te conocí de veras.
Sin embargo,
enamorado
tuyo
seguí
siendo,
en la noche
cerrando la mirada
esperé que cayeras
sobre el mundo,
esperé que cantaras
sólo para mi oído,
porque mi corazón guardaba toda
germinación terrestre
y en él se precipitan los metales
y se levanta el trigo.
Amarte, sin embargo
me dejó en la boca
gusto amargo,
sabor amargo de remordimiento.
Anoche solamente
aquí en Santiago
las poblaciones
de la Nueva Legua
se desmoronaron,
las viviendas
callampas,
hacinados
fragmentos de ignominia,
al peso de tu paso
se cayeron,
los niños
lloraban en el barro

y allí días y días
en las camas mojadas,
sillas rotas,
las mujeres,
el fuego, las cocinas,
mientras tú lluvia negra,
enemiga,
continuabas cayendo
sobre nuestras desgracias.
Yo creo
que algún día,
que inscribiremos en el calendario,
tendrán techo seguro,
techo firme,
los hombres en su sueño,
todos
los dormidos,
y cuando en la noche
la lluvia
regrese
de mi infancia
cantará en los oídos
de otros niños
y alegre
será el canto
de la lluvia en el mundo,
también trabajadora,
proletaria,
ocupadísima
fertilizando montes
y praderas,
dando fuerza a los ríos,
engalanando
el desmayado arroyo
perdido en la montaña,
trabajando
en el hielo
de los huracanados

ventisqueros,
corriendo sobre el lomo
de la ganadería,
dando valor al germen
primaveral del trigo,
lavando las almendras
escondidas,
trabajando
con fuerza
y con delicadeza fugitiva,
con manos y con hilos
en las preparaciones de la tierra.

Lluvia
de ayer,
oh triste
lluvia
de Loncoche y Temuco,
canta,
canta,
canta sobre los techos
y las hojas,
canta en el viento frío,
canta en mi corazón, en mi confianza,
en mi techo, en mis venas,
en mi vida,
ya no te tengo miedo,
resbala
hacia la tierra
cantando con tu canto
y con mi canto,
porque los dos tenemos
trabajo en las semillas
y compartimos
el deber cantando.

ODA A LA TORMENTA

Anoche
vino
ella
rabiosa,
azul, color de noche,
roja, color de vino,
la tempestad
trajo
su cabellera de agua,
ojos de frío fuego,
anoche quiso
dormir sobre la tierra.
Llegó de pronto
recién desenrollada
desde su astro furioso,
desde su cueva celeste,
quería dormir
y preparó su cama,
barrió selvas, caminos,
barrió montes,
lavó piedras de océano,
y entonces
como si fueran plumas
removió los pinares
para hacerse su cama.
Sacó relámpagos
de su saco de fuego,
dejó caer los truenos
como grandes barriles.
De pronto
fue silencio:
una hoja
iba sola en el aire,
como un violín volante,
entonces,
antes

291

de que llegara al suelo,
tempestad, en tus manos
la tomaste,
pusiste todo el viento
a soplar su bocina,
la noche entera
a andar con sus caballos,
todo el hielo a silbar,
los árboles
salvajes
a expresar la desdicha
de los encadenados,
la tierra
a gemir como madre
pariendo,
de un solo soplo
escondiste
el rumor de la hierba
o las estrellas,
rompiste
como un lienzo
el silencio inactivo,
se llenó el mundo
de orquesta y furia y fuego,
y cuando los relámpagos
caían como cabellos
de tu frente fosfórica,
caían como espadas
de tu cintura guerrera,
y cuando ya creíamos
que terminaba el mundo,
entonces,
lluvia,
lluvia,
sólo
lluvia,
toda la tierra, todo
el cielo

reposaban,
la noche
se desangró cayendo
sobre el sueño del hombre,
sólo lluvia,
agua
del tiempo y del cielo:
nada había caído,
sino una rama rota,
un nido abandonado.

Con tus dedos
de música,
con tu fragor de infierno,
con tu fuego
de volcanes nocturnos,
jugaste
levantando una hoja,
diste fuerza a los ríos,
enseñaste
a ser hombres
a los hombres,
a temer a los débiles,
a llorar a los dulces,
a estremecerse
a las ventanas,
pero,
cuando
ibas a destruirnos,
cuando
como cuchilla
bajaba del cielo la furia,
cuando temblaba
toda la luz y la sombra
y se mordían los pinos
aullando
junto al mar en tinieblas,
tú, delicada

tempestad, novia mía,
furiosa,
no nos hiciste daño:
regresaste
a tu estrella
y lluvia,
lluvia verde,
lluvia llena
de sueño y de gérmenes,
preparadora
lluvia
de cosechas,
lluvia que lava el mundo,
lo enjuga
y lo recrea,
lluvia para nosotros
y para las semillas,
lluvia
para el olvido
de los muertos
y para
nuestro pan de mañana,
eso sólo
dejaste,
agua y música,
por eso,
tempestad,
te amo,
cuenta conmigo,
vuelve,
despiértame,
ilumíname,
muéstrame tu camino
para que a ti se junte y cante con tu canto
la decidida voz
tempestuosa de un hombre.

ODA A CÉSAR VALLEJO

A la piedra en tu rostro,
Vallejo,
a las arrugas
de las áridas sierras
yo recuerdo en mi canto,
tu frente
gigantesca
sobre tu cuerpo frágil,
el crepúsculo negro
en tus ojos
recién desenterrados,
días aquellos,
bruscos
desiguales,
cada hora tenía
ácidos diferentes
o ternuras
remotas,
las llaves
de la vida
temblaban
en la luz polvorienta
de la calle,
tú volvías
de un viaje
lento, bajo la tierra,
y en la altura
de las cicatrizadas cordilleras
yo golpeaba las puertas,
que se abrieran
los muros,
que se desenrollaran
los caminos,
recién llegado de Valparaíso
me embarcaba en Marsella,
la tierra

se cortaba
como un limón fragante
en frescos hemisferios amarillos,
tú
te quedabas
allí, sujeto
a nada,
con tu vida
y tu muerte,
con tu arena
cayendo,
midiéndote
y vaciándote,
en el aire,
en el humo,
en las callejas rotas
del invierno.
Era en París, vivías
en los descalabrados
hoteles de los pobres.
España
se desangraba.
Acudíamos.
Y luego
te quedaste
otra vez en el humo
y así cuando
ya no fuiste, de pronto,
no fue la tierra
de las cicatrices,
no fue
la piedra andina
la que tuvo tus huesos,
sino el humo,
la escarcha
de París en invierno.

Dos veces desterrado,
hermano mío,
de la tierra y el aire,
de la vida y la muerte,
desterrado
del Perú, de tus ríos,
ausente
de tu arcilla.
No me faltaste en vida,
sino en muerte.
Te busco
gota a gota,
polvo a polvo,
en tu tierra,
amarillo
es tu rostro,
escarpado
es tu rostro,
estás lleno
de viejas pedrerías,
de vasijas
quebradas,
subo
las antiguas
escalinatas,
tal vez
estés perdido,
enredado
entre los hilos de oro,
cubierto
de turquesas,
silencioso,
o tal vez
en tu pueblo,
en tu raza,
grano
de maíz extendido,
semilla

de bandera.
Tal vez, tal vez ahora
transmigres
y regreses,
vienes
al fin
de viaje,
de manera
que un día
te verás en el centro
de tu patria,
insurrecto,
viviente,
cristal de tu cristal, fuego en tu fuego,
rayo de piedra púrpura.

ODA A LAS FLORES DE LA COSTA

Han abierto las flores
silvestres de Isla Negra,
no tienen nombre, algunas
parecen azahares de la arena,
otras
encienden
en el suelo un relámpago amarillo.

Soy pastoral poeta.
Me alimento
como los cazadores,
hago fuego
junto al mar, en la noche.

Sólo esta flor, sólo estas
soledades marinas
y tú, alegre,
y simple como rosa de la tierra.

La vida
me pidió que combatiera
y organicé mi corazón luchando
y levantando la esperanza:
hermano
del hombre soy, de todos.
Deber y amor se llaman
mis dos manos.

Mirando
entre las piedras
de la costa
las flores que esperaron
a través del olvido
y del invierno
para elevar un rayo diminuto
de luz y de fragancia,
al despedirme
una vez más
del fuego,
de la leña,
del bosque,
de la arena,
me duele dar un paso,
aquí
me quedaría,
no en las calles.
Soy pastoral poeta.

Pero deber y amor son mis dos manos.

ODA A LA BELLA DESNUDA

Con casto corazón, con ojos
puros,
te celebro, belleza,
reteniendo la sangre
para que surja y siga

la línea, tu contorno,
para
que te acuestes a mi oda
como en tierra de bosques o en espuma,
en aroma terrestre
o en música marina.

Bella desnuda,
igual
tus pies arqueados
por un antiguo golpe
del viento o del sonido
que tus orejas,
caracolas mínimas
del espléndido mar americano.
Iguales son tus pechos
de paralela plenitud, colmados
por la luz de la vida.
Iguales son
volando
tus párpados de trigo
que descubren
o cierran
dos países profundos en tus ojos.

La línea que tu espalda
ha dividido
en pálidas regiones
se pierde y surge
en dos tersas mitades
de manzana,
y sigue separando
tu hermosura
en dos columnas
de oro quemado, de alabastro fino,
a perderse en tus pies como en dos uvas,
desde donde otra vez arde y se eleva
el árbol doble de tu simetría,

fuego florido, candelabro abierto,
turgente fruta erguida
sobre el pacto del mar y de la tierra.

Tu cuerpo, en qué materia,
ágata, cuarzo, trigo,
se plasmó, fue subiendo
como el pan se levanta
de la temperatura,
y señaló colinas
plateadas,
valles de un solo pétalo, dulzuras
de profundo terciopelo,
hasta quedar cuajada
la fina y firme forma femenina?

No sólo es luz que cae
sobre el mundo
la que alarga en tu cuerpo
su nieve sofocada,
sino que se desprende
de ti la claridad como si fueras
encendida por dentro.

Debajo de tu piel vive la luna.

ODA A LA CASCADA

De pronto, un día
me levanté temprano
y te di una cascada.
De todo
lo que existe
sobre la tierra,
piedras,
edificios
claveles,
de todo

lo que vuela en el aire,
nubes,
pájaros,
de todo
lo que existe
bajo la tierra,
minerales,
muertos,
no hay
nada tan fugitivo,
nada que cante
como una cascada.

Ahí la tienes:
ruge
como leona blanca,
brilla
como flor del fósforo,
sueña
con cada uno de tus sueños,
canta
en mi canto
dándome
pasajera platería.
Pero
trabaja
y mueve
la rueda
de un molino
y no sólo
es herido crisantemo,
sino realizadora
de la harina,
madre del pan que comes
cada día.

Nunca
te pesará lo que te he dado,

porque siempre
fue tuyo
lo que te di, la flor o la madera,
la palabra o el muro
que sostienen
todo el amor errante que reposa
ardiendo en nuestras manos,
pero de cuanto
te di,
te doy,
te entrego,
será esta
secreta
voz
del agua
la que un día
dirá en su idioma cuánto
tú y yo calamos,
contará nuestros besos
a la tierra,
a la harina,
seguirá
moliendo
trigo,
noche,
silencio,
palabras,
cuentos,
canto.

ODA A TUS MANOS

Yo en un mercado
o en un mar de manos
las tuyas
reconocería

como dos aves blancas,
diferentes
entre todas las aves:
vuelan entre las manos,
migratorias,
navegan en el aire,
transparentes,
pero
vuelven
a tu costado,
a mi costado,
se repliegan, dormidas, en mi pecho.
Diáfanas son, delgadas
y desnudas,
lúcidas como
una cristalería,
y andan
como
abanicos
en el aire,
como plumas del cielo.

Al pan también y al agua se parecen,
al trigo, a los países de la luna,
al perfil de la almendra, al pez salvaje
que palpita plateado
en el camino
de los manantiales.
Tus manos van y vienen
trabajando,
lejos, suenan
tocando tenedores,
hacen fuego y de pronto chapotean
en el agua
negra de la cocina,
picotean la máquina aclarando
el matorral de mi caligrafía,
clavan en las paredes,

lavan ropa
y vuelven otra vez a su blancura.

Por algo
se dispuso en la tierra
que durmiera y volara
sobre mi corazón
este milagro.

ODA A UN CINE DE PUEBLO

Amor mío,
vamos
al cine del pueblito.

La noche transparente
gira
como un molino
mudo, elaborando
estrellas.
Tú y yo entramos
al cine
del pueblo, lleno de niños
y aroma de manzanas.
Son las antiguas cintas,
los
sueños ya gastados.
La pantalla ya tiene
color de piedra o lluvia.
La bella prisionera
del villano
tiene ojos de laguna
y voz de cisne,
corren
los más vertiginosos
caballos
de la tierra.

Los vaqueros
perforan
con sus tiros
la peligrosa luna
de Arizona.

Con el alma
en un hilo
atravesamos
estos
ciclones
de violencia,
la formidable
lucha
de los espadachines en la torre,
certeros como avispas,
la avalancha emplumada
de los indios
abriendo su abanico en la pradera.

Muchos
de los muchachos
del pueblo
se han dormido,
fatigados del día en la farmacia,
cansados de fregar en las cocinas.

Nosotros
no, amor mío.
No vamos a perdernos
este sueño
tampoco:
mientras
estemos
vivos
haremos nuestra
toda
la vida verdadera,

pero también
los sueños:
todos
los sueños
soñaremos.

ODA AL VALS SOBRE LAS OLAS

Viejo vals estás vivo
latiendo
suavemente
no a la manera
de un
corazón enterrado,
sino como el olor
de una planta profunda,
tal vez como el aroma
del olvido.

No conozco
los
signos
de la música,
ni sus libros sagrados,
soy un
pobre poeta
de las calles
y sólo
vivo y muero
cuando
de los sonidos enlutados
emerge sobre un mar de madreselva
la miel
antigua,
el baile coronado
por un ramo celeste de palmeras.

Oh, por las enramadas,
en la arena
de aquella costa, bajo
aquella luna,
bailar contigo el vals
de las espumas
apretando tu talle
y a la sombra
del cielo y su navío
besar sobre tus párpados tus ojos
despertando
el rocío
dormido en el jazmín fosforescente.

Oh, vals de labios puros
entreabiertos
al vaivén
amoroso
de las olas,
oh corazón
antiguo
levantado
en la nave
de la música,
oh vals
hecho
de
humo,
de palomas,
de nada,
que vives
sin embargo
como una cuerda fina,
indestructible,
trenzada con
recuerdos
imprecisos,
con soledad, con tierra,

con jardines!
Bailar contigo, amor,
a la fragante
luz
de aquella luna,
de aquella antigua
luna,
besar, besar tu frente
mientras rueda
aquella
música
sobre las olas!

ODA A UNAS FLORES AMARILLAS

Contra el azul moviendo sus azules,
el mar, y contra el cielo,
unas flores amarillas

Octubre llega.

Y aunque sea
tan importante el mar desarrollando
su mito, su misión, su levadura,
estalla
sobre la arena el oro
de una sola
planta amarilla
y se amarran
tus ojos
a la tierra,
huyen del magno mar y sus latidos.

Polvo somos, seremos.

Ni aire, ni fuego, ni agua
sino

tierra,
sólo tierra
seremos
y tal vez
unas flores amarillas.

ODA AL TIEMPO VENIDERO

Tiempo, me llamas. Antes
eras
espacio puro,
ancha pradera.
Hoy
hilo o gota
eres,
luz delgada
que corre como liebre hacia las zarzas
de la cóncava noche.

Pero,
ahora
me dices, tiempo, aquello
que ayer no me dijiste:

tus pasos apresura,
tu corazón reposa,
desarrolla tu canto.

El mismo soy. No soy? Quién, en el cauce
de las aguas que corren
identifica el río?

Sólo sé que allí mismo,
en una sola
puerta
mi corazón golpea,
desde ayer, desde lejos,

desde entonces,
desde mi nacimiento.

Allí
donde responde
el eco oscuro
del mar
que canta y canto
y que
conozco
sólo
por un ciego silbido,
por un rayo
en las olas,
por sus anchas espumas en la noche.

Así, pues, tiempo, en vano
me has medido,
en vano transcurriste
adelantando
caminos al errante.

Junto a una sola puerta
pasé toda la noche,
solitario, cantando.

Y ahora
que tu luz se adelgaza
como animal que corre
perdiéndose en la sombra
me dices,
al oído,
lo que no me enseñaste
y supe siempre.

ODA AL CABALLO

Aquel caballo solo y amarrado
en un pobre potrero
de mi patria,
aquel pobre caballo
es un recuerdo,
y ahora
cuando todos los caballos
acuden al relámpago,
a la luz repentina de mi oda,
el olvidado viene,
el apaleado,
el que acarreó la leña de los montes,
las piedras
crueles
de cantera y costa,
él,
no viene galopando
con incendiarias crines
ondulando en el viento,
no llega
intacta grupa como
manzana de la nieve,
no,
así no llega.
Llega rengueando, apenas
sus cuatro patas andan
y su cabeza inmóvil
es torre
de tristeza,
y así
llega a mi oda,
así el caballo llega a que lo cante.

Trotó por todos los caminos duros,
comió mal con sus muelas amarillas,
bebió poco –su dueño

usaba más palo que pozo–,
está seco mi amigo
de lomo
puntiagudo,
y tiene un alma flaca de violín,
un corazón cansado,
el pelo de una alfombra suburbana.

Ay viéndolo, tocándolo,
se ven sus muchos huesos,
el arca que protegen las costillas,
los agobiados fémures caídos
en los trabajadores metatarsos
y el cráneo, catedral de hueso puro,
en cuyos dos altares
viven dos santos ojos de caballo.

Entonces me miraron con la prueba
de un extenso, de un ancho sufrimiento,
de un sufrimiento grave como el Asia,
caminando con sed y con arena,
y era aquel pobre y nómada caballo
con su bondad algo que yo buscaba,
tal vez
su religión sin ilusiones.

Desde entonces me busco su mirada
dentro de mí, contra tantos dolores
padecidos por hombres y caballos,
y no me gusta, no, la suave liebre,
ni el león, ni el halcón,
ni los puñales de los tiburones,
sino aquella mirada,
aquellos ojos fijos
en la tranquilidad de la tristeza.

Tal vez alguien pregunte
por la forma

del alado y elástico
caballo, del puro
corcel de cabalgata,
orgullo del desfile,
bala de la carrera:
y bien, celebro
su donaire de avispa,
la flecha que con líneas lo dibuja
desde el belfo a la cola
y baja por metálicos tobillos
hasta nerviosos cascos presurosos.

Sí, tal vez es la vela del velero,
la claridad de una cadera amada,
la curva de la gruta de una ola,
lo que puede acercarse a la belleza
al veloz arabesco de un caballo,
a su estampa acuñada sobre un vuelo,
dibujada en el sello del rocío.
Pero no va mi oda
a volar con el viento,
a correr con la guerra
ni con los regocijos:
mi poesía se hizo paso a paso,
trotando por el mundo,
devorando caminos pedregosos,
comiendo con
los miserables
en el mesón glacial de la pobreza,
y me debo
a esas piedras
del camino,
a la sed, al castigo del errante,
y si un nimbo saqué de aquella aurora,
si rescaté el dolor para cantar victoria,
ahora la corona
de laurel fresco para el sufrimiento,
la luz que conquisté

para las vidas
la doy para esa gloria de un caballo,
de uno que aguantó peso, lluvia y golpe,
hambre y remota soledad y frío
y que no sabe, no, para qué vive,
pero anda y anda y trae carga y lleva,
como nosotros, apaleados hombres,
que no tenemos dioses sino tierra,
tierra que arar, que caminar, y cuando
ya está bastante arada y caminada
se abre para los huesos del caballo
y para nuestros huesos.
                         Ay caballo
de pobre, caminante,
caminemos
juntos en este espacio duro
y aunque no sepas ni sabrás que sirva
mi razón para amarte, pobre hermano,
mi corazón para esta oda,
mis manos para pasarlas sobre tu suave hocico!

ODA AL GATO

Los animales fueron
imperfectos
largos de cola, tristes
de cabeza.
Poco a poco se fueron
componiendo
haciéndose paisaje,
adquiriendo lunares, gracia, vuelo.
El gato,
sólo el gato
apareció completo
y orgulloso:
nació completamente terminado,
camina solo y sabe lo que quiere.

El hombre quiere ser pescado y pájaro
la serpiente quisiera tener alas,
el perro es un león desorientado,
el ingeniero quiere ser poeta,
la mosca estudia para golondrina,
el poeta trata de imitar la mosca,
pero el gato
quiere ser sólo gato
y todo gato es gato
desde bigote a cola,
desde presentimiento a rata viva,
desde la noche hasta sus ojos de oro.

No hay unidad
como él,
no tiene
la luna ni la flor
tal contextura:
es una sola cosa
como el sol o el topacio,
y la elástica línea en su contorno
firme y sutil es como
la línea de la proa de una nave.
Sus ojos amarillos
dejaron una sola
ranura
para echar las monedas de la noche.

Oh pequeño
emperador sin orbe,
conquistador sin patria,
mínimo tigre de salón, nupcial
sultán del cielo
de las tejas eróticas,
el viento del amor
en la intemperie
reclamas
cuando pasas

y posas
cuatro pies delicados
en el suelo,
oliendo,
desconfiando
de todo lo terrestre,
porque todo
es inmundo
para el inmaculado pie del gato.

Oh fiera independiente
de la casa, arrogante
vestigio de la noche,
perezoso, gimnástico
y ajeno,
profundísimo gato,
policía secreta
de las habitaciones,
insignia
de un
desaparecido terciopelo
seguramente no hay
enigma
en tu manera,
tal vez no eres misterio,
todo el mundo te sabe y perteneces
al habitante menos misterioso,
tal vez todos lo creen,
todos se creen dueños,
propietarios, tíos
de gatos, compañeros,
colegas,
discípulos o amigos
de su gato.

Yo no.
Yo no suscribo.
Yo conozco al gato.

Todo lo sé, la vida y su archipiélago,
el mar y la ciudad incalculable,
la botánica,
el gineceo con sus extravíos,
el por y el menos de la matemática,
los embudos volcánicos del mundo,
la cáscara irreal del cocodrilo,
la bondad ignorada del bombero,
el atavismo azul del sacerdote,
pero no puedo descifrar un gato.
Mi razón resbaló en su indiferencia,
sus ojos tienen números de oro.

ODA FRENTE A LA ISLA DE CEYLÁN

Otra vez en los mares,
envuelto
en lluvia,
en oro,
en vago amanecer,
en ceniciento
vapor de soledades calurosas.

Y allí
surgiendo
como
una nueva ola verde,
oh Ceylán,
oh isla
sagrada,
cofre
en donde palpitó
mi joven, mi perdido
corazón
desterrado!

Yo el solitario
fui

318

de la floresta,
el testigo
de cuanto no pasaba,
el director
de sombras
que sólo
en mí
existían.

Oh tiempos,
oh tristezas,
oh loca noche de agua
y luna
roja
con un
olor
de sangre y jazmines,
mientras allá,
más lejos,
la sombra redoblada
sus tambores,
trepidaba la tierra,
entre las hojas
bailaban los guerreros.

Y, ahora,
acompañado
por tus pequeñas manos
que van y van secando
el sudor
y las penas
de mi frente,
ahora
con otra voz
segura,
con otro canto
hecho

por la luz de la vida,
aquí
vengo a parar
de nuevo junto
al mar que sólo fuera
soledad rumorosa,
al viento
de la noche
sobre los cocoteros
estrellados:
y nadie sabe ahora
lo que fui, lo que supe,
lo que sufrí,
sin nadie,
desangrándome.

Piso la calle
mía:
manchas de ausencia
o de humedad,
las plantas
se transformaron
en sombría espesura
y hay una sola
casa
que agoniza,
vacía.
Era mi casa, y hace
treinta años,
treinta
años. Toco
la puerta
de mis sueños,
los muros
carcomidos,
el tiempo
me esperaba,
el tiempo aquel

girando
con su rueda.
Aquí
en la pobre calle
de la isla
me
esperó, todo:
palmeras, arrecifes,
siempre supieron
que yo volvería,
sólo yo no lo supe
y, de pronto,
todo volvió, las mismas
olas en las arenas,
la humedad, el rumor
del baile entre las hojas,
y supe, entonces,
supe
que sí existí, que no era
mentira mi existencia,
que aquí estaba la casa,
el mar, la ausencia
y tú, amor, a mi lado.

Perdóname la vida,
perdóname las vidas.

Por esta calle
se fue al mar la tristeza.
Y tú y yo llevaremos
en nuestros labios
como un largo beso,
el retrato,
el sonido,
el color palpitante
de la isla,
y ahora, sí,
pasó, pasó

el pasado,
cerraremos el cofre
vacío
en donde
sólo
vivirá todavía
un viejo
olor
de mar y de jazmines.

ODA AL PERRO

El perro me pregunta
y no respondo.
Salta corre en el campo y me pregunta
sin hablar
y sus ojos
son dos preguntas húmedas, dos llamas
líquidas que interrogan
y no respondo,
no respondo porque
no sé, no puedo nada.

A campo pleno vamos
hombre y perro.

Brillan las hojas como
si alguien
las hubiera besado
una por una,
suben del suelo
todas las naranjas
a establecer
pequeños planetarios
en árboles redondos
como la noche, y verdes,
y perro y hombre vamos

oliendo el mundo, sacudiendo el trébol,
por el campo de Chile,
entre los dedos claros de septiembre.

El perro se detiene,
persigue las abejas,
salta el agua intranquila,
escucha lejanísimos
ladridos,
orina en una piedra
y me trae la punta de su hocico,
a mí, como un regalo.
Es su frescura tierna,
la comunicación de su ternura,
y allí me preguntó
con sus dos ojos,
por qué es de día, por qué vendrá la noche,
por qué la primavera
no trajo en su canasta
nada
para perros errantes,
sino flores inútiles,
flores, flores y flores.
Y así pregunta
el perro
y no respondo.

Vamos
hombre y perro reunidos
por la mañana verde,
por la incitante soledad vacía
en que sólo nosotros
existimos,
esta unidad de perro con rocío
y el poeta del bosque,
porque no existe el pájaro escondido,
ni la secreta flor,
sino trino y aroma

para dos compañeros,
para dos cazadores compañeros:
un mundo humedecido
por las destilaciones de la noche,
un túnel verde y luego
una pradera,
una ráfaga de aire anaranjado,
el susurro de las raíces,
la vida caminando,
respirando, creciendo,
y la antigua amistad,
la dicha
de ser perro y ser hombre
convertida
en un solo animal
que camina moviendo
seis patas
y una cola
con rocío.

ODA A RAMÓN GÓMEZ DE LA SERNA

Ramón
está escondido,
vive en su gruta
como un oso de azúcar.
Sale sólo de noche
y trepa por las ramas
de la ciudad, recoge
castañas tricolores,
piñones erizados,
clavos de olor, peinetas de tormenta,
azafranados abanicos muertos,
ojos perdidos en las bocacalles,
y vuelve con su saco
hasta su madriguera trasandina

alfombrada con largas cabelleras
y orejas celestiales.

Vuelve lleno de miedo
al golpe de la puerta,
al ímpetu
espacial
de los aviones,
al frío que se cuela
desde España,
a las enredaderas, a los hombres,
a las banderas, a la ingeniería.
Tiene miedo de todo.
Allí en su cueva
reunió los alimentos
migratorios
y se nutre
de claridad sombría
y de naranjas.

De pronto
sale un fulgor, un rayo
de su faro
y el haz ultravioleta
que encerraba
su frente
nos ilumina el diámetro y la fiesta,
nos muestra el calendario
con Viernes más profundos,
con Jueves como el mar vociferante,
todo repleto, todo
maduro con sus orbes,
porque el revelador del universo
Ramón se llama y cuando
sopla en su flor de losa, en su trompeta,
acuden manantiales,
muestra el silencio sus categorías.

Oh rey Ramón,
monarca
mental,
director
ditirámbico
de la interrogadora poesía,
pastor de las parábolas
secretas, autor
del alba y su
desamparado
cataclismo,
poeta
presuroso
y espacioso,
con tantos sin embargos,
con tantos ojos ciegos,
porque
viéndolo todo
Ramón se irrita
y desaparece,
se confunde en la bruma
del calamar lunario
y el que todo lo dice
y puede
saludar lo que va y lo que viene,
de pronto
se inclina hacia anteayer, da un cabezazo
contra el sol de la historia,
y de ese encuentro salen chispas negras
sin la electricidad de su insurgencia.

Escribo en Isla Negra,
construyo
carta y canto.
El día estaba roto
como la antigua estatua
de una diosa marina
recién sacada de su lecho frío

con lágrimas y légamo,
y junto al movimiento
descubridor
del mar y sus arenas,
recordé los trabajos
del Poeta,
la insistencia radiante de su espuma,
el venidero viento de sus olas.

Y a Ramón
dediqué
mis himnos matinales,
la culebra
de mi caligrafía,
para cuando
salga
de su prolija torre de carpincho
reciba la serena
magnitud de una ráfaga de Chile
y que le brille al mago el cucurucho
y se derramen todas sus estrellas.

ODA A LOS TRENES DEL SUR

Trenes del Sur, pequeños
entre
los volcanes,
deslizando
vagones
sobre
rieles
mojados
por la lluvia vitalicia,
entre montañas
crespas
y pesadumbre
de palos quemados.

Oh
frontera
de bosques goteantes,
de anchos helechos de agua,
de coronas.
Oh territorio
fresco
recién salido del lago,
del río,
del mar o de la lluvia
con el pelo mojado,
con la cintura llena
de lianas portentosas,
y entonces
en el medio
de las vegetaciones,
en la raya
de la multiplicada cabellera,
un penacho perdido,
el plumero
de una locomotora fugitiva
con un tren arrastrando
cosas vagas
en la solemnidad aplastadora
de la naturaleza,
lanzando
un grito
de ansia,
de humo,
como un escalofrío
en el paisaje!

Así
desde sus olas
los trigales
con el tren pasajero
conversan como
si fuera

sombra, cascada o ave
de aquellas latitudes,
y el tren
su chisperío
de carbón abrasado
reparte
con oscura
malignidad
de diablo
y sigue,
sigue,
sigue,
trepa el alto viaducto
del río Malleco
como subiendo
por una guitarra
y canta
en las alturas
del equilibrio azul
de la ferretería,
silba el vibrante tren
del fin del mundo
como
si
se despidiera
y se fuera a caer donde
termina
el espacio terrestre,
se fuera a despeñar entre las islas
finales del océano.

Yo voy contigo,
tren, trepidante
tren
de la frontera:
Voy a Renaico,
espérame,
tengo que comprar lana en Collipulli,

espérame que tengo
que descender en Quepe,
en Loncoche, en Osorno,
buscar piñones, telas
recién tejidas, con olor
a oveja y lluvia...
Corre,
tren, oruga, susurro,
animalito longitudinal,
entre las hojas
frías
y la tierra fragante,
corre
con
taciturnos
hombres de negra manta,
con monturas,
con silenciosos sacos
de papas de las islas,
con la madera
del alerce rojo,
del oloroso coigue,
del roble sempiterno.

Oh tren
explorador
de soledades,
cuando vuelves
al hangar de Santiago,
a las colmenas
del hombre y su cruzado poderío,
duermes tal vez
por una noche triste
un sueño sin perfume,
sin nieves, sin raíces,
sin islas que te esperan en la lluvia,
inmóvil
entre anónimos

vagones.
Pero
yo, entre un océano
de trenes,
en el cielo
de las locomotoras,
te reconocería
por
cierto aire
de lejos, por tus ruedas
mojadas allá lejos,
y por tu traspasado
corazón que conoce
la indecible, salvaje,
lluviosa,
azul fragancia!

AÑOS DE MADUREZ

(1958-1972)

PIDO SILENCIO

Ahora me dejen tranquilo.
Ahora se acostumbren sin mí.

Yo voy a cerrar los ojos.

Y sólo quiero cinco cosas,
cinco raíces preferidas.

Una es el mar sin fin.

Lo segundo es ver el otoño.
No puedo ser sin que las hojas
vuelen y vuelvan a la tierra.

Lo tercero es el grave invierno,
la lluvia que amé, la caricia
del fuego en el frío silvestre.

En cuarto lugar el verano
redondo como una sandía.

La quinta cosa son tus ojos.
Matilde mía, bienamada,
no quiero dormir sin tus ojos,
no quiero ser sin que me mires:
yo cambio la primavera
por que tú me sigas mirando.

Amigos, eso es cuanto quiero.
Es casi nada y casi todo.

Ahora si quieren se vayan.

He vivido tanto que un día
tendrán que olvidarme por fuerza,
borrándome de la pizarra:
mi corazón fue interminable.

Pero porque pido silencio
no crean que voy a morirme:
me pasa todo lo contrario:
sucede que voy a vivirme.

Sucede que soy y que sigo.

No será, pues, sino que adentro
de mí crecerán cereales,
primero los granos que rompen
la tierra para ver la luz
pero la madre tierra es oscura:
y dentro de mí soy oscuro:
soy como un pozo en cuyas aguas
la noche deja sus estrellas
y sigue sola por el campo.

Se trata de que tanto he vivido
que quiero vivir otro tanto.

Nunca me sentí tan sonoro,
nunca he tenido tantos besos.

Ahora, como siempre, es temprano.
Vuela la luz con sus abejas.

Déjenme solo con el día.
Pido permiso para nacer.

YA SE FUÉ LA CIUDAD

Como marcha el reloj sin darse prisa
con tal seguridad que se come los años:
los días son pequeñas y pasajeras uvas,
los meses se destiñen descolgados del tiempo.

Se va, se va el minuto hacia atrás, disparado
por la más inmutable artillería
y de pronto nos queda sólo un año para irnos,
un mes, un día, y llega la muerte al calendario.

Nadie pudo parar el agua que huye,
no se detuvo con amor ni pensamiento,
siguió, siguió corriendo entre el sol y los seres,
y nos mató su estrofa pasajera.

Hasta que al fin caemos en el tiempo, tendidos,
y nos lleva, y ya nos fuimos, muertos,
arrastrados sin ser, hasta no ser ni sombra,
ni polvo, ni palabra, y allí se queda todo
y en la ciudad en donde no viviremos más
se quedaron vacíos los trajes y el orgullo.

FÁBULA DE LA SIRENA
Y LOS BORRACHOS

Todos estos señores estaban dentro
cuando ella entró completamente desnuda
ellos habían bebido y comenzaron a escupirla
ella no entendía nada recién salía del río
era una sirena que se había extraviado
los insultos corrían sobre su carne lisa
la inmundicia cubrió sus pechos de oro
ella no sabía llorar por eso no lloraba
no sabía vestirse por eso no se vestía
la tatuaron con cigarrillos y con corchos quemados

y reían hasta caer al suelo de la taberna
ella no hablaba porque no sabía hablar
sus ojos eran color de amor distante
sus brazos construidos de topacios gemelos
sus labios se cortaron en la luz del coral
y de pronto salió por esa puerta
apenas entró al río quedó limpia
relució como una piedra blanca en la lluvia
y sin mirar atrás nadó de nuevo
nadó hacia nunca más hacia morir.

CIERTO CANSANCIO

No quiero estar cansado solo,
quiero que te canses conmigo.

Cómo no sentirse cansado
de cierta ceniza que cae
en las ciudades en otoño,
algo que ya no quiere arder,
y que en los trajes se acumula
y poco a poco va cayendo
destiñendo los corazones.

Estoy cansado del mar duro
y de la tierra misteriosa.
Estoy cansado de las gallinas:
nunca supimos lo que piensan,
y nos miran con ojos secos
sin concedernos importancia.

Te invito a que de una vez
nos cansemos de tantas cosas,
de los malos aperitivos
y de la buena educación.

Cansémonos de no ir a Francia,
cansémonos de por lo menos

uno o dos días en la semana
que siempre se llaman lo mismo
como los platos en la mesa,
y que nos levantan, a qué?
y que nos acuestan sin gloria.

Digamos la verdad al fin,
que nunca estuvimos de acuerdo
con estos días comparables
a las moscas y a los camellos.

He visto algunos monumentos
erigidos a los titanes,
a los burros de la energía.
Allí los tienen sin moverse
con sus espadas en la mano
sobre sus tristes caballos.
Estoy cansado de las estatuas.
No puedo más con tanta piedra.

Si seguimos así llenando
con los inmóviles el mundo,
cómo van a vivir los vivos?

Estoy cansado del recuerdo.

Quiero que el hombre cuando nazca
respire las flores desnudas,
la tierra fresca, el fuego puro,
no lo que todos respiraron.
Dejen tranquilos a los que nacen!

Dejen sitio para que vivan!
No les tengan todo pensado,
no les lean el mismo libro,
déjenlos descubrir la aurora
y ponerle nombre a sus besos.

Quiero que te canses conmigo
de todo lo que está bien hecho.
De todo lo que nos envejece.
De lo que tienen preparado
para fatigar a los otros.

Cansémonos de lo que mata
y de lo que no quiere morir.

CABALLOS

Vi desde la ventana los caballos.

Fue en Berlín, en invierno. La luz
era sin luz, sin cielo el cielo.

El aire blanco como un pan mojado.

Y desde mi ventana un solitario circo
mordido por los dientes del invierno.

De pronto, conducidos por un hombre,
diez caballos salieron a la niebla.
Apenas ondularon al salir, como el fuego,
pero para mis ojos ocuparon el mundo
vacío hasta esa hora. Perfectos, encendidos,
eran como diez dioses de largas patas puras,
de crines parecidas al sueño de la sal.

Sus grupas eran mundos y naranjas.

Su color era miel, ámbar, incendio.

Sus cuellos eran torres
cortadas en la piedra del orgullo,
y a los ojos furiosos se asomaba
como una prisionera, la energía.

y allí en silencio, en medio
del día, del invierno sucio y desordenado,
los caballos intensos eran la sangre,
el ritmo, el incitante tesoro de la vida.

Miré, miré y entonces reviví: sin saberlo
allí estaba la fuente, la danza de oro, el cielo,
el fuego que vivía en la belleza.

He olvidado el invierno de aquel Berlín oscuro.

No olvidaré la luz de los caballos.

NO ME PREGUNTEN

Tengo el corazón pesado
con tantas cosas que conozco,
es como si llevara piedras
desmesuradas en un saco,
o la lluvia hubiera caído,
sin descansar, en mi memoria.

No me pregunten por aquello.
No sé de lo que están hablando.

No supe yo lo que pasó.

Los otros tampoco sabían
y así anduve de niebla en niebla
pensando que nada pasaba,
buscando frutas en las calles,
pensamientos en las praderas
y el resultado es el siguiente:
que todos tenían razón
y yo dormía mientras tanto.
Por eso agreguen a mi pecho

no sólo piedras sino sombra,
no sólo sombra sino sangre.

Así son las cosas, muchacho,
y así también no son las cosas,
porque, a pesar de todo, vivo,
y mi salud es excelente,
me crecen el alma y las uñas,
ando por las peluquerías,
voy y vengo de las fronteras,
reclamo y marco posiciones,
pero si quieren saber más
se confunden mis derroteros
y si oyen ladrar la tristeza
cerca de mi casa, es mentira:
el tiempo claro es el amor,
el tiempo perdido es el llanto.

Así, pues, de lo que recuerdo
y de lo que no tengo memoria,
de lo que sé y de lo que supe,
de lo que perdí en el camino
entre tantas cosas perdidas,
de los muertos que no me oyeron
y que tal vez quisieron verme,
mejor no me pregunten nada:
toquen aquí, sobre el chaleco,
y verán cómo me palpita
un saco de piedras oscuras.

LA DESDICHADA

La dejé en la puerta esperando
y me fui para no volver.

No supo que no volvería.

Pasó un perro, pasó una monja,
pasó una semana y un año.

Las lluvias borraron mis pasos
y creció el pasto en la calle,
y uno tras otro como piedras,
como lentas piedras, los años
cayeron sobre su cabeza.

Entonces la guerra llegó,
llegó como un volcán sangriento.
Murieron los niños, las casas.

Y aquella mujer no moría.

Se incendió toda la pradera.
Los dulces dioses amarillos
que hace mil años meditaban
salieron del templo en pedazos.

No pudieron seguir soñando.

Las casas frescas y el verandah
en que dormí sobre una hamaca,
las plantas rosadas, las hojas
con formas de manos gigantes,
las chimeneas, las marimbas,
todo fue molido y quemado.

En donde estuvo la ciudad
quedaron cosas cenicientas,
hierros torcidos, infernales
cabelleras de estatuas muertas
y una negra mancha de sangre.

Y aquella mujer esperando.

ASÍ SALEN

Era bueno el hombre, seguro
con el azadón y el arado.
No tuvo tiempo siquiera
para soñar mientras dormía.

Fue sudorosamente pobre.
Valía un solo caballo.

Su hijo es hoy muy orgulloso
y vale varios automóviles.

Habla' con boca de ministro,
se pasea muy redondo,
olvidó a su padre campestre
y se descubrió antepasados,
piensa como un diario grueso,
gana de día y de noche:
es importante cuando duerme.

Los hijos del hijo son muchos
y se casaron hace tiempo,
no hacen nada pero devoran,
valen millares de ratones.
Los hijos del hijo del hijo
cómo van a encontrar el mundo?
Serán buenos o serán malos?
Valdrán moscas o valdrán trigo?

Tú no me quieres contestar.

Pero no mueren las preguntas.

BALADA

Vuelve, me dijo una guitarra
cerca de Rancagua, en otoño.
Todos los álamos tenían
color y temblor de campana:
hacía frío y era redondo
el cielo sobre la tristeza.

Entró a la cantina un borracho
tambaleando bajo las uvas
que le llenaban el sombrero
y le salían por los ojos.
Tenía barro en los zapatos,
había pisado la estatua
del otoño y había aplastado
todas sus manos amarillas.

Yo nunca volví a las praderas.
Pero apenas suenan las horas
claudicantes y deshonradas,
cuando al corazón se le caen
los botones y la sonrisa,
cuando dejan de ser celestes
los numerales del olvido,
aquella guitarra me llama,
y ya ha pasado tanto tiempo
que ya tal vez no existe nada,
ni la pradera ni el otoño,
y yo llegaría de pronto
como un fantasma en el vacío
con el sombrero lleno de uvas
preguntando por la guitarra,
y como allí no habría nadie
nadie entendería nada
y yo volvería cerrando
aquella puerta que no existe.

AMOR

Tantos días, ay tantos días
viándote tan firme y tan cerca,
cómo lo pago, con qué pago?

La primavera sanguinaria
de los bosques se despertó,
salen los zorros de sus cuevas,
las serpientes beben rocío,
y yo voy contigo en las hojas,
entre los pinos y el silencio,
y me pregunto si esta dicha
debo pagarla cómo y cuándo.

De todas las cosas que he visto
a ti quiero seguirte viendo,
de todo lo que he tocado,
sólo tu piel quiero ir tocando:
amo tu risa de naranja,
me gustas cuando estás dormida.

Qué voy a hacerle, amor, amada,
no sé cómo quieren los otros,
no sé cómo se amaron antes,
yo vivo viéndote y amándote,
naturalmente enamorado.

Me gustas cada tarde más.

Dónde estará? voy preguntando
si tus ojos desaparecen.
Cuánto tarda! pienso y me ofendo.
Me siento pobre, tonto y triste,
y llegas y eres una ráfaga
que vuela desde los duraznos.

Por eso te amo y no por eso,
por tantas cosas y tan pocas
y así debe ser el amor
entrecerrado y general,
particular y pavoroso,
embanderado y enlutado,
florido como las estrellas
y sin medida como un beso.

DÓNDE ESTARÁ LA GUILLERMINA?

Dónde estará la Guillermina?

Cuando mi hermana la invitó
y yo salí a abrirle la puerta,
entró el sol, entraron estrellas,
entraron dos trenzas de trigo
y dos ojos interminables.

Yo tenía catorce años
y era orgullosamente oscuro,
delgado, ceñido y fruncido,
funeral y ceremonioso:
yo vivía con las arañas,
humedecido por el bosque,
me conocían los coleópteros
y las abejas tricolores,
yo dormía con las perdices
sumergido bajo la menta.

Entonces entró la Guillermina
con dos relámpagos azules
que me atravesaron el pelo
y me clavaron como espadas
contra los muros del invierno.
Esto sucedió en Temuco.
Allá en el Sur, en la frontera.

Han pasado lentos los años
pisando como paquidermos,
ladrando como zorros locos,
han pasado impuros los años
crecientes, raídos, mortuorios,
y yo anduve de nube en nube,
de tierra en tierra, de ojo en ojo,
mientras la lluvia en la frontera
caía, con el mismo traje.

Mi corazón ha caminado
con intransferibles zapatos,
y he digerido las espinas:
no tuve tregua donde estuve:
donde yo pegué me pegaron,
donde me mataron caí
y resucité con frescura,
y luego y luego y luego y luego,
es tan largo contar las cosas.

No tengo nada que añadir.

Vine a vivir en este mundo.

Dónde estará la Guillermina?

SUCEDIÓ EN INVIERNO

No había nadie en aquella casa.
Yo estaba invitado y entré.
Me había invitado un rumor,
un peregrino sin presencia,
y el salón estaba vacío
y me miraban con desdén
los agujeros de la alfombra.

Los estantes estaban rotos.

Era el otoño de los libros
que volaban hoja por hoja.
En la cocina dolorosa
revoloteaban cosas grises,
tétricos papeles cansados,
alas de cebolla muerta.

Alguna silla me siguió
como un pobre caballo cojo
desprovisto de cola y crines,
con tres únicas, tristes patas,
y en la mesa me recliné
porque allí estuvo la alegría,
el pan, el vino, el estofado,
las conversaciones con ropa,
con indiferentes oficios
con casamientos delicados:
pero estaba muda la mesa
como si no tuviera lengua.

Los dormitorios se asustaron
cuando yo traspuse el silencio.
Allí quedaron encallados
con sus desdichas y sus sueños,
porque tal vez los durmientes
allí se quedaron despiertos:
desde allí entraron en la muerte,
se desmantelaron las camas
y murieron los dormitorios
con un naufragio de navío.

Me senté en el jardín mojado
por gruesas goteras de invierno
y me parecía imposible
que debajo de la tristeza,
de la podrida soledad,
trabajaran aún las raíces
sin el estímulo de nadie.

Sin embargo entre vidrios rotos
y fragmentos sucios de yeso
iba a nacer una flor:
no renuncia, por desdeñada,
a su pasión, la primavera.

Cuando salí crujió una puerta
y sacudidas por el viento
relincharon unas ventanas
como si quisieran partir
a otra república, a otro invierno,
donde la luz y las cortinas
tuvieran color de cerveza.

Y yo apresuré mis zapatos
porque si me hubiera dormido
y me cubrieran tales cosas
no sabría lo que no hacer.
Y me escapé como un intruso
que vio lo que no debió ver.

Por eso a nadie conté nunca
esta visita que no hice:
no existe esa casa tampoco
y no conozco aquellas gentes
y no hay verdad en esta fábula:

son melancolías de invierno.

CARTA PARA QUE ME MANDEN MADERA

Ahora para hacer la casa,
tráiganme maderas del Sur,
tráiganme tablas y tablones,
vigas, listones, tejuelas,
quiero ver llegar el perfume,

quiero que suenen descargando
el sonido del Sur que traen.

Cómo puedo vivir tan lejos
de lo que amé, de lo que amo?
De las estaciones envueltas
por vapor y por humo frío?
Aunque murió hace tantos años
por allí debe andar mi padre
con el poncho lleno de gotas
y la barba color de cuero.

La barba color de cebada
que recorría los ramales,
el corazón del aguacero,
y que alguien se mida conmigo
a tener padre tan errante,
a tener padre tan llovido:
su tren iba desesperado
entre las piedras de Carahue,
por los rieles de Colli-Pulli,
en las lluvias de Puerto Varas.
Mientras yo acechaba perdices
o coleópteros violentos,
buscaba el color del relámpago,
buscaba un aroma indeleble,
flor arbitraria o miel salvaje,
mi padre no perdía el tiempo:
sobre el invierno establecía
el sol de sus ferrocarriles.

Yo perdí la lluvia y el viento
y qué he ganado, me pregunto?
Porque perdí la sombra verde
a veces me ahogo y me muero:
es mi alma que no está contenta
y busca bajo mis zapatos
cosas gastadas o perdidas.

Tal vez aquella tierra triste
se mueve en mí como un navío:
pero yo cambié de planeta.

La lluvia ya no me conoce.

Y ahora para las paredes,
para las ventanas y el suelo,
para el techo, para las sábanas,
para los platos y la mesa
tráiganme maderas oscuras
secretas como la montaña,
tablas claras y tablas rojas,
alerce, avellano, mañío,
laurel, raulí y ulmo fragante,
todo lo que fue creciendo
secretamente en la espesura,
lo que fue creciendo conmigo:
tienen mi edad esas maderas,
tuvimos las mismas raíces.

Cuando se abra la puerta y entren
los fragmentos de la montaña
voy a respirar y tocar
lo que yo tal vez sigo siendo:
madera de los bosques fríos,
madera dura de Temuco,
y luego veré que el perfume
irá construyendo mi casa,
se levantarán las paredes
con los susurros que perdí,
con lo que pasaba en la selva,
y estaré contento de estar
rodeado por tanta pureza,
por tanto silencio que vuelve
a conversar con mi silencio.

NO ME HAGAN CASO

Entre las cosas que echa el mar
busquemos las más calcinadas,
patas violetas de cangrejos,
cabecitas de pez difunto,
sílabas suaves de madera,
pequeños países de nácar,
busquemos lo que el mar deshizo
con insistencia y sin lograrlo,
lo que rompió y abandonó
y lo dejó para nosotros.

Hay pétalos ensortijados,
algodones de la tormenta,
inútiles joyas del agua,
y dulces huesos de pájaro
en aún actitud de vuelo.

El mar arrojó su abandono,
el aire jugó con las cosas,
el sol abrazó cuanto había,
y el tiempo vive junto al mar
y cuenta y toca lo que existe.

Yo conozco todas las algas,
los ojos blancos de la arena,
las pequeñas mercaderías
de las mareas en Otoño
y ando como grueso pelícano
levantando nidos mojados,
esponjas que adoran el viento,
labios de sombra submarina,
pero nada más desgarrador
que el síntoma de los naufragios:
el suave madero perdido
que fue mordido por las olas
y desdeñado por la muerte.

Hay que buscar cosas oscuras
en alguna parte en la tierra,
a la orilla azul del silencio
o donde pasó como un tren
la tempestad arrolladora:
allí quedan signos delgados,
monedas del tiempo y del agua,
detritus, ceniza celeste
y la embriaguez intransferible
de tomar parte en los trabajos
de la soledad y la arena.

TESTAMENTO DE OTOÑO

*El poeta
entra a contar su
condición y
predilecciones*

Entre morir y no morir
me decidí por la guitarra
y en esta intensa profesión
mi corazón no tiene tregua,
porque donde menos me esperan
yo llegaré con mi equipaje
a cosechar el primer vino
en los sombreros del Otoño.

Entraré si cierran la puerta
y si me reciben me voy,
no soy de aquellos navegantes
que se extravían en el hielo:
yo me acomodo como el viento,
con las hojas más amarillas,
con los capítulos caídos
de los ojos de las estatuas
y si en alguna parte descanso
es en la propia nuez del fuego,
en lo que palpita y crepita
y luego viaja sin destino.

A lo largo de los renglones
habrás encontrado tu nombre,

lo siento muchísimo poco,
no se trataba de otra cosa
sino de muchísimas más,
porque eres y porque no eres
y esto le pasa a todo el mundo,
nadie se da cuenta de todo
y cuando se suman las cifras
todos éramos falsos ricos:
ahora somos nuevos pobres.

Habla de sus
enemigos y
les participa
su herencia

He sido cortado en pedazos
por rencorosas alimañas
que parecían invencibles.
Yo me acostumbré en el mar
a comer pepinos de sombra,
extrañas variedades de ámbar
y a entrar en ciudades perdidas
con camiseta y armadura
de tal manera que te matan
y tú te mueres de la risa.

Dejo pues a los que ladraron
mis pestañas de caminante,
mi predilección por la sal,
la dirección de mi sonrisa
para que todo lo lleven
con discreción, si son capaces:
ya que no pudieron matarme
no puedo impedirles después
que no se vistan con mi ropa,
que no aparezcan los domingos
con trocitos de mi cadáver,
certeramente disfrazados.
Si no dejé tranquilo a nadie
no me van a dejar tranquilo,
y se verá y eso no importa:
publicarán mis calcetines.

Se dirige
a otros
sectores Dejé mis bienes terrenales
a mi Partido y a mi pueblo,
ahora se trata de otras cosas,
cosas tan oscuras y claras
que son sin embargo una sola.
Así sucede con las uvas,
y sus dos poderosos hijos,
el vino blanco, el vino rojo,
toda la vida es roja y blanca,
toda claridad es oscura,
y no todo es tierra y adobe,
hay en mi herencia sombra y sueños.

Contesta
a algunos
bien
intencionados Me preguntaron una vez
por qué escribía tan oscuro,
pueden preguntarlo a la noche,
al mineral, a las raíces.
Yo no supe qué contestar
hasta que luego y después
me agredieron dos desalmados
acusándome de sencillo:
que responda el agua que corre,
y me fui corriendo y cantando.

Destina
sus penas A quién dejo tanta alegría
que pululó por mis venas
y este ser y no ser fecundo
que me dio la naturaleza?
He sido un largo río lleno
de piedras duras que sonaban
con sonidos claros de noche,
con cantos oscuros de día
y a quién puedo dejarle tanto,
tanto que dejar y tan poco,
una alegría sin objeto,
un caballo solo en el mar,
un telar que tejía viento?

356

Dispone de
sus regocijos
Mis tristezas se las destino
a los que me hicieron sufrir,
pero me olvidé cuáles fueron,
y no sé dónde las dejé,
si las ven en medio del bosque
son como las enredaderas:
suben del suelo con sus hojas
y terminan donde terminas,
en tu cabeza o en el aire,
y para que no suban más
hay que cambiar de primavera.

Se pronuncia
en contra
del odio
Anduve acercándome al odio,
son serios sus escalofríos,
sus nociones vertiginosas.
El odio es un pez espada,
se mueve en el agua invisible
y entonces se le ve venir,
y tiene sangre en el cuchillo:
lo desarma la transparencia.
Entonces para qué odiar
a los que tanto nos odiaron?
Allí están debajo del agua
acechadores y acostados
preparando espada y alcuza,
telarañas y telaperros.
No se trata de cristianismos,
no es oración ni sastrería,
sino que el odio perdió:
se le cayeron las escamas
en el mercado del veneno,
y mientras tanto sale el sol
y uno se pone a trabajar
y a comprar su pan y su vino.

Pero lo
considera en
su testamento
Al odio le dejaré
mis herraduras de caballo,
mi camiseta de navío,

357

mis zapatos de caminante,
mi corazón de carpintero,
todo lo que supe hacer
y lo que me ayudó a sufrir,
lo que tuve de duro y puro,
de indisoluble y emigrante,
para que se aprenda en el mundo
que los que tienen bosque y agua
pueden cortar y navegar,
pueden ir y pueden volver,
pueden padecer y amar,
pueden temer y trabajar,
pueden ser y pueden seguir,
pueden florecer y morir,
pueden ser sencillos y oscuros,
pueden no tener orejas,
pueden aguantar la desdicha,
pueden esperar una flor,
en fin, podemos existir,
aunque no acepten nuestras vidas
unos cuantos hijos de puta.

Finalmente, se
dirige con
arrobamiento
a su amada

Matilde Urrutia, aquí te dejo
lo que tuve y lo que no tuve,
lo que soy y lo que no soy.
Mi amor es un niño que llora,
no quiere salir de tus brazos,
yo te lo dejo para siempre:
eres para mí la más bella.

Eres para mí la más bella,
la más tatuada por el viento,
como un arbolito del sur,
como un avellano en agosto,
eres para mí suculenta
como una panadería,
es de tierra tu corazón
pero tus manos son celestes.

Eres roja y eres picante,
eres blanca y eres salada
como escabeche de cebolla,
eres un piano que ríe
con todas las notas del alma
y sobre mí cae la música
de tus pestañas y tu pelo,
me baño en tu sombra de oro
y me deleitan tus orejas
como si las hubiera visto
en las mareas de coral:
por tus uñas luché en las olas
contra pescados pavorosos.

De Sur a Sur se abren tus ojos,
y de Este a Oeste tu sonrisa,
no se te pueden ver los pies,
y el sol se entretiene estrellando
el amanecer en tu pelo.
Tu cuerpo y tu rostro llegaron
como yo, de regiones duras,
de ceremonias lluviosas,
de antiguas tierras y martirios,
sigue cantando el Bío-Bío
en nuestra arcilla ensangrentada,
pero tú trajiste del bosque
todos los secretos perfumes
y esa manera de lucir
un perfil de flecha perdida,
una medalla de guerrero.
Tú fuiste mi vencedora
por el amor y por la tierra,
porque tu boca me traía
antepasados manantiales,
citas en bosques de otra edad,
oscuros tambores mojados:
de pronto oí que me llamaban:
era de lejos y de cuando

359

me acerqué al antiguo follaje
y besé mi sangre en tu boca,
corazón mío, mi araucana.

Qué puedo dejarte si tienes,
Matilde Urrutia, en tu contacto
ese aroma de hojas quemadas,
esa fragancia de frutillas
y entre tus dos pechos marinos
el crepúsculo de Cauquenes
y el olor de peumo de Chile?

Es el alto otoño del mar
lleno de niebla y cavidades,
la tierra se extiende y respira,
se le caen al mes las hojas.
Y tú inclinada en mi trabajo
con tu pasión y tu paciencia
deletreando las patas verdes,
las telarañas, los insectos
de mi mortal caligrafía,
oh leona de pies pequeñitos,
qué haría sin tus manos breves?
dónde andaría caminando
sin corazón y sin objeto?
en qué lejanos autobuses,
enfermo de fuego o de nieve?

Te debo el otoño marino
con la humedad de las raíces,
y la niebla como una uva,
y el sol silvestre y elegante:
te debo este cajón callado
en que se pierden los dolores
y sólo suben a la frente
las corolas de la alegría.
Todo te lo debo a ti,
tórtola desencadenada,

mi codorniza copetona,
mi jilguero de las montañas,
mi campesina de Coihueco.

Alguna vez si ya no somos,
si ya no vamos ni venimos
bajo siete capas de polvo
y los pies secos de la muerte,
estaremos juntos, amor,
extrañamente confundidos.
Nuestras espinas diferentes,
nuestros ojos maleducados,
nuestros pies que no se encontraban
y nuestros besos indelebles,
todo estará por fin reunido,
pero de qué nos servirá
la unidad en un cementerio?
Que no nos separe la vida
y se vaya al diablo la muerte!

Recomendaciones finales   Aquí me despido, señores,
después de tantas despedidas
y como no les dejo nada
quiero que todos toquen algo:
lo más inclemente que tuve,
lo más insano y más ferviente
vuelve a la tierra y vuelve a ser:
los pétalos de la bondad
cayeron como campanadas
en la boca verde del viento.

Pero yo recogí con creces
la bondad de amigos y ajenos.
Me recibía la bondad
por donde pasé caminando
y la encontré por todas partes
como un corazón repartido.

Qué fronteras medicinales
no destronaron mi destierro
compartiendo conmigo el pan,
el peligro, el techo y el vino?
El mundo abrió sus arboledas
y entré como Juan por su casa
entre dos filas de ternura.
Tengo en el Sur tantos amigos
como los que tengo en el Norte,
no se puede poner el sol
entre mis amigos del Este,
y cuántos son en el Oeste?
No puedo numerar el trigo.
No puedo nombrar ni contar
los Oyarzunes fraternales:
en América sacudida
por tanta amenaza nocturna
no hay luna que no me conozca
ni caminos que no me esperen:
en los pobres pueblos de arcilla
o en las ciudades de cemento
hay algún Arce remoto
que no conozco todavía
pero que nacimos hermanos.

En todas partes recogí
la miel que devoran los osos,
la sumergida primavera,
el tesoro del elefante,
y eso se lo debo a los míos,
a mis parientes cristalinos.
El pueblo me identificó
y nunca dejé de ser pueblo.
Tuve en la palma de la mano
el mundo con sus archipiélagos
y como soy irrenunciable
no renuncié a mi corazón,
a las ostras ni a las estrellas.

Termina su
libro el poeta
hablando de
sus variadas
transformaciones
y confirmando
su fe en
la poesía
De tantas veces que he nacido
tengo una experiencia salobre
como criaturas del mar
con celestiales atavismos
y con destinación terrestre.
Y así me muevo sin saber
a qué mundo voy a volver
o si voy a seguir viviendo.
Mientras se resuelven las cosas
aquí dejé mi testimonio,
mi navegante estravagario
para que leyéndolo mucho
nadie pudiera aprender nada,
sino el movimiento perpetuo
de un hombre claro y confundido,
de un hombre lluvioso y alegre,
enérgico y otoñabundo.

Y ahora detrás de esta hoja
me voy y no desaparezco:
daré un salto en la transparencia
como un nadador del cielo,
y luego volveré a crecer
hasta ser tan pequeño un día
que el viento me lavará
y no sabré cómo me llamo
y no seré cuando despierte:

entonces cantaré en silencio.

SONETO I

Matilde, nombre de planta o piedra o vino,
de lo que nace de la tierra y dura,
palabra en cuyo crecimiento amanece,
en cuyo estío estalla la luz de los limones.

En ese nombre corren navíos de madera
rodeados por enjambres de fuego azul marino,
y esas letras son el agua de un río
que desemboca en mi corazón calcinado.

Oh nombre descubierto bajo una enredadera
como la puerta de un túnel desconocido
que comunica con la fragancia del mundo!

Oh invádeme con tu boca abrasadora,
indágame, si quieres, con tus ojos nocturnos,
pero en tu nombre déjame navegar y dormir.

SONETO XV

Desde hace mucho tiempo la tierra te conoce:
eres compacta como el pan o la madera
eres cuerpo, racimo de segura substancia,
tienes peso de acacia, de legumbre dorada.

Sé que existes no sólo porque tus ojos vuelan
y dan luz a las cosas como ventana abierta,
sino porque de barro te hicieron y cocieron
en Chillán, en un horno de adobe estupefacto.

Los seres se derraman como aire o agua o frío
y vagos son, se borran al contacto del tiempo,
como si antes de muertos fueran desmenuzados.

Tú caerás conmigo como piedra en la tumba
y así por nuestro amor que no fue consumido
continuará viviendo con nosotros la tierra.

SONETO XXIX

Vienes de la pobreza de las casas del Sur,
de las regiones duras con frío y terremoto

que cuando hasta sus dioses rodaron a la muerte
nos dieron la lección de la vida en la greda.

Eres un caballito de greda negra, un beso
de barro oscuro, amor, amapola de greda,
paloma del crepúsculo que voló en los caminos,
alcancía con lágrimas de nuestra pobre infancia.

Muchacha, has conservado tu corazón de pobre,
tus pies de pobre acostumbrados a las piedras,
tu boca que no siempre tuvo pan o delicia.

Eres del pobre Sur, de donde viene mi alma:
en su cielo tu madre sigue lavando ropa
con mi madre. Por eso te escogí, compañera.

SONETO LXXX

De viajes y dolores yo regresé, amor mío,
a tu voz, a tu mano volando en la guitarra,
al fuego que interrumpe con besos el otoño,
a la circulación de la noche en el cielo.

Para todos los hombres pido pan y reinado,
pido tierra para el labrador sin ventura,
que nadie espere tregua de mi sangre o mi canto.
Pero a tu amor no puedo renunciar sin morirme.

Por eso toca el vals de la serena luna,
la barcarola en el agua de la guitarra
hasta que se doblegue mi cabeza soñando:

que todos los desvelos de mi vida tejieron
esta enramada en donde tu mano vive y vuela
custodiando la noche del viajero dormido.

SONETO XC

Pensé morir, sentí de cerca el frío,
y de cuanto viví sólo a ti te dejaba:
tu boca eran mi día y mi noche terrestres
y tu piel la república fundada por mis besos.

En ese instante se terminaron los libros,
la amistad, los tesoros sin tregua acumulados,
la casa transparente que tú y yo construimos:
todo dejó de ser, menos tus ojos.

Porque el amor, mientras la vida nos acosa,
es simplemente una ola alta sobre las olas
pero ay cuando la muerte viene a tocar la puerta

hay sólo tu mirada para tanto vacío,
sólo tu claridad para no seguir siendo,
sólo tu amor para cerrar la sombra.

LA INSEPULTA DE PAITA

Elegía dedicada a la memoria de Manuela Sáenz
amante de Simón Bolívar

PRÓLOGO

Desde Valparaíso por el mar.

El Pacífico, duro camino de cuchillos.

Sol que fallece, cielo que navega.

Y el barco, insecto seco, sobre el agua.

Cada día es un fuego, una corona.

La noche apaga, esparce, disemina.

Oh día, oh noche,

366

oh naves

de la sombra y la luz, naves gemelas!

Oh tiempo, estela rota del navío!

Lento, hacia Panamá, navega el aire.

Oh mar, flor extendida del resposo!

No vamos ni volvemos ni sabemos.

Con los ojos cerrados existimos.

I
LA COSTA PERUANA

Surgió como un puñal
entre los dos azules enemigos,
cadena erial, silencio,
y acompañó a la nave
de noche interrumpida por la sombra
de día allí otra vez la misma,
muda como una boca
que cerró para siempre su secreto,
y tenazmente sola
sin otras amenazas
que el silencio.

Oh larga
cordillera
de arena y desdentada
soledad, oh desnuda
y dormida
estatua huraña,
a quién,
a quiénes
despediste

367

hacia el mar, hacia los mares,
a quién
desde los mares
ahora
esperas?

Qué flor salió,
qué embarcación florida
a fundar en el mar la primavera
y te dejó los huesos
del osario,
la cueva
de la muerte metálica,
el monte carcomido
por las sales violentas?
Y no volvió raíz ni primavera,
todo se fue en la ola y en el viento!

Cuando a través
de largas
horas
sigues,
desierto, junto al mar,
soledad arenosa,
ferruginosa muerte,
el viajero
ha gastado
su corazón errante:
no le diste
un solo
ramo de follaje y frescura,
ni canto de vertientes,
ni un techo que albergara
hombre y mujer amándose:
sólo el vuelo salado
del pájaro del mar
que salpicaba
las rocas

con espuma
y alejaba su adiós
del frío del planeta.

Atrás, adiós,
te dejo,
costa
amarga.
En cada hombre
tiembla
una semilla
que busca
agua celeste
o fundación porosa:
cuando no vio sino una copa larga
de montes minerales
y el azul extendido
contra una inexorable
ciudadela,
cambia el hombre su rumbo,
continúa su viaje
dejando atrás la costa del desierto,
dejando
atrás
el olvido.

II
LA INSEPULTA

En Paita preguntamos
por ella, la Difunta:
tocar, tocar la tierra
de la bella Enterrada.

No sabían.

Las balaustradas viejas,
los balcones celestes,

una vieja ciudad de enredaderas
con un perfume audaz
como una cesta
de mangos invencibles,
de piñas,
de chirimoyas profundas,
las moscas
del mercado
zumban
sobre el abandonado desaliño,
entre las cercenadas
cabezas de pescado,
y las indias sentadas
vendiendo
los inciertos despojos
con majestad bravía,
−soberanas de un reino
de cobre subterráneo−,
y el día era nublado,
el día era cansado,
el día era un perdido
caminante, en un largo
camino confundido
y polvoriento.

Detuve al niño, al hombre,

al anciano,

y no sabía dónde

falleció Manuelita,

ni cuál era su casa,

ni dónde estaba ahora

el polvo de sus huesos.

Arriba iban los cerros amarillos,
secos como camellos,
en un viaje en que nada se movía,
en un viaje de muertos,
porque es el agua
el movimiento,
el manantial transcurre,
el río crece y canta,
y allí los montes duros
continuaron el tiempo:
era la edad, el viaje inmóvil
de los cerros pelados,
y yo les pregunté por Manuelita,
pero ellos no sabían,
no sabían el nombre de las flores.
Al mar le preguntamos,
al viejo océano.
El mar peruano
abrió en la espuma viejos ojos incas
y habló la desdentada boca de la turquesa.

III
EL MAR Y MANUELITA

Aquí me llevó ella, la barquera,
la embarcadora de Colán, la brava.
Me navegó la bella, la recuerdo,
la sirena de los fusiles,
la viuda de las redes,
la pequeña criolla traficante
de miel, palomas, piñas y pistolas.
Durmió entre las barricas,
amarrada a la pólvora insurgente,
a los pescados que recién alzaban
sobre la barca sus escalofríos,
al oro de los más fugaces días,
al fosfórico sueño de la rada.

Sí, recuerdo su piel de nardo negro,
sus ojos duros, sus férreas manos breves,

recuerdo a la perdida comandante
y aquí vivió
sobre estas mismas olas,
pero no sé dónde se fue,

no sé

dónde dejó al amor su último beso,

ni dónde la alcanzó la última ola.

IV
NO LA ENCONTRAREMOS

No, pero en mar no yace la terrestre,
no hay Manuela sin rumbo, sin estrella,
sin barca, sola entre las tempestades.

Su corazón era de pan y entonces
se convirtió en harina y en arena,
se extendió por los montes abrasados,
por espacio cambió su soledad.
Y aquí no está y está la solitaria.

No descansa su mano, no es posible
encontrar sus anillos ni sus senos,
ni su boca que el rayo
navegó con su largo látigo de azahares.
No encontrará el viajero
a la dormida
de Paita en esta cripta, ni rodeada
por lanzas carcomidas, por inútil
mármol en el huraño cementerio
que contra polvo y mar guarda sus muertos,
en este promontorio, no,
no hay tumba para Manuelita,

no hay entierro para la flor,
no hay túmulo para la extendida,
no está su nombre en la madera
ni en la piedra feroz del templo.
Ella se fue, diseminada,
entre las duras cordilleras
y perdió entre sal y peñascos
los más tristes ojos del mundo,
y sus trenzas se convirtieron
en agua, en ríos del Perú,
y sus besos se adelgazaron
en el aire de las colinas,
y aquí está la tierra y los sueños
y las crepitantes banderas
y ella está aquí, pero ya nadie
puede reunir su belleza.

V

FALTA EL AMANTE

Amante, para qué decir tu nombre?
Sólo ella en estos montes
permanece.
Él es sólo silencio,
es brusca soledad que continúa.

Amor y tierra establecieron
la solar amalgama,
y hasta este sol, el último,
el sol mortuorio
busca
la integridad de la que fue la luz.
Busca
y su rayo
a veces
moribundo
corta buscando, corta como espada,
se clava en las arenas,

373

y hace falta la mano del Amante
en la desgarradora empuñadura.

Hace falta tu nombre,
Amante muerto,
pero el silencio sabe que tu nombre
se fue a caballo por la sierra,
se fue a caballo con el viento.

VI
RETRATO

Quién vivió? Quién vivía? Quién amaba?

Malditas telarañas españolas!

En la noche la hoguera de ojos ecuatoriales,
tu corazón ardiendo en el vasto vacío:
así se confundió tu boca con la aurora.

Manuela, brasa y agua, columna que sostuvo
no una techumbre vaga sino una loca estrella.

Hasta hoy respiramos aquel amor herido,
aquella puñalada del sol en la distancia.

VII
EN VANO TE BUSCAMOS

No, nadie reunirá tu firme forma,
ni resucitará tu arena ardiente,
no volverá tu boca a abrir su doble pétalo,
ni se hinchará en tus senos la blanca vestidura.

La soledad dispuso sal, silencio, sargazo,
y tu silueta fue comida por la arena,
se perdió en el espacio tu silvestre cintura,

sola, sin el contacto del jinete imperioso
que galopó en el fuego hasta la muerte.

VIII
MANUELA MATERIAL

Aquí en las desoladas colinas no reposas,
no escogiste el inmóvil universo del polvo.
Pero no eres espectro del alma en el vacío.
Tu recuerdo es materia, carne, fuego, naranja.

No asustarán tus pasos el salón del silencio,
a medianoche, ni volverás con la luna,
no entrarás transparente, sin cuerpo y sin rumor,
no buscarán tus manos la cítara dormida.

No arrastrarás de torre en torre un nimbo verde
como de abandonados y muertos azahares,
y no tintinearán de noche tus tobillos:
te desencadenó sólo la muerte.

No, ni espectro, ni sombra, ni luna sobre el frío,
ni llanto, ni lamento, ni huyente vestidura,
sino aquel cuerpo, el mismo que se enlazó al amor,
aquellos ojos que desgranaron la tierra.

Las piernas que anidaron el imperioso fuego
del Húsar, del errante Capitán del camino,
las piernas que subieron al caballo en la selva
y bajaron volando la escala de alabastro.

Los brazos que abrazaron, sus dedos, sus mejillas,
sus senos (dos morenas mitades de magnolia),
el ave de su pelo (dos grandes alas negras),
sus caderas redondas de pan ecuatoriano.

Así, tal vez desnuda, paseas con el viento
que sigue siendo ahora tu tempestuoso amante.

Así existes ahora como entonces: materia,
verdad, vida imposible de traducir a muerte.

IX
EL JUEGO

Tu pequeña mano morena,
tus delgados pies españoles,
tus caderas claras de cántaro,
tus venas por donde corrían
viejos ríos de fuego verde:
todo lo pusiste en la mesa
como un tesoro quemante:
como de abandonados y muertos azahares,
en la baraja del incendio:
en el juego de vida o muerte.

X
ADIVINANZA

Quién está besándola ahora?
No es ella. No es él. No son ellos.
Es el viento con la bandera.

XI
EPITAFIO

Ésta fue la mujer herida:
en la noche de los caminos
tuvo por sueño una victoria,
tuvo por abrazo el dolor.
Tuvo por amante una espada.

XII
ELLA

Tú fuiste la libertad,
libertadora enamorada.

Entregaste dones y dudas,
idolatrada irrespetuosa.

Se asustaba el buho en la sombra
cuando pasó tu cabellera.

Y quedaron las tejas claras,
se iluminaron los paraguas.

Las casas cambiaron de ropa.
El invierno fue transparente.

Es Manuelita que cruzó
las calles cansadas de Lima,
la noche de Bogotá,
la oscuridad de Guayaquil,
el traje negro de Caracas.

Y desde entonces es de día.

XIII
INTERROGACIONES

Por qué? Por qué no regresaste?
Oh amante sin fin, coronada
no sólo por los azahares,
no sólo por el gran amor,
no sólo por luz amarilla
y seda roja en el estrado,
no sólo por camas profundas
de sábanas y madreselvas,
sino también,
oh coronada,
por nuestra sangre y nuestra guerra.

XIV
TODO EL SILENCIO

Ahora quedémonos solos.
Solos, con la orgullosa.
Solos con la que se vistió
con un relámpago morado.
Con la emperatriz tricolor.
Con la enredadera de Quito.

De todo el silencio del mundo
ella escogió este triste estuario,
el agua pálida de Paita.

XV

De aquella gloria no, no puedo hablarte.
Hoy no quiero sino la rosa
perdida, perdida en la arena.
Quiero compartir el olvido.

Quiero ver los largos minutos
replegados como banderas,
escondidos en el silencio.

A la escondida quiero ver.

Quiero saber.

XVI
EXILIOS

Hay exilios que muerden y otros
son como el fuego que consume.

Hay dolores de patria muerta
que van subiendo desde abajo,
desde los pies y las raíces

y de pronto el hombre se ahoga,
ya no conoce las espigas,
ya se terminó la guitarra,
ya no hay aire para esa boca,
ya no puede vivir sin tierra
y entonces se cae de bruces,
no en la tierra, sino en la muerte.

Conocí el exilio del canto,
y ése sí tiene medicina,
porque se desangra en el canto,
la sangre sale y se hace canto.

Y aquel que perdió madre y padre,
que perdió también a sus hijos,
perdió la puerta de su casa,
no tiene nada, ni bandera,
ése también anda rodando
y a su dolor le pongo nombre
y lo guardo en mi caja oscura.

Y el exilio del que combate
hasta en el sueño, mientras come,
mientras no duerme ni come,
mientras anda y cuando no anda,
y no es el dolor exilado
sino la mano que golpea
hasta que las piedras del muro
escuchen y caigan y entonces
sucede sangre y esto pasa:
así es la victoria del hombre.

NO COMPRENDO

Pero no comprendo este exilio.

Este triste orgullo, Manuela.

XVII
LA SOLEDAD

Quiero andar contigo y saber,
saber por qué, y andar adentro
del corazón diseminado,
preguntar al polvo perdido,
al jazmín huraño y disperso.

Por qué? Por qué esta tierra miserable?

Por qué esta luz desamparada?

Por qué esta sombra sin estrellas?

Por qué Paita para la muerte?

XVIII
LA FLOR

Ay amor, corazón de arena!

Ay sepultada en plena vida,

yacente sin sepultura,

niña infernal de los recuerdos,

ángela color de espada.

Oh inquebrantable victoriosa

de guerra y sol, de cruel rocío.

Oh suprema flor empuñada

por la ternura y la dureza.

Oh puma de dedos celestes,

oh palmera color de sangre,

dime por qué quedaron mudos
lós labios que el fuego besó,
por qué las manos que tocaron
el poderío del diamante,
las cuerdas del violín del viento,
la cimitarra de Dios,
se sellaron en la costa oscura,
y aquellos ojos que abrieron
y cerraron todo el fulgor
aquí se quedaron mirando
cómo iba y venía la ola,
cómo iba y venía el olvido
y cómo el tiempo no volvía:
sólo soledad sin salida
y estas rocas de alma terrible
manchadas por los alcatraces.

Ay, compañera, no comprendo!

XIX
ADIÓS

Adiós, bajo la niebla tu lenta barca cruza:
es transparente como una radiografía,
es muda entre las sombras de la sombra:
va sola, sube sola, sin rumbo y sin barquera.

Adiós, Manuela Sáenz, contrabandista pura,
guerrillera, tal vez tu amor ha indemnizado
la seca soledad y la noche vacía.
Tu amor diseminó su ceniza silvestre.

Libertadora, tú que no tienes tumba,
recibe una corona desangrada en tus huesos,
recibe un nuevo beso de amor sobre el olvido,
adiós, adiós, adiós Julieta huracanada.

Vuelve a la proa eléctrica de tu nave pesquera,
dirige sobre el mar la red y los fusiles,
y que tu cabellera se junte con tus ojos,
tu corazón remonte las aguas de la muerte,
y se vea otra vez partiendo la marea,
la nave, conducida por tu amor valeroso.

XX
LA RESURRECTA

En tumba o mar o tierra, batallón o ventana,
devuélvenos el rayo de tu infiel hermosura.
Llama tu cuerpo, busca tu forma desgranada
y vuelve a ser la estatua conducida en la proa.

(Y el Amante en su cripta temblará como un río.)

XXI
INVOCACIÓN

Adiós, adiós, adiós, insepulta bravía,
rosa roja, rosal hasta en la muerte errante,
adiós, forma callada por el polvo de Paita,
corola destrozada por la arena y el viento.

Aquí te invoco para que vuelvas a ser una
antigua muerta, rosa todavía radiante,
y que lo que de ti sobreviva se junte
hasta que tengan nombre tus huesos adorados.

El Amante en su sueño sentirá que lo llaman:
alguien, por fin aquella, la perdida, se acerca
y en una sola barca viajará la barquera
otra vez, con el sueño y el Amante soñando,
los dos, ahora reunidos en la verdad desnuda:
cruel ceniza de un rayo que no enterró la muerte,
ni devoró la sal, ni consumió la arena.

XXII

YA NOS VAMOS DE PAITA

Paita, sobre la costa
muelles podridos,
escaleras
rotas,
los alcatraces tristes
fatigados
sentados
en la madera muerta,
los fardos de algodón,
los cajones de Piura.
Soñolienta y vacía
Paita se mueve
al ritmo
de las pequeñas olas de la rada
contra el muro calcáreo.

Parece
que aquí
alguna ausencia inmensa sacudió y quebrantó
los techos y las calles.
Casas vacías, paredones
rotos,
alguna buganvillia
echa en la luz el chorro
de su sangre morada,
y lo demás es tierra,
el abandono seco
del desierto.

Y ya se fue el navío
a sus distancias.

Paita quedó dormida
en sus arenas.
Manuelita insepulta,
desgranada

en las atroces, duras
soledades.

Regresaron las barcas, descargaron
a pleno sol negras mercaderías.

Las grandes aves calvas
se sostienen
inmóviles
sobre piedras quemantes.

Se va el navío. Ya
no tiene ya más
nombre la tierra.

Entre los dos azules
del cielo y del océano
una línea de arena,
seca, sola, sombría.

Luego cae la noche.
Y nave y costa y mar
y tierra y canto
navegan al olvido.

TORO

I

Entre las aguas del Norte y las del Sur
España estaba seca,
sedienta, devorada, tensa como un tambor,
seca como la luna estaba España
y había que regar pronto antes de que ardiera,
ya todo era amarillo,
de un amarillo viejo y pisoteado,
ya todo era de tierra

ni siquiera los ojos sin lágrimas lloraban
(ya llegará el tiempo del llanto)
desde la eternidad ni una gota de tiempo,
ya iban mil años sin lluvia,
la tierra se agrietaba
y allí en las grietas los muertos:
un muerto en cada grieta
y no llovía,
pero no llovía.

II

Entonces el toro fue sacrificado.
De pronto salió una luz roja
como el cuchillo del asesino
y esta luz se extendió desde Alicante,
se encarnizó en Somosierra.
Las cúpulas parecían geranios.
Todo el mundo miraba hacia arriba.
Qué pasa?, preguntaban.
Y en medio del temor
entre susurro y silencio
alguien que lo sabía
dijo: «Ésa es la luz del toro».

III

Vistieron a un labriego pálido
de azul con fuego, con ceniza de ámbar,
con lenguas de plata, con nube y bermellón,
con ojos de esmeralda y colas de zafiro
y avanzó el pálido ser contra la ira,
avanzó el pobre vestido de rico para matar,
vestido de relámpago para morir.

Entonces cayó la primera gota de sangre y floreció,
la tierra recibió sangre y la fue consumiendo
como una terrible bestia escondida que no puede saciarse,
no quiso tomar agua,
cambió de nombre su sed,
y todo se tiñó de rojo,
las catedrales se incendiaron,
en Góngora temblaban los rubíes,
en la Plaza de toros roja como un clavel
se repetía en silencio y furia el rito,
y luego la gota corría boca abajo
hacia los manantiales de la sangre,
y así fue así fue la ceremonia,
el hombre pálido, la sombra arrolladora
de la bestia y el juego
entre la muerte y la vida bajo el día sangriento.

V

Fue escogido entre todos el compacto,
la pureza rizada por olas de frescura,
la pureza bestial, el toro verde,
acostumbrado al áspero rocío,
lo designó la luna en la manada,
como se escoge un lento cacique fue escogido.
Aquí está, montañoso, caudal, y su mirada
bajo la media luna de los cuernos agudos
no sabe, no comprende si este nuevo silencio
que lo cubre es un manto genital de delicias
o sombra eterna, boca de catástrofe.
Hasta que al fin se abre la luz como una puerta,
entra un fulgor más duro que el dolor,
un nuevo ruido como sacos de piedras que rodaran
y en la plaza infinita de ojos sacerdotales
un condenado a muerte que viste en esta cita

su propio escalofrío de turquesa,
un traje de arco iris y una pequeña espada.

VI

Una pequeña espada con su traje,
una pequeña muerte con su hombre,
en pleno circo, bajo la naranja implacable
del sol, frente a los ojos que no miran,
en la arena, perdido como un recién nacido,
preparando su largo baile, su geometría.
Luego como la sombra y como el mar
se desatan los pasos iracundos del toro
(ya sabe, ya no es sino su fuerza)
y el pálido muñeco se convierte en razón,
la inteligencia busca bajo su vestidura
de oro cómo danzar y cómo herir.

Debe danzar muriendo el soldado de seda.

Y cuando escapa es invitado en el Palacio.

Él levanta una copa recordando su espada.

Brilla otra vez la noche del miedo y sus estrellas.

La copa está vacía como el circo en la noche.

Los señores quieren tocar al que agoniza.

VII

Lisa es la femenina como una suave almendra,
de carne y hueso y pelo es la estructura,
coral y miel se agrupan en su largo desnudo
y hombre y hambre galopan a devorar la rosa.
Oh flor! La carne sube en una ola,
la blancura desciende su cascada
y en un combate blanco se desarma el jinete
cayendo al fin cubierto de castidad florida.

VIII

El caballo escapado del fuego,
el caballo del humo,
llegó a la Plaza, va como una sombra
como una sombra espera al toro,
el jinete es un torpe
insecto oscuro,
levanta su aguijón sobre el caballo negro,
luce la lanza negra, ataca
y salta
enredado en la sombra y en la sangre.

IX

De la sombra bestial suena los suaves cuernos
regresando en un sueño vacío al pasto amargo,
sólo una gota penetró en la arena,
una gota de toro, una semilla espesa
y otra sangre, la sangre del pálido soldado:
un esplendor sin seda atravesó el crepúsculo,
la noche, el frío metálico del alba.

Todo estaba dispuesto. Todo se ha consumido.

Rojas como el incendio son las torres de España.

CATACLISMO

I

La noche de mil noches y una noche,
la sombra de mil sombras y un latido,
el agua de mil aguas que cayeron,
el fuego destapando sus embudos,
la ceniza vestida de medusa,
la tierra dando un grito.

Hombre soy, por qué nací en la tierra?

Dónde está mi mortaja?

Ésta es la muerte?

II

De los cuarenta días fríos que llegaron antes
nadie supo ni vio materia diferente:
se presenta el invierno como un viajero,
como ave regular en el viaje del cielo.
Cuarenta soles con lluvias sobre los montes,
luego la luz, los dedos de la luz en sus guantes,
así es la noche del invierno oscuro como mano dormida,
y luego con la aurora los derechos
del árbol: la arboleda,
y las guerras del árbol: tenaz selva profunda,
interminable como anillo, vestida con un perfume inmenso.

III

Yo soy el sumergido de aquellas latitudes,
allí dejé mis manos, mi primera abundancia,
los tesoros vacíos más ricos que el dinero,
el fulgor de aquel mundo de hojas, raíces, sílabas
sin idioma, de hojas entrecortadas
que una a una me hicieron entender una dicha
joven y tenebrosa, y es por eso
que cuando
cayó el humo y el mar, la lava, el miedo
allí cayeron, enredándose en un nudo de espinas
que rodaba temblando sobre el día
con una cola de agua hirsuta y piedras que mordían,
y la tierra paría y moría, agonizaba y nacía,
y otra vez volvía a llamarse tierra y a tener noche
y de nuevo borraba su nombre con espanto,
ay, ay hermanos ausentes, como si el dolor fuera un
    sistema intacto,

una copa de aire amargo entre todo el aire del cielo
allí donde yo estuve llegó a mis labios la muerte,
allí donde yo pasé se sacudió la tierra
y se quemó mi corazón con un solo relámpago.

IV

Cuéntame tú, pobre Pedro, pobre Juan,
tú, pobre, silencioso habitante de las islas,
Agustín Pescador casado con María Selva,
o tú, Martín sin olvido, sin nunca más olvido,
hijo de la memoria pedregosa,
cuéntame, cuéntame sin día ni noche, sin palabras,
solo con lo que perdiste, las redes, el arado,
la casita y el chancho, la máquina Singer comprada en
      Temuco
a costa de tanto tejido, de tanto trabajo lloviendo,
lloviendo, siempre con la lluvia a cuestas
y los zapatos de toda la familia
que esperan con paciencia el invierno para perforarse y
      podrirse.
Oh ahora tal vez no significa nada el plazo vencido,
ni aquel caballo robado que apareció después en
      Nehuentúe.
Ahora la gran deuda de la vida fue pagada con miedo,
fue volcada en la tierra como una cosecha
de la que todos huían rezando, llorando y muriendo,
sin comprender por qué nacimos, ni por qué la tierra
que esperó tanto tiempo que madurara el trigo
ahora, sin paciencia, como una brusca viuda
borracha y crepitante se hiciera pagar de golpe
amor y amor, vida y vida, muerte y muerte.

V

El cementerio de los Andwanter en la Isla,
frente a Valdivia, escondió cien años

la última gota pura del olvido. Sólo
unos cuantos fundadores muertos, el caballero rubio
y su mujer cocinante, los hijos que devoró el invierno.
Las lianas, las hiedras, las cadenas del bosque,
los hilos que desde el *drimis winterey* y el *notofagus*
altos como las catedrales que perdieron,
góticos como los sueños feroces de su natalicio,
cosieron con aguja y silencio una pequeña patria verde,
la iglesia vegetal que sus huesos quería.
Y ahora, aquellos muertos qué hicieron? Dónde viven?
De aquella taza de agua y olvido, de aquella susurrante
sombra secreta, salió también el miedo
a pasear con su ropa inundada por la soledad de Valdivia?
O también alcanzó allí la lengua del volcán,
el agua interminable que quería matar
y el grito agudo, agudo del mar contra el olvido?

VI

De Puerto Saavedra un patio de amapolas,
el no ser de los indios, la torre del verano
como un faro azotado por las olas del trigo,
duro y azul el cielo de la melancolía,
y una raíz cargada de pólvora y perfume
dentro de mí, naciendo, derribando la luna.

El viejo poeta de barba amarilla, pastor del cisne frío,
del cisne errante, cúpula, monarquía de nieve
cápsula clara, nave de los solemnes lagos,
el antiguo poeta que me dio una mano
rápida, fugitiva, antes de irse a su tumba,
ahora qué pudo hacer con su pequeño esqueleto
cuando todo tembló sin cisnes, todo rodó en la lluvia,
y el mar del otro lado devoró el Malecón,
entró por las ventanas odio y agua enemiga,
odio sin fondo, espada de la naturaleza.
Qué pudo hacer mi amigo reducido a semilla,
vuelto a germen, recién tal vez naciendo,

cuando el odio del mar aplastó las maderas
y hasta la soledad quedó sacrificada?

VII

Volcanes! Dioses perdidos, renegados,
dioses substituidos, carnívoras corolas,
me acostumbré a mirar a nivel del agua,
a estatura de insecto o piedrecita
vuestro intacto silencio de caballos nevados,
los cuellos del volcán, los hocicos, los dientes
que sólo mordían frío, los collares
del gran dios Chillán, del Puntiagudo, del Osorno,
las plumas del Villarrica que el viento feroz
disemina en distancia y agua reconcentrada,
oh Tronador, pan recién creado en el horno frío
en mitad de la selva cerrada como una iglesia,
Llaima, con tu penacho de oro y humo,
Aconcagua, pesado padre del silencio en el mundo,
Calbuco volcán fresco, santo de las manzanas.

En este volcán y en el otro la raza de la tierra
fundó su ser y su no ser, apoyó su familia,
formuló leyes escritas con sangre de zorro
dictó el rapto, la sal, la guerra, la ceniza.

Así, nació de barro,
de barro de volcán
el primer hombre.

VIII

Adentro está el terror, abajo duerme el terror,
es un óvulo estriado que vive en el fuego,
es una pluma pálida que –máquina o medusa–
sube y baja, recorre las venas del volcán,
hasta que frenética saltó de su recinto
y de larva insondable se transformó en corona,
trueno terrible, tubo total de la tormenta,

rosa de azufre y sangre sobre el dios coronado.
Y aquella paz, aquella nieve en la mentira
del agua quieta, en la paciencia del Llanquihue,
todo aquello, el verano con su paloma inmóvil,
terminó en un silbido de fuego profundo
se rompió el cielo, galopó la tierra,
y cuando sólo el mar podía responder
se juntaron las aguas en una ola cobarde
que palpitó subiendo por la altura
y cayó con su frío en el infierno.

IX

Amor mío, amor mío, ciérrame los ojos
no sólo contra la claridad volcánica, no sólo
contra la oscuridad del miedo: no quiero tener ojos,
no quiero saber ya, ni conocer, ni ser.
Ciérrame los ojos contra todas las lágrimas,
contra mi propio llanto y el tuyo, contra el río
del llanto perpetuo que entre noche y lava
acaricia y horada como un beso sulfúrico
el último vestido de la pobre patria, sentada en una piedra
frente a la invitación insistente del mar,
bajo la inexorable conducta de la cordillera.

X

El miedo envuelve los huesos como una nueva piel,
envuelve la sangre con la piel de la noche,
bajo la planta de los pies mueve la tierra:
no es tu pelo, es el miedo en tu cabeza
como una cabellera de clavos verticales
y lo que ves no son las calles rotas
sino, adentro de ti, tus paredes caídas,
tu infinito frustrado, se desploma
otra vez la ciudad, en tu silencio sólo se oye
la amenaza del agua, y en el agua
los caballos ahogados galopan en tu muerte.

XI

Volveré a ver cuanto fue respetado
por fuego, tierra y mar, sin duda. Un día
llegaré como los emigrados antes de ser vencidos:
esto quedó, esta casa, esta piedra, este hombre.
La ternura tiene una mano de ciclón tardío
para recuperar sus miserables tesoros
y luego olvido y lluvia lavan las manchas digitales
del devorado. Seguramente todo
estará allí, los veleros
vuelven del archipiélago cargados
con erizos del mar, con tomates de yodo,
con las madera duras de Chacao
y yo veré el mismo día antiguo con título de nieve,
con un volcán callado a plena luz
y ya el escalofrío más grande de la tierra
se alejó como el viento polar a su destino.
Y crecerá más de una flor, más de un pan, más de un
      hombre
de las mismas raíces olvidadas del miedo.

XII

Araucaria, quién eres? Quién soy? Sujeta!
Sufre! Sujeta! Corran! Aquí estoy! Pero llueve.
No hay nadie más. Cayó la torre. Traigan,
traigan la cucharada, la pala, el azadón,
ahora muero, dónde está la Rosa? No hay nadie,
no hay ventana, no hay luz, se fueron, se murieron.
Yo bajé al patio, entonces no hubo tierra,
todo rodaba, el fuego salía de la esquina.
Tú sabes que Alarcón subió a sus hijos
en la nave, hacia el mar, pero tampoco el mar
estaba allí, el mar se había ido,
había huido, huido, huido, el mar
y volvió en una ola, en una negra ola,
en una negra ola el mar

el mar volvió volvió volvió.
En una sola ola los Alarcón murieron.

XIII

Debajo de mis alas mojadas, hijos, dormid,
amarga población de la noche inestable,
chilenos perdidos en el terror, sin nombre,
sin zapatos, sin padre, ni madre, ni sabiduría:
ahora bajo la lluvia tenderemos
el poncho y a plena muerte, bajo mis alas,
a plena noche dormiremos para despertar:
es nuestro deber eterno la tierra enemiga,
nuestro deber es abrir las manos y los ojos
y salir a contar lo que muere y lo que nace.
No hay infortunio que no reconstruya, la aguja
cose que cose el tiempo como una costurera
coserá un rosal rojo sobre las cicatrices
y ahora tenemos nuevas islas, volcanes,
nuevos ríos, océano recién nacido,
ahora seamos una vez más: existiremos,
pongámonos en la cara la única sonrisa que flotó sobre el
     agua,
recojamos el sombrero quemado y el apellido muerto,
vistámonos de nuevo de hombre y de mujer desnudos:
construyamos el muro, la puerta, la ciudad:
comencemos de nuevo el amor y el acero:
fundemos otra vez la patria temblorosa.

EL PUEBLO

De aquel hombre me acuerdo y no han pasado
sino dos siglos desde que lo vi,
no anduvo ni a caballo ni en carroza:
a puro pie
deshizo
las distancias

y no llevaba espada ni armadura,
sino redes al hombro,
hacha o martillo o pala,
nunca apaleó a ninguno de su especie:
su hazaña fue contra el agua o la tierra,
contra el trigo para que hubiera pan,
contra el árbol gigante para que diera leña,
contra los muros para abrir las puertas,
contra la arena construyendo muros
y contra el mar para hacerlo parir.

Lo conocí y aún no se me borra.

Cayeron en pedazos las carrozas,
la guerra destruyó puertas y muros,
la ciudad fue un puñado de cenizas,
se hicieron polvo todos los vestidos,
y él para mí subsiste,
sobrevive en la arena,
cuando antes parecía
todo imborrable menos él.

En el ir y venir de las familias
a veces fue mi padre o mi pariente
o apenas si era él o si no era
tal vez aquel que no volvió a su casa
porque el agua o la tierra lo tragaron
o lo mató una máquina o un árbol
o fue aquel enlutado carpintero
que iba detrás del ataúd, sin lágrimas,
alguien en fin que no tenía nombre,
que se llamaba metal o madera,
y a quien miraron otros desde arriba
sin ver la hormiga
sino el hormiguero
y que cuando sus pies no se movían,
porque el pobre cansado había muerto,
no vieron nunca que no lo veían:
había ya otros pies en donde estuvo.

Los otros pies eran él mismo,
también las otras manos,
el hombre sucedía:
cuando ya parecía transcurrido
era el mismo de nuevo,
allí estaba otra vez cavando tierra,
cortando tela, pero sin camisa,
allí estaba y no estaba, como entonces,
se había ido y estaba de nuevo,
y como nunca tuvo cementerio,
ni tumba, ni su nombre fue grabado
sobre la piedra que cortó sudando,
nunca sabía nadie que llegaba
y nadie supo cuando se moría,
así es que sólo cuando el pobre pudo
resucitó otra vez sin ser notado.

Era el hombre sin duda, sin herencia,
sin vaca, sin bandera,
y no se distinguía entre los otros,
los otros que eran él,
desde arriba era gris como el subsuelo,
como el cuero era pardo,
era amarillo cosechando trigo,
era negro debajo de la mina,
era color de piedra en el castillo,
en el barco pesquero era color de atún
y color de caballo en la pradera:
cómo podía nadie distinguirlo
si era el inseparable, el elemento,
tierra, carbón o mar vestido de hombre?

Donde vivió crecía
cuanto el hombre tocaba:
la piedra hostil,
quebrada
por sus manos,
se convertía en orden

y una a una formaron
la recta claridad del edificio,
hizo el pan con sus manos,
movilizó los trenes,
se poblaron de pueblos las distancias,
otros hombres crecieron,
llegaron las abejas,
y porque el hombre crea y multiplica
la primavera caminó al mercado
entre panaderías y palomas.

El padre de los panes fue olvidado,
él que cortó y anduvo, machacando
y abriendo surcos, acarreando arena,
cuando todo existió ya no existía,
él daba su existencia, eso era todo.
Salió a otra parte a trabajar, y luego
se fue a morir rodando
como piedra del río:
aguas abajo lo llevó la muerte.

Yo, que lo conocí, lo vi bajando
hasta no ser sino lo que dejaba:
calles que apenas pudo conocer,
casas que nunca y nunca habitaría.

Y vuelvo a verlo, y cada día espero.

Lo veo en su ataúd y resurrecto.

Lo distingo entre todos
los que son sus iguales
y me parece que no puede ser,
que así no vamos a ninguna parte,
que suceder así no tiene gloria.

Yo creo que en el trono debe estar
este hombre, bien calzado y coronado.

Creo que los que hicieron tantas cosas
deben ser dueños de todas las cosas.
Y los que hacen el pan deben comer!

Y deben tener luz los de la mina!

Basta ya de encadenados grises!

Basta de pálidos desaparecidos!

Ni un hombre más que pase sin que reine.

Ni una sola mujer sin su diadema.

Para todas las manos guantes de oro.

Frutas de sol a todos los oscuros!

Yo conocí aquel hombre y cuando pude,
cuando ya tuve ojos en la cara,
cuando ya tuve la voz en la boca
lo busqué entre las tumbas, y le dije
apretándole un brazo que aún no era polvo:

«Todos se irán, tú quedarás viviente.

Tú encendiste la vida.

Tú hiciste lo que es tuyo.»

Por eso nadie se moleste cuando
parece que estoy solo y no estoy solo,
no estoy con nadie y hablo para todos:

Alguien me está escuchando y no lo saben,
pero aquellos que canto y que lo saben
siguen naciendo y llenarán el mundo.

NACIMIENTO

Nació un hombre
entre muchos
que nacieron,
viví entre muchos hombres
que vivieron,
y esto no tiene historia
sino tierra,
tierra central de Chile, donde
las viñas encresparon sus cabelleras verdes,
la uva se alimenta de la luz,
el vino nace de los pies del pueblo.

Parral se llama el sitio
del que nació
en invierno.

Ya no existen
la casa ni la calle:
soltó la cordillera
sus caballos,
se acumuló
el profundo
poderío,
brincaron las montañas
y cayó el pueblo
envuelto
en terremoto.
Y así muros de adobe,
retratos en los muros,
muebles desvencijados
en las salas oscuras,
silencio entrecortado por las moscas,
todo volvió
a ser polvo:
sólo algunos guardamos

forma y sangre,
sólo algunos, y el vino.

Siguió el vino viviendo
subiendo hasta las uvas
desgranadas
por el otoño
errante,
bajó a lagares sordos,
a barricas
que se tiñeron con su suave sangre,
y allí bajo el espanto
de la tierra terrible
siguió desnudo y vivo.

Yo no tengo memoria
del paisaje ni tiempo,
ni rostros, ni figuras,
sólo polvo impalpable,
la cola del verano
y el cementerio en donde
me llevaron
a ver entre las tumbas
el sueño de mi madre.
Y como nunca vi
su cara
la llamé entre los muertos, para verla,
pero como los otros enterrados,
no sabe, no oye, no contestó nada,
y allí se quedó sola, sin su hijo,
huraña y evasiva
entre las sombras.
Y de allí soy, de aquel
Parral de tierra temblorosa,
tierra cargada de uvas
que nacieron
desde mi madre muerta.

EL PADRE

El padre brusco vuelve
de sus trenes:
reconocimos
en la noche
el pito
de la locomotora
perforando la lluvia
con un aullido errante
un lamento nocturno,
y luego
la puerta que temblaba;
el viento en una ráfaga
entraba con mi padre
y entre las dos pisadas y presiones
la casa
se sacudía,
las puertas asustadas
se golpeaban con seco
disparo de pistolas,
las escalas gemían
y una alta voz
recriminaba, hostil,
mientras la tempestuosa
sombra, la lluvia como catarata
despeñada en los techos
ahogaba poco a poco
el mundo
y no se oía nada más que el viento
peleando con la lluvia.

Sin embargo, era diurno.
Capitán de su tren, del alba fría,
y apenas despuntaba
el vago sol, allí estaba su barba,
sus banderas
verdes y rojas, listos los faroles,

el carbón de la máquina en su infierno,
la Estación con los trenes en la bruma
y su deber hacia la geografía.

El ferroviario es marinero en tierra
y en los pequeños puertos sin marina
–pueblos del bosque– el tren corre que corre
desenfrenando la naturaleza,
cumpliendo su navegación terrestre.
Cuando descansa el largo tren
se juntan los amigos,
entran, se abren las puertas de mi infancia,
la mesa se sacude,
al golpe de una mano ferroviaria
chocan los gruesos vasos del hermano
y destella
el fulgor
de los ojos del vino.

Mi pobre padre duro
allí estaba, en el eje de la vida,
la viril amistad, la copa llena.
Su vida fue una rápida milicia
y entre su madrugar y sus caminos,
entre llegar para salir corriendo,
un día con más lluvia que otros días
el conductor José del Carmen Reyes
subió al tren de la muerte y hasta ahora no ha vuelto.

EL COLEGIO DE INVIERNO

Colegio e invierno son dos hemisferios
una sola manzana fría y larga,
pero bajo las salas descubrimos
subterráneos poblados por fantasmas,
y en el secreto mundo

caminamos
con respeto.

Es la sombra enterrada,
las luchas sin objeto
con espadas de palo,
bandas crepusculares
armadas de bellotas,
hijos enmascarados
del escolar subsuelo.

Luego el río y el bosque, las ciruelas
verdes, y Sandokán y Sandokana,
la aventura con ojos de leopardo,
el verano color de trigo,
la luna llena sobre los jazmines,
y
todo cambia:
algo rodó del cielo,
se desprendió una estrella
o palpitó la tierra
en tu camisa,
algo increíble se mezcló a tu arcilla
y comenzó el amor a devorarte.

EL SEXO

La puerta en el crepúsculo,
en verano.
Las últimas carretas
de los indios,
una luz indecisa
y el humo
de la selva quemada
que llega hasta las calles
con los aromas rojos,
la ceniza
del incendio distante.

Yo, enlutado,
severo,
ausente,
con pantalones cortos,
piernas flacas,
rodillas
y ojos que buscan
súbitos tesoros,
Rosita y Josefina
al otro lado
de la calle,
llenas de dientes y ojos,
llenas de luz y con voz como pequeñas
guitarras escondidas
que me llaman.
Y yo crucé
la calle, el desvarío,
temeroso,
y apenas
llegué
me susurraron,
me tomaron las manos,
me taparon los ojos
y corrieron conmigo,
con mi inocencia
a la Panadería.

Silencio de mesones, grave
casa del pan, deshabitada,
y allí las dos
y yo su prisionero
en manos de
la primera Rosita,
la última Josefina.
Quisieron
desvestirme,
me fugué, tembloroso,
y no podía

correr, mis piernas
no podían
llevarme. Entonces
las
fascinadoras
produjeron
ante mi vista
un milagro:
un minúsculo
nido
de avecilla salvaje
con cinco huevecitos,
con cinco uvas blancas,
un pequeño
racimo
de la vida del bosque,
y yo estiré
la mano,
mientras
trajinaban mi ropa,
me tocaban,
examinaban con sus grandes ojos
su primer hombrecito.

Pasos pesados, toses,
mi padre que llegaba
con extraños,
y corrimos
al fondo y a la sombra
las dos piratas
y yo su prisionero,
amontonados
entre las telarañas, apretados
bajo un mesón, temblando,
mientras el milagro,
el nido
de los huevecitos celestes
cayó y luego los pies de los intrusos

demolieron fragancia y estructura.
Pero, con las dos niñas
en la sombra
y el miedo,
entre el olor de la harina,
los pasos espectrales,
la tarde que se convertía en sombra,
yo sentí que cambiaba
algo
en mi sangre
y que subía a mi boca,
a mis manos,
una eléctrica
flor,
la
flor
hambrienta
y pura
del deseo.

EL NIÑO PERDIDO

Lenta infancia de donde
como de un pasto largo
crece el duro pistilo,
la madera del hombre.

Quién fui? Qué fui? Qué fuimos?

No hay respuesta. Pasamos.
No fuimos. Éramos. Otros pies,
otras manos, otros ojos.
Todo se fue mudando hoja por hoja
en el árbol. Y en ti? Cambió tu piel,
tu pelo, tu memoria. Aquel no fuiste.
Aquel fue un niño que pasó corriendo
detrás de un río, de una bicicleta,

y con el movimiento
se fue tu vida con aquel minuto.
La falsa identidad siguió tus pasos.
Día a día las horas se amarraron,
pero tú ya no fuiste, vino el otro,
el otro tú, y el otro hasta que fuiste,
hasta que te sacaste
del propio pasajero,
del tren, de los vagones de la vida,
de la substitución, del caminante.
La máscara del niño fue cambiando,
adelgazó su condición doliente,
aquietó su cambiante poderío:
el esqueleto se mantuvo firme,
la construcción del hueso se mantuvo,
la sonrisa,
el paso, un gesto volador, el eco
de aquel niño desnudo
que salió de un relámpago,
pero fue el crecimiento como un traje!
era otro el hombre y lo llevó prestado.

Así pasó conmigo.

De silvestre
llegué a ciudad, a gas, a rostros crueles
que midieron mi luz y mi estatura,
llegué a mujeres que en mí se buscaron
como si a mí se me hubieran perdido,
y así fue sucediendo
el hombre impuro,
hijo del hijo puro,
hasta que nada fue como había sido,
y de repente apareció en mi rostro
un rostro de extranjero
y era también yo mismo:
era yo que crecía,
eras tú que crecías,

era todo,
y cambiamos
y nunca más supimos quiénes éramos,
y a veces recordamos
al que vivió en nosotros
y le pedimos algo, tal vez que nos recuerde,
que sepa por lo menos que fuimos él, que hablamos
con su lengua,
pero desde las horas consumidas
aquél nos mira y no nos reconoce.

AMORES: LA CIUDAD

Estudiantil amor con mes de Octubre,
con cerezos ardiendo en pobres calles
y tranvía trinando en las esquinas,
muchachas como el agua, cuerpos
en la greda de Chile, barro y nieve,
y luz y noche negra, reunidos,
madreselvas caídas en el lecho
con Rosa o Lina o Carmen ya desnudas,
despojadas tal vez de su misterio
o misteriosas al rodar
en el abrazo o espiral o torre
o cataclismo de jazmín y bocas:
fue ayer o fue mañana, dónde huyó
la fugaz primavera? Oh ritmo
de la eléctrica cintura,
oh latigazo claro de la esperma
saliendo de su túnel a la especie
y la vencida tarde con un nardo
a medio sueño y entre los papeles
mis líneas, allí escritas,
con el puro fermento, con la ola,
con la paloma y con la cabellera.
Amores de una vez, rápidos
y sedientos, llave a llave,

y aquel orgullo de ser compartidos!
Pienso que se fundó mi poesía
no sólo en soledad sino en un cuerpo
y en otro cuerpo, a plena piel de luna
y con todos los besos de la tierra.

ADIOSES

Oh adioses a una tierra y otra tierra,
a cada boca y a cada tristeza,
a la luna insolente, a las semanas
que enrollaron los días y desaparecieron,
adiós a esta y aquella voz teñida
de amaranto, y adiós
a la cama y al plato de costumbre,
al sitio vesperal de los adioses,
a la silla casada con el mismo crepúsculo,
al camino que hicieron mis zapatos.

Me difundí, no hay duda,
me cambié de existencias,
cambié de piel, de lámpara, de odios,
tuve que hacerlo
no por ley ni capricho,
sino que por cadena:
me encadenó cada nuevo camino,
le tomé gusto a tierra a toda tierra.

Y pronto dije adiós, recién llegado,
con la ternura aún recién partida
como si el pan se abriera y de repente
huyera todo el mundo de la mesa.
Así me fui de todos los idiomas,
repetí los adioses como una puerta vieja,
cambié de cine, de razón, de tumba,
me fui de todas partes a otra parte,
seguí siendo y siguiendo

medio desmantelado en la alegría,
nupcial en la tristeza,
sin saber nunca cómo ni cuándo
listo para volver, mas no se vuelve.

Se sabe que el que vuelve no se fue,
y así la vida anduve y desanduve
mudándome de traje y de planeta,
acostumbrándome a la compañía,
a la gran muchedumbre del destierro
bajo la soledad de las campanas.

AQUELLAS VIDAS

Éste soy, yo diré, para dejar
este pretexto escrito: ésta es mi vida.
Y ya se sabe que no se podía:
que en esta red no sólo el hilo cuenta,
sino el aire que escapa de las redes,
y todo lo demás era inasible:
el tiempo que corrió como una liebre
a través del rocío de Febrero
y más nos vale no hablar del amor
que se movía como una cadera
sin dejar donde estuvo tanto fuego
sino una cucharada de ceniza
y así con tantas cosas que volaban:
el hombre que esperó creyendo claro,
la mujer que vivió y que no vivirá,
todos pensaron que teniendo dientes,
teniendo pies y manos y alfabeto
era sólo cuestión de honor la vida.
Y éste sumó sus ojos a la historia,
agarró las victorias del pasado,
asumió para siempre la existencia
y sólo le sirvió para morir
la vida: el tiempo para no tenerlo.

Y la tierra al final para enterrarlo.
Pero aquello nació con tantos ojos
como planetas tiene el firmamento
y todo el fuego con que devoraba
la devoró sin tregua hasta dejarla.
Y si algo vi en mi vida fue una tarde
en la India, en las márgenes de un río:
arder una mujer de carne y hueso
y no sé si era el alma o era el humo
lo que del sarcófago salía
hasta que no quedó mujer ni fuego
ni ataúd, ni ceniza: ya era tarde
y sólo noche y agua y sombra y río
allí permanecieron en la muerte.

AY! MI CIUDAD PERDIDA

Me gustaba Madrid y ya no puedo
verlo, no más, ya nunca más, amarga
es la desesperada certidumbre
como de haberse muerto uno también al tiempo
que morían los míos, como si se me hubiera
ido a la tumba la mitad del alma,
y allí yaciere entre llanuras secas,
prisiones y presidios,
aquel tiempo anterior cuando aún no tenía
sangre la flor, coágulos la luna.
Me gustaba Madrid por arrabales,
por calles que caían a Castilla
como pequeños ríos de ojos negros:
era el final de un día:
calles de cordeleros y toneles,
trenzas de esparto como cabelleras,
duelas arqueadas desde
donde
algún día
iba a volar el vino a un ronco reino,

calles de los carbones,
de las madererías,
calles de las tabernas anegadas
por el caudal
del duro Valdepeñas
y calles solas, secas, de silencio
compacto como adobe,
e ir y saltar los pies sin alfabeto,
sin guía, ni buscar, ni hallar, viviendo
aquello que vivía
callando con aquellos
terrones, ardiendo
con las piedras
y al fin callado el grito de una ventana, el canto
de un pozo, el sello
de una gran carcajada
que rompía
con vidrios
el crepúsculo, y aún
más acá,
en la garganta
de la ciudad tardía,
caballos polvorientos,
carros de ruedas rojas,
y el aroma
de las panaderías al cerrarse
la corola nocturna
mientras enderezaba mi vaga dirección
hacia Cuatro Caminos, al número
3
de la calle Wellingtonia
en donde me esperaba
bajo dos ojos con chispas azules
la sonrisa que nunca he vuelto a ver
en el rostro
–plenilunio rosado–
de Vicente Aleixandre
que dejé allí a vivir con sus ausentes.

SOLILOQUIO EN LAS OLAS

Sí, pero aquí estoy solo.
Se levanta
una ola,
tal vez dice su nombre, no comprendo,
murmura, arrastra el peso
de espuma y movimiento
y se retira. A quién
preguntaré lo que me dijo?
A quién entre las olas
podré nombrar?
Y espero.

Otra vez se acercó la claridad,
se levantó en la espuma
el dulce número
y no supe nombrarlo.
Así cayó el susurro:
se deslizó a la boca de la arena:
el tiempo destruyó todos los labios
con la paciencia
de la sombra y el
beso anaranjado
del verano.
Yo me quedé solo
sin poder acudir a lo que el mundo,
sin duda, me ofrecía,
oyendo
cómo se desgranaba la riqueza,
las misteriosas uvas
de la sal, el amor desconocido
y quedaba en el día degradado
sólo un rumor
cada vez más distante
hasta que todo lo que pudo ser
se convirtió en silencio.

LO QUE NACE CONMIGO

Canto a la hierba que nace conmigo
en este instante libre, a los fermentos
del queso, del vinagre, a la secreta
floración del primer semen, canto
al canto de la leche que ahora cae ·
de blancura en blancura a los pezones,
canto a los crecimientos del establo,
al fresco estiércol de las grandes vacas
de cuyo aroma vuelan muchedumbres
de las azules, hablo
sin transición de lo que ahora sucede
al abejorro con su miel, al liquen
con sus germinaciones silenciosas:
como un tambor eterno
suenan las sucesiones, el transcurso
de ser a ser, y nazco, nazco, nazco
con lo que está naciendo, estoy unido
al crecimiento, al sordo alrededor
de cuanto me rodea, pululando,
propagándose en densas humedades,
en estambres, en tigres, en jaleas.

Yo pertenezco a la fecundidad
y creceré mientras crecen las vidas:
soy joven con la juventud del agua,
soy lento con la lentitud del tiempo,
soy puro con la pureza del aire,
oscuro con el vino de la noche
y sólo estaré inmóvil cuando sea
tan mineral que no vea ni escuche,
ni participe en lo que nace y crece.

Cuando escogí la selva
para aprender a ser,
hoja por hoja,
extendí mis lecciones

y aprendí a ser raíz, barro profundo,
tierra callada, noche cristalina,
y poco a poco más, toda la selva.

SERENATA DE MÉXICO

De Cuernavaca al mar México extiende
pinares, pueblos pardos, ríos rotos
entre la piedra antigua, eriales, hierbas
con ojos de amaranto, iguanas lentas,
techos de teja anaranjada, espinas,
socavones de mina abandonada,
serpientes ígneas, hombres polvorientos,
y el camino ondulado, atormentado
por la geología del infierno.

Oh corazón profundo, piedra y fuego,
estrella cercenada,
rosa enemiga,
pólvora en el viento!

Viví la alevosía
de la vieja crueldad,
toqué la rosa
perenne,
el rumor
de la abeja incesante:
cuanto el pequeño mexicano toca
con dedos o con alas,
hilo, plata, madera,
cuero, turquesa, barro,
se convierte en corola duradera,
cobra existencia y vuela crepitando.

Oh México, entre todas
las cumbres

o desiertos
o campiñas
de nuestro territorio desangrado
yo te separaría
por viviente,
por milenario sueño y por relámpago,
por subterráneo de todas las sombras
y por fulgor y amor nunca domados.

Aire para mi pecho,
para las vanas
sílabas
del hombre,
del hombre que te canta:
así fue el peregrino
del sisal a la piedra, a los sombreros,
a los telares, a la agricultura,
y aquí tengo en mi sien la cicatriz
de amarte y conocerte
y cuando cierro de noche los ojos
oigo música pobre
de tu calle
y voy durmiendo como navegando
en la respiración de Sinaloa.

A mano levantaron
tu hirsuta geografía,
a manos de hombre oscuro,
a manos de soldado,
de labrador, de músico,
se templó tu estatura
y la greda y la piedra levantada
a la orilla nupcial
de los océanos
se pobló con espinas,
con ágaves
cuyo jade entreabrió por sus heridas

417

los ojos alcohólicos
del sueño y de la ira.

Así entre los breñales se juntaron
mariposas y huesos de difuntos,
amapolas y dioses olvidados.

Pero los dioses no olvidaban.

Madre materia, germen,
tierra germinadora,
arcilla
tempestuosa
de la fecundación, lluvia encendida
sobre las tierras rojas,
en todas partes
resurgió la mano:
de la vieja ceniza del volcán
la oscura mano pura
renació
construyendo y construyendo.

Como tal vez antaño,
cuando llegó de lejos
el invasor amargo
y el eclipse del frío
cubrió con su mortaja
el cuerpo de oro,
así el picapedrero
hizo su célula
de piedra y la substancia
del sol le dio la miel de cada día:
el alfarero derramó al mercado
el redondo racimo
de los cántaros
y entre las hebras verdes y amarillas
irisó el tejedor sus mariposas,

de tal manera que florecen páramos
con el honor de su mercadería.

Yo tu selva sonora
conozco, en los rincones
de Chiapas olorosa
puse mis pies australes,
lo recuerdo:
caía brusco
el gran crepúsculo de ceniza azul
y en lo alto no había
cielo ni claridad:
todo era hojas:
el corazón del mundo era un follaje.

Porque entre
tierra oscura y noche verde
no me sentí agobiado,
a pesar
del infortunio
y de la hora incierta,
no me sentí tal vez por vez primera
padre del llanto
o huésped
de la eterna agonía.

Y la tierra sonora y saturada
me enseñó de una vez a ser terrestre:
reconocí derrotas y dolores:
por vez primera me enseñó la arcilla
terrenal
que cantando
conquista el solitario la alegría.

Crepitaban ardiendo
y apagándose
los coros de la selva,
pájaros con voz de agua infinita,

roncos gritos de bestias sorprendidas,
o crecía en el orbe atormentado
un súbito silencio,
cuando de pronto estremeció la tierra
el temblor espacial de las cigarras.

Yo me quedé pasmado,
mínimo, atónito en la certidumbre
de que un motor celeste
removiera la noche y el sonido.

Temblaba el cielo con sus azucenas,
la sombra agazapó sus azabaches
y subía, subía
el frenesí delgado
de una ola,
la migración metálica
de un río
de campanas.

Allí, la espesa noche
preparaba sus ojos:
el mundo
se iba llenando de color oscuro:
las estrellas latían
y yo solo, asediado
por el violín de los aserraderos
nocturnos, la cantata
universal
de un pueblo
secreto
de cigarras.

Yo regresé a mi tierra, y acodado
a las ventanas duras del invierno
acecho la insistencia de las olas

del océano frío de Isla Negra:
se desploma el honor del mediodía
en la sal poderosa
y crecen los estuarios de la espuma
en el sinfín del tiempo y de su arena.
Yo veo que las aves
dirigidas
como naves hambrientas
van sobre el mar buscando el fuego azul:
las piedra calurosas:
pienso que la victoria de sus alas
tal vez las haga descender un día
en las costas
de México bravío,
las transporta la sed
del hemisferio,
las incita un camino misterioso.

Aquí las recomiendo.
Yo quiero que desciendan
a las fosforescentes anilinas
del crepitante añil
y dispersen el ramo de su vuelo
sobre las californias mexicanas.

A las aves hambrientas,
emigrantes,
desgrana tu racimo generoso,
los peces de la luz, los huracanes
de tu salud sangrienta:
Oh, México, recibe
con las alas que volaron
desde el extremo Sur, donde termina,
en la blancura, el cuerpo
de la América oscura,
recibe el movimiento
de nuestra identidad que reconoce
su sangre, su maíz, su desamparo,

su estrella desmedida:
somos la misma planta
y no se tocan
sino nuestras raíces.

NO ES NECESARIO

No es necesario silbar
para estar solo,
para vivir a oscuras.

En plena muchedumbre, a pleno cielo,
nos recordamos a nosotros mismos,
al íntimo, al desnudo,
al único que sabe cómo crecen sus uñas,
que sabe cómo se hace su silencio
y sus pobres palabras.
Hay Pedro para todos,
luces, satisfactorias Berenices,
pero, adentro,
debajo de la edad y de la ropa,
aún no tenemos nombre,
somos de otra manera.
No sólo por dormir los ojos se cerraron
sino para no ver el mismo cielo.
Nos cansamos de pronto
y como si tocaran la campana
para entrar al colegio,
regresamos al pétalo escondido,
al hueso, a la raíz semisecreta
y allí, de pronto, somos,
somos aquello puro y olvidado,
somos lo verdadero
entre los cuatro muros de nuestra única piel,
entre las dos espadas de vivir y morir.

EL LARGO DÍA JUEVES

Apenas desperté reconocí
el día, era el de ayer,
era el día de ayer con otro nombre,
era un amigo que creí perdido
y que volvía para sorprenderme.

Jueves, le dije, espérame,
voy a vestirme y andaremos juntos
hasta que tú te caigas en la noche.
Tú morirás, yo seguiré
despierto, acostumbrado
a las satisfacciones de la sombra.

Las cosas ocurrieron de otro modo
que contaré con íntimos detalles.

Tardé en llenarme de jabón el rostro
—qué deliciosa espuma
en mis mejillas—
sentí como si el mar me regalara
blancura sucesiva,
mi cara fue sólo un islote oscuro
rodeado por ribetes de jabón
y cuando en el combate
de las pequeñas olas y lamidos
del tierno hisopo y la afilada hoja
fui torpe y de inmediato,
malherido,
malgasté las toallas
con gotas de mi sangre,
busqué alumbre, algodón, yodo, farmacias
completas que corrieron a mi auxilio:
sólo acudió mi rostro en el espejo,
mi cara mal lavada y mal herida.

El baño
me incitaba

con prenatal calor a sumergirme
y acurruqué mi cuerpo en la pereza.

Aquella cavidad intrauterina
me dejó agazapado
esperando nacer, inmóvil, líquido,
substancia temblorosa
que participa de la inexistencia
y demoré en moverme
horas enteras,
estirando las piernas con delicia
bajo la submarina caloría.

Cuánto tiempo en frotarme y en secarme,
cuánto una media después de otra media
y medio pantalón y otra mitad,
tan largo trecho me ocupó un zapato
que cuando en dolorosa incertidumbre
escogí la corbata, y ya partía
de exploración, buscando mi sombrero,
comprendí que era demasiado tarde:
la noche había llegado
y comencé de nuevo a desnudarme,
prenda por prenda, a entrar entre las sábanas,
hasta que pronto me quedé dormido.

Cuando pasó la noche y por la puerta
entró otra vez el Jueves anterior
correctamente transformado en Viernes
lo saludé con risa sospechosa,
con desconfianza por su identidad.
Espérame, le dije, manteniendo
puertas, ventanas plenamente abiertas,
y comencé de nuevo mi tarea
de espuma de jabón hasta sombrero,
pero mi vano esfuerzo
se encontró con la noche que llegaba

exactamente cuando yo salía.
Y volví a desvestirme con esmero

Mientras tanto esperando en la oficina
los repugnantes expedientes, los
números que volaban al papel
como mínimas aves migratorias
unidas en despliegue amenazante.
Me pareció que todo se juntaba
para esperarme por primera vez:
el nuevo amor que, recién descubierto,
bajo un árbol del parque me incitaba
a continuar en mí la primavera.

Y mi alimentación fue descuidada
día tras día, empeñado en ponerme
uno tras otro mis aditamentos,
en lavarme y vestirme cada día.
Era una insostenible situación:
cada vez un problema la camisa,
más hostiles las ropas interiores
y más interminable la chaqueta.

Hasta que poco a poco me morí
de inanición, de no acertar, de nada,
de estar entre aquel día que volvía
y la noche esperando como viuda.

Ya cuando me morí todo cambió.

Bien vestido, con perla en la corbata,
y ya exquisitamente rasurado
quise salir, pero no había calle,
no había nadie en la calle que no había,
y por lo tanto nadie me esperaba.

Y el Jueves duraría todo el año.

LA VERDAD

Os amo idealismo y realismo,
como agua y piedra
sois
partes del mundo,
luz y raíz del árbol de la vida.

No me cierren los ojos
aún después de muerto,
los necesitaré aún para aprender,
para mirar y comprender mi muerte.

Necesito mi boca
para cantar después, cuando no exista.
Y mi alma y mis manos y mi cuerpo
para seguirte amando, amada mía.

Sé que no puede ser, pero esto quise.

Amo lo que no tiene sino sueños.

Tengo un jardín de flores que no existen.

Soy decididamente triangular.

Aún echo de menos mis orejas,
pero las enrollé para dejarlas
en un puerto fluvial del interior
de la República de Malagueta.

No puedo más con la razón al hombro.

Quiero inventar el mar de cada día.

Vino una vez a verme
un gran pintor que pintaba soldados.
Todos eran heroicos y el buen hombre

los pintaba en el campo de batalla
muriéndose de gusto.

También pintaba vacas realistas
y eran tan extremadamente vacas
que uno se iba poniendo melancólico
y dispuesto a rumiar eternamente.
Execración y horror! Leí novelas
interminablemente bondadosas
y tantos versos sobre
el Primero de Mayo
que ahora escribo sólo sobre el 2 de ese mes.

Parece ser que el hombre
atropella el paisaje
y ya la carretera que antes tenía cielo
ahora nos agobia
con su empecinamiento comercial.

Así suele pasar con la belleza
como si no quisiéramos comprarla
y la empaquetan a su gusto y modo.
Hay que dejar que baile la belleza
con los galanes más inaceptables,
entre el día y la noche:
No la obliguemos a tomar la píldora
de la verdad como una medicina.

Y lo real? También, sin duda alguna,
pero que nos aumente,
que nos alargue, que nos haga fríos,
que nos redacte
tanto el orden del pan como el del alma.

A susurrar! ordeno
al bosque puro,
a que diga en secreto su secreto

y a la verdad: No te detengas tanto
que te endurezcas hasta la mentira.

No soy rector de nada, no dirijo,
y por eso atesoro
las equivocaciones de mi canto.

R. D.

I. CONVERSACIÓN MARÍTIMA

Encontré a Rubén Darío en las calles de Valparaíso,
esmirriado aduanero, singular ruiseñor que nacía:
era él una sombra en las grietas del puerto, en el humo
        marino,
un delgado estudiante de invierno desprendido del fuego
        de su natalicio.

Bajo el largo gabán tiritaba su largo esqueleto
y llevaba bolsillos repletos de espejos y cisnes:
había llegado a jugar con el hambre en las aguas de Chile,
y en abandonadas bodegas o invencibles depósitos de
        mercaderías,
a través de almacenes inmensos que sólo custodian el frío,
el pobre poeta paseaba con su Nicaragua fragante, como
        si llevara en el pecho
un limón de pezones azules o el recuerdo en redoma
        amarilla.

Compañero, le dije, la nave volvió al fragoroso estupor
        del océano,
y tú, desterrado de manos de oro, contempla este amargo
        edificio:
aquí comenzó el universo del viento
y llegan del Polo los grandes navíos cargados de niebla
        mortuoria.
No dejes que el frío atormente tus cisnes, ni rompa tu
        espejo sagrado,

la lluvia de junio amenaza tu suave sombrero,
la noche de antárticos ojos navega cubriendo la costa
  con su matrimonio de espinas,
y tú, que propicias la rosa que enlaza el aroma y la
  nieve,
y tú, que originas en tu corazón de azafrán la burbuja
  y el canto clarísimo,
reclama un camino que corte el granito de las cordilleras
o súmete en las vestiduras del humo y la lluvia de
  Valparaíso.

Ahuyenta las nieblas del sur de tu América amarga
y aunque Balmaseda sostenga sus guantes de plata en
  tus manos.
escapa montado en la racha de tu serpentina quimera!
Y corre a cantar con tu río de mármol la ilustre sonata
que se desenvuelve en tu pecho desde tu Nicaragua natal!

Huraño era el humo de los arsenales, y olía el invierno
a desenfrenadas violetas que se desteñían manchando el
  marchito crepúsculo:
tenía el invierno el olor de una alfombra mojada por
  años de lluvia
y cuando el silbato de un ronco navío cruzó como un
  cóndor cansado el recinto de los malecones,
sentí que mi padre poeta temblaba, y un imperceptible
  lamento
o más bien vibración de campana que en lo alto
  prepara el tañido
o tal vez conmoción mineral de la música envuelta en
  la sombra,
algo vi o escuché porque el hombre me miró sin
  mirarme ni oírme.
y sentí que subió hasta su torre el relámpago de un
  escalofrío.

Yo creo que allí constelado quedó, atravesado por rayos
  de luz inaudita

y era tanto el fulgor que llevaba debajo de su vestimenta
    raída
que con sus dos manos oscuras intentaba cubrir su linaje.
Y no he visto silencio en el mundo como el de aquel
    hombre dormido,
dormido y andando y cantando sin voz por las calles de
    Valparaíso.

II. LA GLORIA

Oh clara! Oh delgada sonata! Oh cascada de clan
    cristalino!

Surgió del idioma volando una ráfaga de alas de oro
y entonces la niebla del mundo retrocede a la infame
    bodega
y la claridad del panal adelanta un torrente de trinos
que decretan la ley de cristal, el racimo de nieve del cisne:
el pámpano jádico ondula sus signos interrogativos
y Flora y Pomona descartan los deshilachados gabanes
sacando a la calle el fulgor de sus tetas de nácar marino.

Oh gran tespestad del Tritón encefálico! Oh bocina del
    cielo infinito!

Tembló Echegaray enfundando el paraguas de hierro
    enlozado
que lo protegió de las iras eróticas de la primavera
y por vez primera la estatua yacente de Jorge Manrique
    despierta:
sus labios de mármol sonríen y alzando una mano
    enguantada
dirige una rosa olorosa a Rubén Darío que llega a Castilla
    e inaugura la lengua española.

III. LA MUERTE EN NICARAGUA

Desfallece en León el león y lo acuden y lo solicitan,
los álbumes cargan las rosas del emperador deshojado
y así lo pasean en su levitón de tristeza
lejos del amor, entregado al coñac de los filibusteros.

Es como un inmenso y sonámbulo perro que trota y cojea
por salas repletas de conmovedora ignorancia
y él firma y saluda con sus manos ausentes: se acerca la
      noche detrás de los vidrios,
los montes recortan la sombra y en vano los dedos
      fosfóricos
del bardo pretenden la luz que se extingue: no hay luna,
      no llegan estrellas, la fiesta se acaba.

Y Francisca Sánchez no reza a los pies amarillos de su
      minotauro.

Así, desterrado en su patria mi padre, tu padre, poetas, ha
      muerto.

Sacaron del cráneo sus sesos sangrantes los crueles enanos
y lo pasearon por exposiciones y hangares siniestros:
el pobre perdido allí solo entre condecorados, no oía
      gastadas palabras,
sino que en la ola del ritmo y del sueño cayó al elemento:
volvió a la substancia aborigen de las ancestrales regiones.

Y la pedrería que trajo a la historia, la rosa que canta en
      el fuego,
el alto sonido de su campanario, su luz torrencial de zafiro
volvió a la morada en la selva, volvió a sus raíces.

Así fue como el nuestro, el errante, el enigma de
      Valparaíso,
el benedictino sediento de las Baleares,
el prófugo, el pobre pastor de París, el triunfante perdido,

descansa en la arena de América, en la cuna de las
esmeraldas.

Honor a su cítara eterna, a su torre indeleble!

DESTINOS

De tu destino dame una bandera,
un terrón, una espátula de fierro,
algo que vuele o pase, la cintura
de una vasija, el sol de una cebolla:
yo te lo pido por cuanto no hice nada.
Y antes de despedirme, quiero estar
preparado y llegar con tus trabajos
como si fueran míos, a la muerte.
Allí en la aduana me preguntarán
cuántas cosas labré, corté, compuse,
remendé, completé, dejé moviendo
entre manos hambrientas y mortales
y yo responderé:
esto es lo que hice, es esto lo que hicimos.
Porque sentí que de alguna manera
compartí lo que hacían
o mis hermanos o mis enemigos:
y ellos, de tanta nada que saqué
de la nada, de la nada mía
tomaron algo y les sirvió mi vida.

CERCA DE LOS CUCHILLOS

Es ésta el alma suave que esperaba,
ésta es el alma de hoy, sin movimiento,
como si estuviera hecha de luna
sin aire, quieta en su bondad terrible.

Cuando caiga una piedra
como un puño

del cielo de la noche
en esta copa la recibiré:
en la luz rebosante
recibiré la oscuridad viajera,
la incertidumbre celeste.

No robaré sino este movimiento
de la hierba del cielo,
de la noche fértil:
sólo un golpe de fuego,
una caída.

Líbrame, tierra oscura, de mis llaves:
si pude abrir y refrenar
y volver a cerrar el cielo duro,
doy testimonio de que no fui nada,
de que no fui nadie,
de que no fui.

Solo esperé la estrella,
el dardo de la luna,
el rayo de piedra celeste,
esperé inmóvil en la sociedad
de la hierba que crece en primavera,
de la leche en la ubre,
de la miel perezosa y peregrina:
esperé la esperanza,
y aquí estoy
convicto
de haber pactado con la tempestad,
de haber aceptado la ira,
de haber abierto el alma,
de haber oído entrar al asesino,
mientras yo conversaba con la noche.

Ahí viene otro, dijo ladrando el perro.
Y yo con mis ojos de frío,

con el luto plateado
que me dio el firmamento,
no vi el puñal ni el perro,
no escuché los ladridos.

Y aquí estoy cuando nacen las semillas
y se abren como labios:
todo es fresco y profundo.

Estoy muerto,
estoy asesinado:
estoy naciendo
con la primavera.

Aquí tengo una hoja,
una oreja, un susurro,
un pensamiento:
voy a vivir otra vez,
me duelen las raíces,
el pelo,
me sonríe la boca:
me levanto
porque ha salido el sol.

Porque ha salido el sol.

EL ENFERMO TOMA EL SOL

Qué haces tú, casi muerto, si el nuevo
día lunes
hilado por el sol, fragante a beso,
se cuelga de su cielo señalado
y se dedica a molestar tu crisis?

Tú ibas saliendo de tus intestinos,
de tus suposiciones lacerantes

en cuyo extremo el túnel
sin salida, la oscuridad con su final dictamen
te esperaba: el silencio
del corazón o de otra
víscera amenazada
te hundió en la certidumbre del adiós
y cerraste los ojos, entregado
al dolor, a su viento sucesivo.

Y hoy que desamarrado de la cama
ves tanta luz que no cabe en el aire
piensas que si, que si te hubieras muerto
no sólo no hubiera pasado nada
sino que nunca cupo tanta fiesta
como en el bello día de tu entierro.

TRISTEZA EN LA MUERTE DE UN HÉROE

Los que vivimos esta historia,
esta muerte y resurrección
de nuestra esperanza enlutada,
los que escogimos el combate
y vimos crecer las banderas,
supimos que los más callados
fueron nuestros únicos héroes
y que después de las victorias
llegaron los vociferantes
llena la boca de jactancia
y de proezas salivares.

El pueblo movió la cabeza:
y volvió el héroe a su silencio.
Pero el silencio se enlutó
hasta ahogarnos en el luto
cuando moría en las montañas
el fuego ilustre de Guevara.

El comandante terminó
asesinado en un barranco.

Nadie dijo esta boca es mía.
Nadie lloró en los pueblos indios.
Nadie subió a los campanarios.

Nadie levantó los fusiles,
y cobraron la recompensa
aquellos que vino a salvar
el comandante asesinado.

Qué pasó, medita el contrito,
con estos acontecimientos?

Y no se dice la verdad
pero se cubre con papel
esta desdicha de metal.
Recién se abría el derrotero
y cuando llegó la derrota
fue como un hacha que cayó
en la cisterna del silencio.

Bolivia volvió a su rencor,
a sus oxidados gorilas,
a su miseria intransigente,
y como brujos asustados
los sargentos de la deshonra,
los generalitos del crimen,
escondieron con eficiencia
el cadáver del guerrillero
como si el muerto los quemara.

La selva amarga se tragó
los movimientos, los caminos,
y donde pasaron los pies
de la milicia exterminada
hoy las lianas aconsejaron
una voz verde de raíces

y el ciervo salvaje volvió
al follaje sin estampidos.

LAS FIERAS

Se deseaban, se lograban, se destruían,
se ardían, se rompían, se caían de bruces
el uno dentro del otro, en la lucha a muerte,
se enmarañaban, se perseguían, se odiaban,
se buscaban, se destrozaban de amor,
volvían a temerse y maldecirse y a amarse,
se negaban cerrando los ojos. Y los puños
de Rosía golpeaban el muro de la noche,
sin dormir, mientras Rhodo desde su almena cruel
vigilaba el peligro de las fieras despiertas
sabiendo que él llevaba el puma en su sangre,
y aullaba un león agónico en la noche sin sueño
de Rhodo, y la mañana le traía
a su novia desnuda, cubierta de rocío,
fresca de nieve como una paloma,
incierta aún entre el amor y el odio,
y allí los dos inciertos resplandecían de nuevo
mordiéndose y besándose y arrastrándose al lecho
en donde se quedaba desmayada la furia.

LA CULPA

El sufrimiento fue como una sangre negra
que por las venas subió sin descanso
cuando el goce bajaba del árbol de la vida:
allí estaban los dos hijos terribles del amor desdichado
en una selva
que de pronto se unió, piedra y enredaderas,
para ahogarlos sin ruido de agua entre las hojas,
para darles tormento en cada beso,
para empujarlos hacia la salida glacial.

437

Comenzaron por huirse y llamarse,
por agredirse en pie y amarse de rodillas,
morder cada rincón de los cuerpos amados,
herirse sin tregua hasta morir de día
sin comprender, rodeados por los bosques hostiles
que compartieron algo y no sobrevivieron,
algo probaron que les quemó la sangre
y la naturaleza, nieve y noche,
los persiguió de nieve en nieve y noche en noche,
de volcán en volcán, de río en río,
para darles la vida o aniquilarlos juntos.

SOBREVIVIENTES

Qué había pasado en la tierra?
Es este último hombre o primer hombre?
En tierras desdichadas o felices?
Por qué fundar la humanidad de nuevo?
Por qué saltaba el sol de rama en rama
hasta cantar con garganta de pájaro?
Qué debo hacer, decía el viento,
y por qué debo convertirme en oro,
decía el trigo, no vale la pena
llegar al pan sin manos y sin bocas:
el vacío terrestre
está esperando fuera
o dentro del hombre:
todas las guerras nos mataron a todos,
nunca quedó sobreviviente alguno.

De la primera guerra
a piedra y luego
a cuchillo y a fuego
no quedó vivo nadie:
la muerte quiso repetir su alimento
e inventó nuevos hombres mentirosos

y éstos ahora con su maquinaria
volvieron a morirse y a morirnos.

EL AMOR

Nadie conoce como los dos solos,
los destinados, los penúltimos, los que hallaron
sin otro parecido que ellos mismos,
nadie puede pensar, lejos de los orígenes,
que una mujer y un hombre reconstruyan la tierra.

Y la pareja en plena soledad, agredida
por odio y tempestades de la naturaleza
sufrió y siguió bajo el follaje negro
buscando la infinita claridad exterior
hasta que sólo en sí mismos y en su fuego,
cuerpo a cuerpo, y a golpes de brazos y de besos
fueron hallando un túnel largo como la vida
que los unió, sellándolos, en un solo camino,
alarmados, heridos, espiados por el bosque
que con ojos malignos acechaba
hasta seguir cayendo en la alegría
con el peso total de la tierra en sus huesos.

El temor, el amor, el dolor los golpeaban
y de un incendio a otro despertaron
para andar sin saber hasta perderse.

LA FUGA

Los dos amantes interrogaban la tierra;
ella con ojos que heredó del ciervo;
él con los pies que gastó en los caminos.

Iban de un lado a otro de los bosques,
buscaban la frontera del peligro,
acechaban de noche cada estrella

439

para leer las letras del latido
y al viento preguntaban por el humo.

Fue musgosa y errante aquella vida
de los desnudos y rápido
era el encuentro del amor:
recorrían distancias como países o nubes
sólo para yacer, enlazarse, partir,
y quedarse enredados en la nueva distancia,
en el peligro de aquella boca blanca
que con toda la nieve de la altura
quería hablar con la lengua del fuego.

YO SOY ESTE DESNUDO MINERAL

Yo soy este desnudo
mineral:
eco del subterráneo:
estoy alegre
de venir de tan lejos,
de tan tierra:
último soy, apenas
vísceras, cuerpo, manos,
que se apartaron sin saber por qué
de la roca materna,
sin esperanza de permanecer,
decidido al humano transitorio,
destinado a vivir y deshojarse.
Ah ese destino
de la perpetuidad oscurecida,
del propio ser –granito sin estatua,
materia pura, irreductible, fría:
piedra fui: piedra oscura
y fue violenta la separación,
una herida en mi ajeno nacimiento:
quiero volver
a aquella certidumbre,

al descanso central, a la matriz
de la piedra materna
de donde no sé cómo ni sé cuándo
me desprendieron para disgregarme.

POSESIONES

El brillo
del cristal desprendido y sorprendido
sería un pez moviéndose en el cielo
si no llegara al establecimiento:
es bueno el pan o el sol sobre tu mesa:
hay que tener el mar en una copa:
la rosa en libertad es mi enemiga.
Tener palabra y libro, boca y ojos,
tener razón y luna, hallar
la silla fresca cuando tienes sombra,
el agua tuya para tu propia sed.

Yo busqué por los montes y las calles
las evidencias de mi propiedad,
muchas veces más claras que el rocío,
otras veces amargamente hostiles:
con arañas y espigas,
piedra, fulgor, caderas,
prodigios forestales o industriales,
vinos de honor, palomas, bicicletas:
agrupé los mensajes
de mi sabiduría,
fui siempre fugitivo y posesivo,
amé y amé y amé lo que era mío
y así fui descubriendo la existencia,
uva por uva me fui haciendo dueño
de todas las ventanas de este mundo.

A JOSÉ CABALLERO, DESDE ENTONCES

Dejé de ver a tantas gentes,
por qué?

Se disolvieron en el tiempo.
Se fueron haciendo invisibles.

Tantas cosas que ya no veo,
que no me ven. Y por qué?

Aquellos barrios con barricas
y cuerdas y quesos flotantes
en los suburbios del aceite.

Dejé la calle de la Luna
y la taberna de Pascual.

Dejé de ver a Federico.
Por qué?

Y Miguel Hernández cayó
como piedra dura en el agua,
en el agua dura.

También Miguel es invisible.

De cuanto amé, qué pocas cosas
me van quedando para ver,
para tocar,
para vivir.

Por qué dejé de ver el frío
del mes de enero, como un lobo
que venía de Guadarrama
a lamerme con una lengua,
a cortarme con su cuchillo?
Por qué?

Por qué no veo el Caballero,
pintor terrestre y celestial,
con una mano en la tristeza
y la otra mano en la luz?

A ése lo veo.

Tal vez más entrado en la tierra,
en el color, en el silencio,
enamorado, anaranjado,
viviendo un sol sobreviviente.

Así es.

A través de él veo la vida
que dejé de ver para nunca.
La dicha que yo no perdí
(porque aprendí después las cosas
luchando).

A través de su tinta ardiente
y de su arcilla delirante,
a través del puro fulgor
que lo delata,

veo lo que amé y no perdí,
y sigo amando:
calles, tierras, dulzura, frío,
la sepulcral Plaza Mayor,
el tiempo con su larga copa.

Y en el suelo una rosa blanca,
ensangrentada.

PERO TAL VEZ

Sí, no se altera nada pero tal vez se altera
algo, una brizna, el aire, la vida, o en fin, todo,
y cuando ya cambió todo ha cambiado,
se ha ido uno también, con nombre y huesos.

Bien, bien, un día más: qué grande es esto:
como saltar en un nuevo vacío
·o en otros unos más, en otro
reino de pasajeros: el asunto
nunca termina cuando ha terminado
y cuando comenzó no estás presente.

Y por qué tanta flor, tanto linaje
vegetal extendido, levantado
pistilos, polen, luz, insectos, luna
y nuestros pies y nuestras bocas llenas
de palabras, de polvo
perecedero,
aquí embarcados, aquí desarrollados
a plena deliciosa luz del cielo?

Y por qué? Por qué? Pero por qué?

EL MISMO SIEMPRE

De las melancolías que consumí hasta llegar a joven
me dejé para mí, como un coleccionista, las mejores
    tristezas,
aquellas son sin ton ni son, las inseparables del alma,
las que se parecen al vapor de la mañana de abril en los
    árboles.

No son exactamente residuos de la edad
aquellas nubes, desgarradoras, aquellas amapolas amargas
sino más bien el complemento terrenal de la vida:

444

el corazón deshabitado que siente un ruido oscuro
como si entrara el viejo viento después de la lluvia
por una ventana que sin explicación alguna, se quedó sin
    cerrar.

Porque si separamos los verdaderos maleficios, los golpes
que destrozaron vísceras o vértebras, si pudimos
apartar la desdicha, la aflicción, el tormento,
así como la envidia, los celos, la agresión,
guardamos las raíces del llanto pasajero,
esta niebla mojada por la melancolía
como una duradera sustancia inseparable,
rechazo, condición de la energía.

Así pues yo me envuelvo en mi destino
sin extraviar aquella capa recalcitrante,
honor de la desnuda primavera,
y seguro de ser, firme en mi duración,
inextinguible, vivo mis besos más antiguos,
tengo aún en los labios un sabor
a luna llena errante, la más lejana, aquella
que viajaba en el cielo como una novia muerta
en la noche salvaje de Temuco.

DONDE SE ESCOGE EL PASADO

Es hacia atrás este hoy, hacia el recuerdo,
hacia un tal vez, hacia un no fue tal vez
con todo lo que en el pasado se pierde:
aquel anillo, aquel aroma, aquella
dulzura sin palabras que perdimos.

Porque si yo me pongo a recordar
voy sin saber por una casa oscura
sin mirada, perdido en antesalas,
corredores, paredes, dormitorios
y ya no hay nadie, todo sigue oscuro,

alguien se fue de mis recuerdos
y no salgo de aquella oscuridad:
no tengo arte ninguno
que me devuelva con exactitud
un corazón, un cuerpo que me amó.

Por eso, de lo que así recojo,
si se trata de ayer,
mis manos buscan bosques o guitarras
o tambores de tristes fiestas que se olvidaron
o serenatas largas de la lluvia
en un puerto, en el desembarcadero
sin que tampoco yo esperara a nadie
ni me fuera a embarcar a parte alguna.

Lo que me pasa o pasa es que este ayer,
este anteayer hacia el que salgo
como a entrar a un mercado que no existe
no tiene personajes ni manzanas,
se fueron todas, todos los que entraban:
los que salían no volvieron más
como si hubiera un agujero, un pozo
al que saliendo del anteayer a hoy
fueron cayendo todos uno a uno.

Así pues ya no acostumbro, ahora,
entrar en calles desaparecidas
alcoba por alcoba, a buscar muertos
o mujeres borradas, por la lluvia:
no hay pasado en aquellos edificios:
vuelven las redes desde el mar vacío:
las ciudades trituran sus recuerdos
en el hacinadero del olvido
y nadie deja un beso en el desván:
los ascensores lo molieron todo
machacando con golpes de molino
el tiempo tristemente derramado.

En cambio en aquel sitio
sin nadie, un océano y arena,
perdido, con mi traje
de soledad, mirando
sin ver, lo más lejano
en la distancia que borra las flores,
allí soy, continuo,
como si el tiempo hubiera detenido
en lo remoto mi fotografía
apasionada en su inmovilidad.

POESÍA PÓSTUMA

(1973-1974)

VI
LA ISLA

Oh Melanesia, espiga poderosa,
islas del viento genital, creadas,
luego multiplicadas por el viento.

De arcilla, bosques, barro, de semen que volaba
nació el collar salvaje de los mitos:
Polinesia: pimienta verde, esparcida
en el área del mar por los dedos errantes
del dueño de Rapa Nui, el Señor Viento.

La primera estatua fue de arena mojada,
él la formó y la deshizo alegremente.
La segunda estatua la construyó de sal
y el mar hostil la derribó cantando.
Pero la tercera estatua que hizo el Señor Viento
fue un moai de granito, y éste sobrevivió.

Esta obra que labraron las manos del aire,
los guantes del cielo, la turbulencia azul,
este trabajo hicieron los dedos transparentes:
un torso, la erección del Silencio desnudo,
la mirada secreta de la piedra,
la nariz triangular del ave o de la proa
y en la estatua el prodigio de un retrato:
porque la soledad tiene este rostro,
porque el espacio es esta rectitud sin rincones,
y la distancia es esta claridad del rectángulo.

XIV
LOS HOMBRES

Qué lejos, lejos, lejos continuamos,
nos alejamos de las duras máscaras
erigidas en pleno silencio y nos iremos
envueltos en su orgullo, en su distancia.

Y para qué vininos a la isla?
No será la sonrisa de los hombres floridos,
ni las crepitantes caderas de Ataroa la bella,
ni los muchachos a caballo, de ojos impertinentes,
lo que nos llevaremos regresando:
sino un vacío oceánico, una pobre pregunta
con mil contestaciones de labios desdeñosos.

CON QUEVEDO, EN PRIMAVERA

Todo ha florecido en
estos campos, manzanos,
azules titubeantes, malezas amarillas,
y entre la hierba verde viven las amapolas.
El cielo inextinguible, el aire nuevo
de cada día, el tácito fulgor,
regalo de una extensa primavera.
Sólo no hay primavera en mi recinto.
Enfermedades, besos desquiciados,
como yedras de iglesia se pegaron
a las ventanas negras de mi vida
y el sólo amor no basta, ni el salvaje
y extenso aroma de la primavera.

Y para ti qué son en este ahora
la luz desenfrenada, el desarrollo
floral de la evidencia, el canto verde
de las verdes hojas, la presencia
del cielo con su copa de frescura?

452

Primavera exterior, no me atormentes,
desatando en mis brazos vino y nieve,
corola y ramo roto de pesares,
dame por hoy el sueño de las hojas
nocturnas, la noche en que se encuentran
los muertos, los metales, las raíces,
y tantas primaveras extinguidas
que despiertan en cada primavera.

IMAGEN

De una mujer que apenas conocí
guardo el nombre cerrado: es una caja,
alzo de tarde en tarde las sílabas que tienen
herrumbre y crujen como pianos desvencijados:
salen luego los árboles aquellos, de la lluvia,
los jazmines, las trenzas victoriosas
de una mujer sin cuerpo ya, perdida,
ahogada en el tiempo como en un lento lago:
sus ojos se apagaron allí como carbones.

Sin embargo, hay en la disolución
fragancia muerta, arterias enterradas,
o simplemente vida entre otras vidas.

Es aromático volver el rostro
sin otra dirección que la pureza:
tomar el pulso al cielo torrencial
de nuestra juventud menoscabada:
girar un anillo al vacío,
poner el grito en el cielo.

Siento no tener tiempo para mis existencias,
la mínima, el souvenir dejado en un vagón
de tren, en una alcoba o en la cervecería,
como un paraguas que allí se quedó en la lluvia:
tal vez son estos labios imperceptibles

los que se escuchan como resonancia marina
de pronto, en un descuido del camino.

Por eso, Irene o Rosa, María o Leonor,
cajas vacías, flores secas dentro de un libro,
llaman en circunstancias solitarias
y hay que abrir, hay que oír lo que no tiene voz,
hay que ver estas cosas que no existen.

LLAMA EL OCÉANO

No voy al mar en este ancho verano
cubierto de calor, no voy más lejos
de los muros, las puertas y las grietas
que circundan las vidas y mi vida.

En qué distancia, frente a cuál ventana,
en qué estación de trenes
dejé olvidado el mar y allí quedamos,
yo dando las espaldas a lo que amo
mientras allá seguía la batalla
de blanco y verde y piedra y centelleo.

Así fue, así parece que así fue:
cambian las vidas, y el que va muriendo
no sabe que esa parte de la vida,
esa nota mayor, esa abundancia
de cólera y fulgor quedaron lejos,
te fueron ciegamente cercenadas.

No, yo me niego al mar desconocido,
muerto, rodeado de ciudades tristes,
mar cuyas olas no saben matar,
ni cargarse de sal y de sonido:
Yo quiero el mío mar, la artillería
del océano golpeando las orillas,

aquel derrumbe insigne de turquesas,
la espuma donde muere el poderío.

No salgo al mar este verano: estoy
encerrado, enterrado, y a lo largo
del túnel que me lleva prisionero
oigo remotamente un trueno verde,
un cataclismo de botellas rotas,
un susurro de sal y de agonía.

Es el libertador. Es el océano,
lejos, allá, en mi patria, que me espera.

REGRESOS

Dos regresos se unieron a mi vida
y al mar de cada día:
de una vez afronté la luz, la tierra,
cierta paz provisoria. Una cebolla
era la luna, globo
nutricio de la noche, el sol naranja
sumergido en el mar:
una llegada
que soporté, que reprimí hasta ahora,
que yo determiné, y aquí me quedo:
ahora la verdad es el regreso.

Lo sentí como quebrantadura,
como una nuez de vidrio
que se rompe en la roca
y por allí, en un trueno, entró la luz,
la luz del litoral, del mar perdido,
del mar ganado ahora y para siempre.

Yo soy el hombre de tantos regresos
que forman un racimo traicionado,
de nuevo, adiós, por un temible viaje

en que voy sin llegar a parte alguna:
mi única travesía es un regreso.

Y esta vez entre las incitaciones
temí tocar la arena, el resplandor
de este mar malherido y derramado,
pero dispuesto ya a mis injusticias
la decisión cayó con el sonido
de un fruto de cristal que se destroza
y en el golpe sonoro vi la vida,
la tierra envuelta en sombras y destellos
y la copa del mar bajo mis labios.

ESTA CAMPANA ROTA

Esta campana rota
quiere sin embargo cantar:
el metal ahora es verde,
color de selva tiene la campana,
color de agua de estanques en el bosque,
color del día en las hojas.

El bronce roto y verde,
la campana de bruces
y dormida
fue enredada por las enredaderas,
y del color oro duro del bronce
pasó a color de rana:
fueron las manos del agua,
la humedad de la costa,
que dio verdura al metal,
ternura a la campana.

Esta campana rota
arrastrada en el brusco matorral
de mi jardín salvaje,
campana verde, herida,

hunde sus cicatrices en la hierba:
no llama a nadie más, no se congrega
junto a su copa verde
más que una mariposa que palpita
sobre el metal caído y vuela huyendo
con alas amarillas.

TODOS

Yo tal vez yo no seré, tal vez no pude,
no fui, no vi, no estoy:
qué es esto? Y en qué Junio, en qué madera
crecí hasta ahora, continué naciendo?

No crecí, no crecí, seguí muriendo?

Yo repetí en las puertas
el sonido del mar,
de las campanas:
Yo pregunté por mí, con embeleso
(con ansiedad más tarde),
con cascabel, con agua,
con dulzura:
siempre llegaba tarde.
Ya estaba lejos mi anterioridad,
ya no me respondía yo a mí mismo,
me había ido muchas veces yo.

Y fui a la próxima casa,
a la próxima mujer,
a todas partes
a preguntar por mí, por ti, por todos:
y donde yo no estaba ya no estaban,
todo estaba vacío
porque sencillamente no era hoy,
era mañana.

Por qué buscar en vano
en cada puerta en que no existiremos
porque no hemos llegado todavía?

Así fue como supe
que yo era exactamente como tú
y como todo el mundo.

FINAL

Matilde, años o días
dormidos, afiebrados,
aquí o allá,
clavando
rompiendo el espinazo,
sangrando sangre verdadera,
despertando tal vez
o perdido, dormido:
camas clínicas, ventanas extranjeras,
vestidos blancos de las sigilosas,
la torpeza en los pies.

Luego estos viajes
y el mío mar de nuevo:
tu cabeza en la cabecera,

tus manos voladoras
en la luz, en mi luz,
sobre mi tierra.

Fue tan bello vivir
cuando vivías!

El mundo es más azul y más terrestre
de noche, cuando duermo
enorme, adentro de tus breves manos.

Neftalí Ricardo Reyes Basoalto, que años después sería conocido en todo el mundo con el seudónimo de Pablo Neruda, nació en Parral, Chile, el 12 de julio de 1904. En 1910 ingresó en el Liceo de Temuco donde realiza sus estudios. Desde 1917 a 1924 publica poemas y prosas en diversas revistas chilenas, en 1924 se publica la primera edición de *Veinte poemas de amor y una canción desesperada* que alcanza un rápido y definitivo éxito. Desde 1927 a 1932 es cónsul en Colombo (Ceylán), Baravia (Java) y posteriormente en Singapur. En 1932 regresa a Chile y en 1933, en una edición limitada de cien ejemplares, se publica *Residencia en la tierra*. En 1934 es nombrado cónsul en Barcelona y al año siguiente en Madrid, donde se edita el *Homenaje a Pablo Neruda de los poetas españoles*, y la edición definitiva de *Residencia en la tierra*. En 1936, y después del estallido de la guerra civil española, es destituido de su puesto consular. En 1937 se publica *España en el corazón* y en 1939 es nombrado por el gobierno chileno cónsul para la emigración española. En 1940 regresa a Chile y de allí marcha a México donde ha sido nombrado cónsul y donde reside hasta 1943. En 1945 es elegido senador de la República de Chile. En 1947 se publica en Buenos Aires *Tercera residencia* y en 1950, con ilustraciones de Siqueiros y de Diego Rivera, se edita en México *Canto General*. En 1952 recibe el Premio Stalin de la Paz. En 1954 se publican *Odas elementales* y *Las uvas y el viento*, y en 1957 la editorial Losada de Buenos Aires publica sus *Obras completas*. En 1958 publica *Estravagario*. Durante los diez años siguientes vive en Chile, pero viaja constantemente, asisitiendo como invitado a numerosos congresos y dando lecturas de sus poemas que ya por entonces han sido traducidos a más de veinte idiomas. En 1970 participó en la campaña de Salvador Allende y, tras la victoria de éste, es nombrado embajador de Chile en París. El 21 de octubre de 1971 obtiene el Premio Nobel de literatura. En 1972 viaja a Nueva York. Ese mismo año renuncia a su cargo de embajador y regresa a Chile. El 23 de septiembre de 1973, tras haber asistido al derrocamiento del gobierno de Salvador Allende y a la muerte de éste, muere en Santiago de Chile.

Sobre la vida de Pablo Neruda y aparte sus propias memorias, *Confieso que he vivido*, son de especial interés los libros de Margarita Aguirre, *Las vidas de Pablo Neruda* y de Emir Rodríguez Monegal, *Neruda: El viajero inmóvil*. Sobre su poesía, hay un libro ya clásico *Poesía y estilo de Pablo Neruda*, de Amado Alonso.

ÍNDICE

POEMAS DE JUVENTUD
(1923-1933)

RESIDENCIAS
(1935-1947)

DEL CANTO GENERAL
(1950)

POLÍTICA Y AMOR
(1953-1954)

ODAS
(1954-1959)

AÑOS DE MADUREZ
(1958-1972)

POESÍA PÓSTUMA
(1973-1974)